Gipfelziele im Engadin

Siegfried Garnweidner

Gipfelziele im Engadin

50 Touren in den Münstertaler Alpen, im Unterengadin und im Oberengadin

Mit Beiträgen über die Besonderheiten des »Unterengadiner Fensters« von den Diplom-Geologen Dr. Ulrich Lagally und Dr. Klaus Schwerd sowie über die Pflanzenwelt des Engadins von Edmund Garnweidner

105 Farbfotos, 31 Kartenskizzen zu den Touren und eine Übersichtskarte.

Bruckmann

Umschlag-Vorderseite:
Blick vom Lai da Rims zum Piz dal Lai, Münstertaler Alpen (Tour 5).

Umschlag, vordere Klappe:
Almsiedlung Blaunca am Abstieg vom Piz Grevasalvas, Oberengadin (Tour 40).

Umschlag-Rückseite:
Kleiner See am Abstieg vom Rosatschkamm, Oberengadin (Tour 34).

Innentitel:
Abstieg vom Piz Ot, bei der Alp Muntatsch, Albulaberge (Tour 48).

Bildnachweis:
Edmund Garnweidner, Fürstenfeldbruck: 12, 15;
alle übrigen Abbildungen nach Fotos von Siegfried Garnweidner.
Die Kartenskizzen zu den Touren und die Übersichtskarte in der Umschlagklappe zeichnete Wolfgang Bayer, Röhrmoos.

Gedruckt auf chlorarm gebleichtem Papier.

Die Deutsche Bibliothek – CIP-Einheitsaufnahme

Garnweidner, Siegfried:
Gipfelziele im Engadin : 50 Touren in den Münstertaler Alpen, im Unterengadin und im Oberengadin / Siegfried Garnweidner. Mit Beiträgen über die Besonderheiten des »Unterengadiner Fensters« von Ulrich Lagally und Klaus Schwerd [u.a.]. – München : Bruckmann, 1992
(Erlebnis Berge)
ISBN 3-7654-2559-1
NE: Lagally, Ulrich: Besonderheiten des »Unterengadiner Fensters«; Schwerd, Klaus: Besonderheiten des »Unterengadiner Fensters«

© 1992 F. Bruckmann KG, München
Alle Rechte vorbehalten
Herstellung: Bruckmann, München
Printed in Germany
ISBN 3-7654-2559-1

Inhaltsverzeichnis

Einführung   8

Ulrich Lagally und Klaus Schwerd
Geologisches zum Unterengadiner Fenster   10

Edmund Garnweidner
Die Pflanzenwelt des Engadins   13

Münstertal, Ofenpaß

Tour 1
Piz Terza   16
Pforte zum Münstertal

Tour 2
Piz Turettas   18
Stiller Gipfel über dem Val Müstair

Tour 3
Piz Daint   23
Der Zahn über dem Ofenpaß

Tour 4
Piz Umbrail   26
Dreitausender im Schnellgang

Tour 5
Piz Praveder   30
Über dem Lai da Rims

Tour 6
Munt Buffalora   33
Auf den Spuren mittelalterlichen Eisenbergbaus

Tour 7
Munt la Schera   37
Im Herzen des Schweizer Nationalparks

Tour 8
Murtaröl   40
Rundtour im Nationalpark

Tour 9
Munt Baselgia   43
Von Zernez über den »Kirchberg« nach Lavin

Tour 10
Piz Lischana   48
Auf der feuerroten Spitze

Tour 11
Mot dal Gajer   52
Auf Gratwanderung über dem Val S-charl

Tour 12
Crap Puter   55
Über dem Unterengadin

Süd-Silvretta, Samnaunberge

Tour 13
Piz Malmurainza und Piz Salèt   58
Durch Schiefer und Schutt

Tour 14
Piz Arina   61
Botanikrunde über Vnà

Tour 15
Piz Minschun   66
Blumenwunder von Ftan

Tour 16
Piz Cotschen   70
Die »Rote Spitze« südlich der Silvretta

Tour 17
Piz Chastè   73
Auf dem Schloßberg von Susch

Tour 18
Piz Fless   76
Gipfelumrahmung

Tour 19
Pauliner Kopf   80
Ein Skiberg im Sommer

Tour 20
Piz Chamins   83
Durchs Geröll zur »Kaminspitze«

Flüelagebiet

Tour 21
Piz Champatsch — 88
Über sanfte Wiesen und auf wilde Felsen

Tour 22
Flüela Weisshorn — 91
Verstecktes Kleinod hinter dem Flüelapaß

Tour 23
Schwarzhorn — 95
Am »Volks-Dreitausender«

Berninaberge

Tour 24
Piz Campasc — 99
Kleiner Gipfel unter lauter Riesen

Tour 25
Sassal Mason — 101
Hoch über dem Berninapaß

Tour 26
Piz Lagalb — 103
Über die »Weißseespitze« ins »Kleine Tal«

Tour 27
Piz Alv — 106
Geologie am Rande der Bernina

Tour 28
Piz la Stretta, Piz Sagliaint und Piz Tschüffer — 108
Gipfelsammlung über dem Val da Fain

Tour 29
Piz dal Fain — 111
Auf dem Heuberg

Tour 30
Piz Albris — 114
Im Wildasyl am »Berg der Steinböcke«

Tour 31
Piz Languard — 118
Am »Berg der Morgenröte«

Tour 32
Piz Palü — 121
Bernina-Dreigestirn

Tour 33
Munt Pers — 124
Bernina-Aussichtskanzel über dem Vadret Pers

Tour 34
Piz Surlej — 127
Rosatschkammüberschreitung

Tour 35
Piz da l'Ova Cotschna — 131
Auf der »Rotbachspitze«

Sils Maria, Julierpaß

Tour 36
Piz da la Margna — 134
Am Wächter des Engadins

Tour 37
Muott' Ota — 137
Auf den Hügeln zwischen dem Val Fex und dem Val Fedox

Tour 38
Grialetsch und Piz Chüern — 141
Bilderbuchberge über den Oberengadiner Seen

Tour 39
Piz Lunghin — 145
An den Quellen des Inn

Tour 40
Piz Grevasalvas — 147
Auf dem Gletscherschliff

Tour 41
Piz da las Coluonnas — 151
Hoch über dem Julierpaß

Tour 42
Piz Güglia — 153
Wilder Felsenberg mit gutem Weg

Tour 43
Piz Surgonda — 157
Unbekannte Aussichtsloge

Tour 44
Corn Alv 161
Gipfel der Einsamkeit

Albulaberge

Tour 45
Piz Albula und Igl Compass 164
Zwei interessante Gipfel über dem Albulapaß

Tour 46
Piz Kesch 167
Beliebte Hochtour hinter dem Albulapaß

Tour 47
Dschimels 172
Die Zwillinge

Tour 48
Piz Ot 175
Auf der »Hohen Spitze«

Tour 49
Cho d'Valletta 181
Durch stille Wälder und über bunte Wiesen an den Rand der Albulaberge

Tour 50
Piz Padella 184
Am Hausberg von Samaden

Anhang

Die Touren nach Schwierigkeit 187

Register 188

Einführung

Philosophen, Maler und Dichter lassen sich seit langem gerne im Engadin nieder. Diese, mit Naturschönheiten so reichlich gesegnete Landschaft war und ist wohl ein Ansporn für ihr künstlerisches und geistiges Schaffen. Die Maler Segantini, Giacometti und Georgy, der Philosoph Nietzsche, der Dichter Rilke und der Lyriker Hesse haben im Oberengadin gelebt oder sind gerne und oft in dieses schöne Tal gereist.

Der Name »Engadin« hat natürlich etwas mit dem Inn zu tun, denn schließlich ist das Engadin im weiteren Sinne das Inntal. Er geht auf vorrömische Zeiten zurück. Aus »Endena« ist »Eniatina« und schließlich das rätoromanische »Engiadina« geworden.

Der Inn ist die Lebensader des Engadins. Er entspringt an den Hängen des Piz Lunghin im Oberengadin, haarscharf an der Grenze zum Bergell und verläßt als wild reißender Gebirgsfluß das Unterengadin bei Martina in Richtung Tirol.

Vor allem das brillante Licht der Höhe läßt diese bezaubernde Gegend erst richtig erstrahlen, seine erhabene Schönheit voll zum Ausdruck kommen. Abertausendmal gemalt und fotografiert, ist das Oberengadin zusammen mit den markanten Gebirgen, rundum ein Landschaftsideal schlechthin. Dem Betrachter mag es erscheinen, als hätte der Schöpfer im Oberengadin die Schönheitsvorstellungen von uns Menschen geprägt.

Das Engadin und das Münstertal sind vom Klima bevorzugt. Man denke nur an den klaren, von Süden her wehenden, frischen Malojawind und die vom Vinschgau aufsteigenden warmen Luftströme, die Ackerbau bis in Höhen von 1800 Metern ermöglichen und die die Waldgrenze stellenweise bis auf 2300 Meter ansteigen lassen.

Aber die geographische Lage mit den von hohen Gebirgen umschlossenen Hochtälern isoliert das Engadin nicht nur bezüglich des Klimas; so waren auch die Zuwege immer ein Problem gewesen. Schon vor der Römerzeit wurden Alpenübergänge als wichtige Handelswege benützt und im letzten Jahrhundert mit Straßen und zum Teil Eisenbahnlinien gut ausgebaut. Der Ausbau mit Eisenbahn-Tunnelstrecken dauert noch immer an, denn im Winter muß ein Teil der Pässe gesperrt werden und die geöffneten erfordern im Kampf gegen den Schnee noch immer einen harten Einsatz.

Sei es auf den Bergen zu beiden Seiten des Münstertals und am Ofenpaß, die zum Teil noch zur Ortlergruppe gerechnet werden, in den schroffen Silvretta-Bergen, die ans Unterengadin grenzen, auf gletschergezierten Dreitausendern am Flüelapaß oder den Berninabergen, den Oberengadiner Felsriesen um den Julierpaß oder den stillen, wenig besuchten Albula-Bergen; für sie alle gilt das gleiche:

Lieblich sind die Berge nur in Talnähe. Ausgedehnte Arvenwälder, klare Bergbäche, romantische Seen und Ausblicke von atemberaubender Schönheit kennzeichnen ein Wanderrevier, wie es auf der Welt wohl einmalig ist. Weiter oben trifft der Bergsteiger dann oft auf weniger ansprechendes Fels- und Schottergelände und in den Gipfelregionen prägen Firnfelder und Gletscher die Hochgebirgsregionen des Engadins.

Das Engadin hat sich deshalb zu einem beliebten und leider nicht ganz billigen Urlaubsland entwickelt. Unzählige, gut markierte Talwege bieten ideale Voraussetzungen für einen erholsamen Urlaub.

Erfreulich ist, daß bei der Markierung und Ausgestaltung von Wanderwegen durch die »BAW« (Bündner Arbeitsgemeinschaft für Wanderwege) bislang große Zurückhaltung geübt wird. Damit wurde eine Übererschließung der Berge und damit der Massenrummel, wie wir ihn leider aus anderen Alpengegenden kennen, vermieden. Wollen wir hoffen, daß dies auch in Zukunft so bleibt.

Der Bergwanderer, der auf Engadiner Gipfel steigen will, die nicht unbedingt zu den großen Modebergen zählen, muß sich also oft auf unmarkierten Bergpfaden oder gar im weglosen Gelände zurechtfinden können. Die hohen Gipfel sind zum Teil nur etwas für erfahrenere Alpinisten. In der Berninagruppe, mit den höchsten Gipfeln der Ostalpen, erreichen sie 4000 Meter. Aber auch die übrigen, weniger berühmten Gipfel sind ziemlich hoch und deshalb, wenn sie nicht gerade mit Gletschern geziert sind, oberhalb der Waldgrenze mehr von »herber Schönheit« geprägt.

Mit einer guten Karte im Gepäck ist die Orientierung nicht schwierig und wer mit Kompaß und Höhenmesser umzugehen weiß, der wird in der Einsamkeit der Engadiner Berge Ruhe und Entspannung finden.

Die hier vorgestellten Touren verlaufen zum Teil durch wegloses Gelände, das sind die ruhigeren, oftmals als »Geheimtip« bezeichneten Berge, vornehmlich im Unterengadin und den Münstertaler Alpen. Dort treffen wir dann auch auf die wild lebenden Tiere der Alpen. Die schrillen Pfiffe der possierlichen »Munks«, wie die Murmeltiere im Engadin genannt werden, begleiten uns ebenso, wie der unvermittelte Blick auf einen stolzen Steinbock oder eine behende Gemse.

Die berühmteren »Modeberge«, von denen in diesem Band einige vorgestellt sind, hat man größtenteils mit ordentlichen Bergpfaden erschlossen, doch erfordern auch sie stellenweise eine gute Orientierungsgabe. Vor allem aber muß man mit der Karte umgehen können.

Im Engadin gibt es nicht viele bewirtschaftete Berghütten. Und weil die Berge hoch und oft sehr wenig besucht sind, und selbst im Hochsommer nach einem Wettersturz bis ins Tal Schnee fallen kann, sollte man in jedem Fall nur bei sicherem Wetter aufbrechen. Vor allem aber braucht man eine ordentliche körperliche Verfassung und etwas alpine Erfahrung. Dies gilt vor allem, wenn man sich an die weglosen Gipfel heranwagt. Belohnt wird man dafür mit unvergeßlichen Erlebnissen in der stillen Abgeschiedenheit der Münstertaler und Engadiner Bergwelt.

In den Tourenbeschreibungen werden gelegentlich die Richtungsangaben »links« oder »rechts« verwendet. Diese beziehen sich immer auf die Gehrichtung. Bei den Eigennamen, vor allem im Romanischen, gibt es oft erhebliche Abweichungen. In den Texten wurden die Schreibweisen aus der Landeskarte der Schweiz bzw. die von der BAW (Bündner Arbeitsgemeinschaft für Wanderwege) verwendete Form verwendet.

In der Schweiz ist wie in alemannisch beeinflußten Gebieten Österreichs und Deutschlands (Allgäu) die Bezeichnung »Alp« als Namensbestandteil für Gebäude und Weidegebiet der sommerlichen Viehhaltung im Gebirge gebräuchlich. Die deutsche Bezeichnung ist »Alm«. Sie wurde in diesem Buch verwendet, wenn es sich nicht um die Wiedergabe von Namen, die auf »Alp« lauten, handelt. Im Schweizer Sprachgebrauch ist das Tal weiblich. Es wird also oft »die Val« geschrieben. In neuerer Zeit liest man allerdings auch in Schweizer Veröffentlichungen zunehmend »das Val«. In diesem Buch wird diese Schreibweise allgemein verwendet. Ein »ß« gibt es in der Schweizer Schreibweise nicht. Es heißt dort also beispielsweise »Pass«. In diesem Buch ist die Schreibweise mit »ß« verwendet, wie sie dem Duden entspricht. Bei Eigennamen wurde allerdings auf die Schweizer Schreibweise des Namenskerns, also »Flesspaß«, zurückgegriffen.

Siegfried Garnweidner

Geologisches zum Unterengadiner Fenster

Ulrich Lagally und Klaus Schwerd

Bergsteigen im Engadin – das bedeutet nicht nur liebliche Täler, weite Almflächen und grandiose Gipfel – nein, das bedeutet auch mit fast jedem Schritt andere Bodenverhältnisse. Einmal führen die Routen durch harte, kristalline Schiefer, einmal über losen Kalkschotter, dann wieder durch knöcheltiefen Morast. Die Ursache dafür liegt im sich ständig ändernden geologischen Untergrund. Denn das Gebiet hat eine überaus wechselvolle erdgeschichtliche Entwicklung durchgemacht, die sich auch in der heutigen Landschaft widerspiegelt.

Wer einen Blick auf die geologische Karte der Schweizer und Österreichischen Alpen wirft, dem fällt neben einer Vielzahl unterschiedlich geformter und deutlich farbig abgesetzter Flächen im Dreiländereck Schweiz, Österreich und Italien ein Gebiet mit anderer Struktur auf. Es begleitet den Inn zu beiden Seiten aus der Gegend von Ardez im Unterengadin bis hinunter nach Prutz in Tirol über eine Strecke von 55 Kilometer. Seine größte Breite erreicht es mit ca. 17 Kilometer im Bereich des Stammerspitz bei Samnaun. Dieses Gebiet hebt sich in der geologischen Karte durch seine Form, noch mehr aber durch seine Farben und seinen zwiebelschaligen Aufbau von seiner Umgebung ab.

Die Geologen nennen dieses Gebilde das »Unterengadiner Fenster« (Abb. 1). So wie in den Ostalpen im Tauernfenster haben auch hier die Kräfte der Gebirgsbildung und der Erosion Gesteine übereinandergestapelt und wieder offengelegt. Man kann deshalb mehrere geologische Baueinheiten der Alpen wie durch ein Fenster hindurch betrachten.

Zwei große tektonische Komplexe, die einen wesentlichen Anteil am Aufbau der Alpen haben, treten im Bereich des Unterengadiner Fensters zutage: das Penninische und das Ostalpine Deckensystem. Ihre Gesteine sind in Ablagerungsräumen entstanden, die ehemals zwischen den damaligen Kontinenten Afrika und Europa nebeneinander lagen. Der Penninische wie der Ostalpine Trog waren wiederum in einzelne Teilbecken gegliedert. In ihnen wurden verschiedenartige Gesteine abgelagert, die bei der Entstehung der Alpen während der vergangenen ca. 100 Millionen Jahre recht unterschiedliche Überformungen erfahren haben. Dabei ist ihr Gesteinsinhalt in Bewegung geraten, übereinander getürmt und in der Folge zum Teil wieder in einzelne Pakete zerschert worden. Einen besonders guten Einblick in die komplexen Strukturen des Alpenbaus bietet das Unterengadiner Fenster.

Der Deckenstapel ist während der jüngeren Tertiärzeit, analog zum Tauernfenster, im Bereich des östlichen Engadins aufgewölbt und anschließend teilweise wieder abgetragen worden. Durch die tiefreichende Erosion ist der Blick frei auf die verschiedenartigen Baueinheiten dieses Alpenbereichs (Abb. 2). Zudem zeichnet die langgestreckte Form des Unterengadiner Fensters in seinem Westteil eine große Bruchzone nach, die »Engadiner Linie«. Sie ist aus dem Unterengadin nach Südwesten bis in das Bergelltal gut verfolgbar.

Das tiefste aufgeschlossene tektonische Element des Unterengadiner Fensters sind die Penninischen Bündnerschiefer im Fensterinneren. Sie bilden eine gewaltige Masse aus überwiegend grauen Kalk- und Tonschiefern. Bereichsweise kann man aus vulkanischen Gesteinen entstandene Grünschiefer finden. Die Hauptmasse der Serie ist vermutlich in der Jura- und Kreidezeit entstanden.

Die Bündnerschiefer werden in verschiedenen Baueinheiten des Unterengadiner Fensters von weiteren, ebenfalls dem Penninischen Deckensystem zugeordneten Gesteinseinheiten begleitet. Dazu gehören neben Gneisen und Graniten auch Quarzite, Kalke und Dolomite des Erdmittelalters so-

Die unterschiedlichen geologischen Baueinheiten am Stammerspitz (hier vom Piz Chamins gesehen) geben den Geologen noch ungelöste Probleme auf.

12 Geologisches zum Unterengadiner Fenster

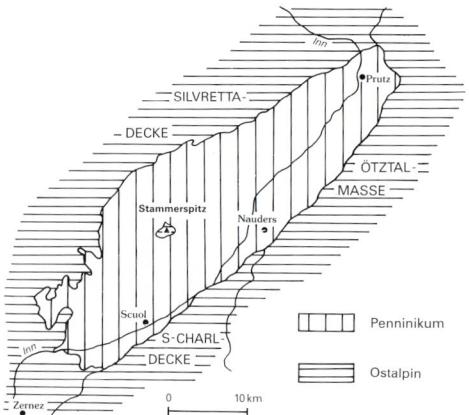

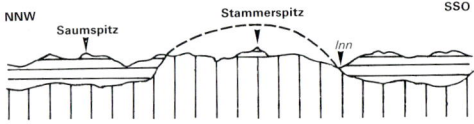

(Abb. 1:) Geologische Skizze des Unterengadiner Fensters (nach R. Trümpy).

(Abb. 2:) Geologischer Schnitt durch das Unterengadiner Fenster (nach R. Oberhauser).

wie Gesteine vom ehemaligen Tiefseeboden (Basalte, Gabbros und Serpentinite). Allerdings stellt die Deutung der Abfolgen des Ostalpins am Stammerspitz, die im tiefen Teil des Penninischen Deckensystems innerhalb des Unterengadiner Fensters eingeschuppt sind, ein besonderes, noch nicht gelöstes geologisches Problem dar.

Der geologische Rahmen des Unterengadiner Fensters besteht aus Gesteinskomplexen, die dem Ostalpinen Deckensystem zugehören. Sie sind im Verlauf der alpidischen Gebirgsbildung über die Penninischen Decken verfrachtet worden. So bilden den Süd- und Ostrand Gesteine der S-charl-Decke und der Ötztal-Masse, den Nord- und Westrand Abfolgen der Silvretta-Decke. Während sich Silvretta-Decke und Ötztal-Masse in diesem Raum vorwiegend aus verschiedenartigen kristallinen Gesteinen zusammensetzen, beteiligen sich am Aufbau der S-charl-Decke zudem mächtige Kalk- und Dolomitserien des Erdmittelalters (Engadiner Dolomiten).

Die morphologischen Erscheinungen des Unterengadins sind weitgehend vom anstehenden Gestein und seiner Lagerung abhängig. Leicht verwitternde, kalkige Bündnerschiefer bilden sanfte Hänge, härtere Partien dagegen steile Hänge und enge Schluchten. Hoch aufragende Wände und bizarre Gipfel verdanken ihre Entstehung nicht nur kristallinen Gesteinen und mächtigen Kalk- und Dolomitserien, sondern auch den bei der Gebirgsbildung angelegten Bruchzonen, an denen die Erosionskräfte besonders gut ansetzen und das Relief herauspräparieren konnten.

Filziger Alpendost (Adenostyles leucophylla)

Die Pflanzenwelt des Engadins

Edmund Garnweidner

Der vielfältige Wechsel der Gesteine, die beträchtlichen Höhenunterschiede und die klimatischen Besonderheiten haben im Engadin mit seinen Seitentälern eine außergewöhnlich artenreiche Pflanzenwelt geschaffen. Weil die Bergketten auf der Nordseite des Tals im Nordstau der Alpen liegen, sind die Niederschläge dort reichlich und in den Hochlagen hält sich der Schnee oft bis in den Sommer hinein. Diese Berge beherbergen eine Flora, die teilweise erheblich von der südlich des Inntals abweicht. Dort, zwischen den Ausläufern des Bergells, der Bernina, bis zum Piz Umbrail ist das Wetter von südlichem Klima geprägt und die Matten sind im Sommer oft wochenlang von der Sonne beschienen.

Der Talgrund des Engadins selbst zeichnet sich durch viel Sonnenschein und ein mildes Klima aus. Die Niederschläge werden von allen Seiten durch die umgebenden Berge zurückgehalten und nur der Malojawind kann ungehindert durch das Oberengadin streichen. Besonders ausgeprägt tritt dieser Regenschatteneffekt im tieferliegenden Unterengadin auf. Oberhalb der Einmündung des Inns in das Tal, das sich zum Reschen hinaufzieht, finden wir eine der wenigen inneralpinen Trockenzonen. Es gibt sie sonst nur in den großen Tälern der südlichen Alpenketten, die in Ost-West-Richtung verlaufen. Vor allem im Wallis, im Aostatal und, nahe an das Engadin grenzend, im Vinschgau.

Während die Tallagen und die weniger steilen Südhänge vom Menschen schon seit Jahrhunderten als Siedlungsraum und für kargen Ackerbau genutzt wurden, hat sich an den nordseitigen Talhängen und in den höheren Lagen das einstige Waldkleid erhalten. An den niederschlagsreicheren Talseiten stockt vorwiegend Bergfichtenwald, in höheren Lagen auch subalpiner Lärchenwald. In den Hochlagen der trockeneren und sonnigeren Massive gewinnt die lichtbedürftige Zirbe zunehmend die Oberhand. Besondere klimatische Verhältnisse haben im Engadin einige Waldgesellschaften entstehen lassen, die wir leicht als Besonderheiten erkennen. Da sind einmal die ausgedehnten Bergkiefernwälder am Westrand des Schweizer Nationalparks, die vor allem die Nordseite des Ofenpasses auf weite Strecken bedecken. Eine besondere Rasse der Waldkiefer mit nur bis 15 Meter hoch werdendem Stamm und einer schmalen, bis zum Stammgrund beasteten Krone kennen wir von mehreren Stellen des Engadins zwischen St. Moritz und dem Münstertal. Diese von den Botanikern Pinus engadinensis genannte Baumart hat sich in der Nacheiszeit als eigene Rasse entwickelt und ist in ihrer Verbreitung auf das Inntal von St. Moritz bis Innsbruck sowie einige wenige Stellen in den nordwestlich anschließenden Gebirgszügen beschränkt.

Es ist aber sicher nicht die Vegetation der Tallagen, die den Berg- und Naturfreund im Engadin begeistert. Je mehr wir uns der Gipfelregion und den Zonen des ewigen Eises nähern, desto kürzer wird die Zeit, die der Pflanzenwelt zum Blühen und Samenreifen bleibt. Trotzdem begegnet uns gerade in den großen Höhen während des kurzen Bergsommers eine ungeahnte Farbenpracht.

Nach der Schneeschmelze schmücken sich die feuchten Talsenken und Felsritzen der Silikatmassive mit dem zarten Rosa der zu Abertausenden aufblühenden Primelarten. Im Engadin treffen wir auf die prächtige, zentralalpine Behaarte Primel (Primula hirsuta). Sie besiedelt vor allem südexponierte Felsbänder. Zu ihr gesellt sich die westalpine Breitblättrige Primel (Primula latifolia) mit ihren klebrigen Blattrosetten. Sie bevorzugt etwas lichtgeschützte Spalten. Ihre östlichsten Standorte in den Alpen reichen gerade noch ins Unterengadin. Die dritte im Bunde und zugleich die zierlichste, die Ganzrandige Primel (Primula integrifolia), treffen wir vorwiegend auf feuchten Almböden. Auch sie ist westalpin und reicht nach Osten kaum über das Engadin hinaus.

Die noch vor wenigen Jahrzehnten von den

rasch abschmelzenden Eismassen bedeckten feuchten Gletscherböden zeigen sich besonders reizvoll im August in einer üppigen Farbenpracht. Auf dem Schutt, entlang reich verzweigter Rinnsale treffen wir auf Pionierarten, die den noch jungfräulichen Boden für eine Besiedlung durch die Pflanzenwelt vorbereiten. Gegenblättriger und auf kalkhaltigem Boden auch Zweiblättriger Steinbrech (Saxifraga oppositifolia und biflora) halten mit ihrem Wurzelwerk den feinen Silikatschutt zusammen und erblühen gleich nach der Schneeschmelze zu einer rosa- bis violettroten Farbenorgie. Die weißlichen Sternchen des Gletscher-Mannschilds (Androsacae alpina) unterbrechen den Teppich mit ihren Blüten, die so dicht stehen, daß man die Blätter unter ihnen erst suchen muß.

Grobes Blockwerk, das diesen zarten Schuttpflänzchen zu wenig Halt bietet, schmücken die großen gelben Köpfe der Gemswurz-Arten. Auf Silikatböden bildet vor allem die Zottige Gemswurz (Doronicum clusii) oft ausgedehnte Bestände. Sobald sich aber Spuren von Kalk im Substrat befinden, stellt sich meist ihre Verwandte, die Großblütige Gemswurz (Doronicum grandiflorum) ein. Sie ist durch etwas größere Köpfchen und oft mehrblütige Stengel charakterisiert.

Der Bergsommer währt nur kurze Zeit und kaum sind die Frühjahrsboten verblüht, öffnen sich bereits die Sommerblumen und nutzen die wenigen verbleibenden Wochen, um die Samen zu reifen. Das Kies-Weidenröschen (Epilobium fleischeri) mit seinen leuchtend violettroten, vierzähligen Blüten löst die Steinbrech-Arten ab. Wo die Gemswurz verblüht ist, erheben sich die stattlichen Dolden des Filzigen Alpendostes (Adenostyles leucophylla). Sie sind aus kleinen rosafarbenen Köpfchen zusammengesetzt. Die Pflanze stammt aus den trockenen Zonen der Westalpen und erreicht in Graubünden ihre Ostgrenze. Berg-Wucherblume (Tanacetum alpinum), Graufilziges Greiskraut (Senecio incanus), Zwergschafgarbe (Achillea nana) und die dezent blühenden und leicht zu übersehenden Edelrauten (Artemisia) nutzen die wenigen Sommertage. Alle tragen ein graufilziges Haarkleid, das sie vor der Austrocknung durch die Hochgebirgssonne, aber auch vor kräftigen Frösten schützt.

Über Kalk, Dolomit und Bündnerschiefer zeigt sich die Flora der Alpweiden und der Felsregionen in ihrer üppigsten Farbenpracht. Im Hochsommer wetteifern die großen, gelben Köpfe des einblütigen Ferkelkrautes (Hypochoeris uniflora) mit den blauen Blütenständen des sehr giftigen Eisenhutes, der hier in seiner westalpinen Rasse (Aconitum compactum) vertreten ist. Diese zeichnet sich durch besonders dichte Blütentrauben aus.

Abgelegene Winkel beherbergen dabei auch manche Rarität, so die Alpen-Akelei (Aquilegia alpina), deren tiefblaue und bis 5 cm breiten Blüten zu den größten aller europäischen Akelei-Arten zählen. Auch der seltene und in weiten Teilen der Alpen ausgestorbene Drachenkopf (Dracocephalum ruyschiana) kommt da und dort noch vor, so an den sonnigen Hängen oberhalb Samnaun. Dazu gesellen sich wenig beachtete Arten, die z. T. nur von Experten erkennbar sind. Dazu zählt der Rhätische Pippau (Crepis rhaetica), den man fast für einen kümmerlichen Löwenzahn halten könnte. Nur ein halbes Dutzend Standorte sind von ihm bekannt.

Da das gesamte Engadin in der letzten Eiszeit vergletschert war und die heutige Vegetation deshalb nahezu ausnahmslos aus Arten besteht, die in der Nacheiszeit wieder eingewandert sind, gibt es kaum Pflanzen, die wir nicht auch von anderen Gebieten der Alpen kennen.

Nur wenige Blumen wie die Rhätische Teufelskralle (Phyteuma hedraianthifolium) gehören zu den besonderen Kostbarkeiten dieses Gebiets. Sie kommt weltweit fast nur in den Bergen zwischen St. Moritz und dem Stilfser Joch vor, besonders am Piz Languard und in der weiteren Umgebung des Julierpasses, außerdem vereinzelt noch in der Ortlergruppe.

Ungeklärt ist die Herkunft des blaßgelb blühenden Bündner Felsenblümchens (Draba ladina), das einzig in Dolomitfelsspalten östlich von Zernez zwischen 2600 und 3000 Meter Höhe vorkommt und dort erst 1920 entdeckt worden ist. Seine nächsten Verwandten sind in der Arktis und in den zentralasiatischen Gebirgen zu Hause.

Zu den Pflanzengruppen, die sich in der Nacheiszeit in den Alpen stark ausgebreitet

Die Pflanzenwelt des Engadins

Rhätische Teufelskralle (Phyteuma hedraianthifolium)

haben und auch heute noch neue Arten bilden, gehören die Habichtskräuter. Mancher Bergfreund mag sie oberflächlich als eine Art »Löwenzahn« abtun. Doch die Wissenschaft hat mit ihnen wie kaum bei einer anderen Pflanzenart die Möglichkeit, die Entstehung neuer Sippen durch Vermischung und Kreuzung verschiedenster Formen zu beobachten. Auf diese Weise kann sie der Evolution gleichsam hinter die Kulissen schauen. Das Oberengadin zählt zu den Zentren dieser Entwicklung, die ständig neue Arten hervorbringt. Leider ist diese in der jüngeren Vergangenheit durch die massiven Eingriffe des Menschen nachhaltig gestört worden. So sind zum Teil die einzigen weltweiten Wuchsorte einiger neu entstandenen Sippen um St. Moritz dem Wintersport geopfert worden. Auch der wie überall in den Alpen rasch um sich greifende Einsatz von Kunstdünger auf den Gebirgswiesen tut sein übriges. Die natürliche Vegetation ist auf eine solche massive Störung des natürlichen Gleichgewichts nicht eingestellt und reagiert mit dem völligen Verschwinden zahlreicher Pflanzenarten. Die Privilegien, die man der Landwirtschaft in fast allen Alpenländern zugesteht, haben zum Beispiel auch dazu geführt, daß das als Pflanzenschonbezirk ausgewiesene Val da Fain an der Nordseite des Berninapasses, in dem das Blumenpflücken völlig verboten wurde, durch intensive Überweidung der einstigen Mähwiesen zusammen mit dem Einsatz von Düngemitteln einen großen Teil seiner früher berühmten Habichtskrautflora verloren hat.

Trotz vielfältiger Eingriffe des Menschen weist aber die Vegetation des oberen Inntals in weiten Bereichen noch viel von ihrer ursprünglichen Pflanzenvielfalt auf. So schmücken sich manche wind- und wetterexponierten Grate oberhalb St. Moritz auch heute noch im Hochsommer mit den tiefblauen Sternen des Himmelsherolds (Eritrichum nanum). Diese seltene Pflanze ist nur dem Hochalpinisten vorbehalten und durch die ganze Alpenkette verbreitet. Sie gehört aber überall zu den Seltenheiten.
Auf den feuchten Matten über Silikat haben sich manche, in den Alpen seltene Relikte der arktischen Flora erhalten, so die Zwerg-Simsenlilie (Tofieldia pusilla) oder die Alpen-Pechnelke (Lychnis alpina).
Mag auch die Vielfalt der Vegetationstypen der Hochgebirge des Engadins manchen Blumenfreund begeistern, der Profi wird sich mehr den ganz großen Besonderheiten des Engadins zuwenden. Diese sucht er aber nicht auf den Gipfeln oder neben den Gletschern, sondern an den heißen und trockenen Hängen des Unterengadins. Die Südhänge des Piz Arina mit einigen versteckten Seitentälern beherbergen auch heute noch mitteleuropäische Raritäten, deren letzte Vorkommen man inzwischen an den Händen abzählen kann. Der Leser möge Verständnis zeigen, wenn hier aus Naturschutzgründen keine Details verraten werden sollen. Wer diese für das Engadin und für weite Teile der Alpen einmalige Pflanzenwelt näher kennenlernen will, findet unter der Tour 14 (Piz Arina) in diesem Buch nützliche Hinweise.

Münstertal, Ofenpaß

1 Piz Terza (Urtiolaspitz), 2909 Meter

Pforte zum Münstertal

Tagestour.
Beste Jahreszeit: Juli bis September.
Unschwierig.

> *Die Gams erwacht in fremdem Forst,*
> *Sie lag in einem Adlerhorst,*
> *Sie sah sich um und sprach betroffen:*
> *»Mein lieber Schwan, war ich besoffen.«*

Zu lesen ist dieses Sprüchlein im Gipfelbuch des Piz Terza. Wahrscheinlich sind die wenigen Bergsteiger, die diesen interessanten Grenzgipfel zwischen Graubünden und Südtirol besteigen, am Ziel der Wanderung immer noch so fit, daß sie sich so allerhand sinnige (oder auch unsinnige) Verslein einfallen lassen können.

Bevor wir uns über weitere Sprüche amüsieren oder wundern können, müssen wir den Gipfel erst einmal erreichen. Das ist gar nicht so schwierig, denn die Route auf den Piz Terza ist bis oben hin markiert. Ab der Alp Tabladatsch gibt es zwar keinen Weg mehr, nur gelegentliche Steigspuren, doch ist, dank der im Aufstieg deutlichen und weithin sichtbaren Markierungszeichen die Strecke, kaum zu verfehlen. Trotzdem sollte man die Tour nicht bei schlechter Sicht angehen, denn im Nebel sind die Zeichen nur noch schwer auszumachen.

Am Eingang des Schweizer Münstertals ist der Piz Terza der erste Berggipfel auf der Westseite des üppig grünen Talgrunds. Zusammen mit seinem Nachbarn, dem Piz Starlex, bildet er ein mächtiges Bollwerk, das weit in den Vinschgau hinaus zu sehen ist.

Die Unternehmung führt deutlich an die 3000-Meter-Marke heran und ist deshalb, was die Höhe betrifft, nicht zu unterschätzen. Auf- und Abstieg selbst sind zwar nicht schwierig, also bedingt auch für Kinder geeignet, doch sollten sie Höhengewöhnung und eine Bärenkondition mitbringen. Belohnt wird man bei dieser Wanderung für die Aufstiegsmühe mit einer weiten Rundschau, vornehmlich in die Ortlergruppe, in die Ötztaler Alpen und in den Vinschgau hinaus. Es zeigen sich auch viele Gipfel, die in diesem Band vorgestellt sind, zum Beispiel der Piz Turettas, an dem man nahezu den ganzen Routenverlauf studieren kann, seine Nachbarn Piz Dora und Piz Daint, in der Ferne der Piz Umbrail, der Piz Praveder und Teile des Munt Buffalora.

Die Vegetation ist in Talnähe von schönem Nadelwald geprägt. Im Almbereich, oberhalb der Waldgrenze, finden wir ausgedehnte Wiesenhänge, in denen im Frühsommer zahllose bunte Blumen blühen. Einen Latschengürtel gibt es nicht. In der Gipfelregion, etwa oberhalb der Fuorcla Sassalba, kann sich in Fels und Firn nur noch eine sehr spärliche Flora behaupten. Dort oben fühlen sich die Schneehühner wohl.

Routenverlauf

Talort: Fuldera, 1635 Meter.
Ausgangspunkt: Lü, 1920 Meter. Lü erreicht man auf einer gut ausgebauten Bergstraße.
Aufstieg: Am Ortseingang des verträumten Bergdorfs Lü, der am höchsten gelegenen, politisch eigenständigen Gemeinde Europas, gibt es einen Parkplatz. Von ihm aus gehen wir über die Straße und an den Markierungstafeln vorbei auf einem Fahrweg nach Osten. Er bringt uns durch lichten Wald, gabelt sich (wir gehen links) und führt auf der Höhe von 2007 Meter zur Straßenverzweigung bei Urschai. Wir halten uns scharf links, also gegen Nordwesten, zum Punkt 2081 Meter hinauf, wo die Straße abermals abknickt, und wieder gegen Osten, über die Waldgrenze hinweg, zur Alp Valmorain führt. Bei den Häusern auf 2195 Meter wird die Straße sehr schmal und weist zur Alp Tabladatsch, 2245 Meter. Im freien Weidegelände gehen wir nach Nordwesten weiter. Die guten Markierungszeichen leiten uns über die Almhänge hinauf,

Die Aufstiegsroute zum Piz Terza oberhalb der Alp Tabladatsch. Jenseits des Münstertals erheben sich links der Piz Turettas und rechts der Piz Dora.

und das Weglein wendet sich gegen Norden. Haben wir die kleine, gemauerte Hütte aus dem Jahr 1951 erreicht, sind wir auf 2393 Meter angekommen. Die Wegzeichen führen uns von dort in der Nähe des Bachs gegen Norden bergwärts in einen flacheren, grünen Boden hinein und bis kurz unter die Fuorcla Sassalba. Noch vor dem kleinen See unter der Paßhöhe verzweigt sich die Route. Wegtafeln und deutliche Felsaufschriften weisen uns nach rechts, gegen Osten weiter. Durch wenig einladendes Fels- und Schuttgelände steigen wir, gelegentlichen Trittspuren und Markierungszeichen folgend, weiter und kommen in immer unfreundlicheres Gelände hinein. Die Wegmarkierungen schicken uns in den Sattel südlich des Piz Terza. Dort muß man sich links halten, um den Gipfel zu erreichen.

Wenn im Frühsommer in der Mulde unter dem Sattel noch viel Schnee liegt, ist es unangenehm, in diesen Sattel aufzusteigen. Man kann sich den Aufstieg erleichtern, indem man links vom Sattel auf dem Gratrükken aufsteigt, wo es meistens aper ist. Allerdings ist dieser Aufstieg durch Schutt und Geröll steil, weglos und mühsam zu begehen. Haben wir die weite, muldige Gipfelhöhe erreicht, suchen wir uns nach den 3 Stunden Aufstiegszeit in der Nähe eines der Gipfelkreuze einen gemütlichen Rastplatz. Drei Gipfel hat der Berg und alle sind sie mit einem Kreuz versehen. Vielleicht hat der Piz Terza, der »dritte Gipfel«, daher seinen Namen.

Abstieg: Für den Rückweg haben wir mehrere Möglichkeiten zur Wahl. Die einfachste verläuft entlang der Aufstiegsroute nach Lü zurück.

18 Münstertal, Ofenpaß

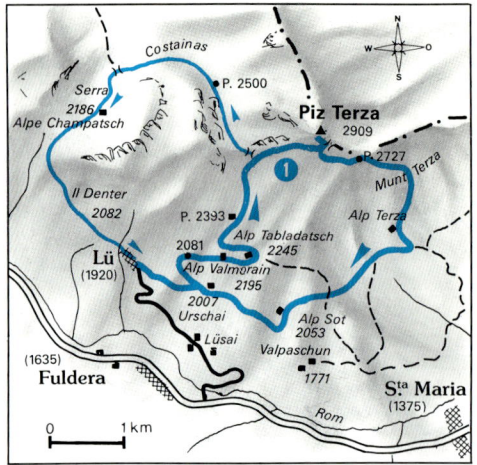

Interessanter ist die Variante, die vom Gipfel ebenfalls auf der Aufstiegsroute zur Fuorcla Sassalba hinabführt, aus dem Sattel aber gegen Norden, am See vorbei und in das breite Tal »Costainas« hinunterweist. Im Talboden, etwa bei 2500 Meter Höhe, wendet sich dieser Routenverlauf von Norden in weitem Bogen nach Südwesten. Der Paß da Costainas wird erreicht und der Weg führt an Serra und der Alpe Champatsch, 2186 Meter, vorbei, in den Wald hinein und in einer weiten Kehre unter dem Felsen »Il Denter«, 2082 Meter, nach Lü zurück.

Lohnend ist aber auch folgender Abstiegsweg: Man geht vom Gipfel nahezu weglos nach Süden hinab, bis ein paar Markierungszeichen zu sehen sind, die am Gipfel-Südostrücken in die Nähe eines Wetterkreuzes am Punkt 2727 Meter weisen. Von dort leitet uns die Route nach Osten über das Gelände »Munt Terza«. Die Farbtupfer, die den Wegverlauf anzeigen sollen, sind dort etwas spärlich ausgefallen und wer keinen guten Sinn für die beste Routenfindung hat, sollte Kompaß und Karte zu Rate ziehen. Als Orientierung kann man auch die Grenzmarkierungen zu Hilfe nehmen, die einige hundert Meter links des Verlaufs der Abstiegsroute als aufgerichtete Steinsäulen immer wieder zu sehen sind. Man steigt also gegen Osten ab. Auf der Höhe von rund 2500 Meter wendet sich die Abstiegsroute gegen Süden. Die Wiesen werden satter grün und man sieht unten schon die Hütten der Alp Terza stehen.

Noch bevor die Alpe erreicht wird, hält man sich rechts und quert auf spärlichen, unmarkierten Steigspuren den Hang, bis man in einen felsdurchsetzten Arven- und Lärchenwald hineinkommt. Der Eintritt in diesen Wald wird durch eine Felsenbarriere und aufgeschlichtetes, morsches Holz erschwert. Im lichten Wald stößt man auf ein Weglein, das bald darauf in einen Fahrweg mündet. Auf ihm muß man nun einige Meter zum Punkt 2169 Meter aufsteigen, ehe er die Schritte zu dem malerisch gelegenen Bergsee Lai da Valpaschun lenkt. An beschilderter Stelle, unmittelbar am See, biegt die Abstiegsroute links ab und führt, gut markiert, durch den Wald zur Alp Sot, 2053 Meter, hinab. Kurz vor der Alp wird wieder ein Sträßchen erreicht, das man nach Urschai zurück verfolgt, wo es zum Aufstiegsweg stößt, der nach Lü zurückführt.

Höhenunterschied: Rund 1000 Meter.
Gesamtgehzeit: 5 bis 6 Stunden.
Karte: Wanderkarte Unterengadin, Maßstab 1:60000, Verlag Kümmerly + Frey, oder Landeskarte der Schweiz, Maßstab, 1:50000, Blatt 5017 Unterengadin.

2 Piz Turettas, 2958 Meter

Stiller Gipfel über dem Val Müstair

Unschwierige Tagestour.
Beste Jahreszeit: Juli bis Oktober.
Stellenweise weglos, bei guter Sicht gibt es aber keine Orientierungsprobleme.

Die Münstertaler Alpen, also jene Berge, die letztlich von der Klosterkirche in Müstair ihren Namen bekommen haben, sind still geblieben. Stundenlang kann man auf die Höhen, die Gipfel, zu stillen Seen und durch wildromantische Lärchen- und Arvenwälder

Unter der Fuorcla Sassalba, dem breiten grünen Sattel im Bildhintergrund, flacht der Hang etwas ab. Der Aufstieg zum Piz Terza führt einem lieblichen Bachlauf entlang.

wandern, ohne einer Menschenseele zu begegnen. Immer wieder läßt sich ein ruhiges Fleckerl zum Rasten und Verweilen finden, wo man die milde Luft dieses klimatisch begünstigten Winkels genießen kann. Steigt doch das Münstertal aus dem Südtiroler Vinschgau an, wo die Wärme über das Tal bis zum Ofenpaß aufströmen kann. Dadurch ist auch die Baumgrenze im Münstertal ein gutes Stück nach oben verschoben. Liegt sie im nördlichen Alpenbereich etwa bei 1800 bis 2000 Meter, so stehen die letzten Bäume in den Münstertaler Alpen immerhin noch auf 2300 Meter Seehöhe. Schön kann man die erhöhte Baumgrenze bei der Tour auf den Piz Turettas beobachten, weil die kleine Hütte »Chamanna Bescha« (Schäferhütte) eine gute Höhenmarke für die 2200-Meter-Linie bildet. Die letzten von Wind und Wetter in dieser beachtlichen Höhe halt doch etwas gezeichneten Arven stehen noch weit oberhalb der kleinen Hütte.

Auch für den geologisch interessierten Wanderer bietet der Piz Turettas einige Besonderheiten. Vor allem die verschieden eingefärbten Schichten des Sedimentgesteins lassen sich während der Wanderung in Gipfelnähe gut studieren. Am Gipfelgrat wechselt der Schutt auf wenige Meter gleich in vier verschiedenen Farben.

Da gibt es hoch über dem Münstertal also einen Gipfel, der eine nahezu vollkommene Schau zur Ortlergruppe (zu der er alpingeographisch genau genommen selbst noch zählt) gewährt, der sich leicht besteigen läßt

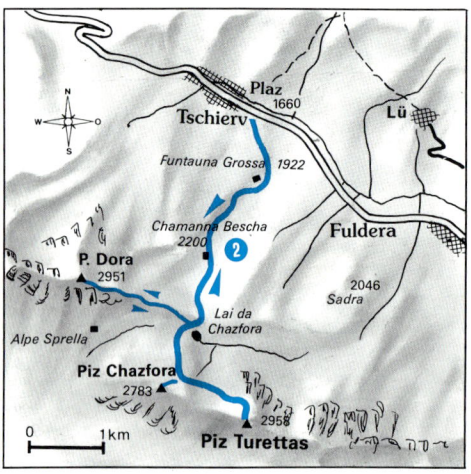

und durch landschaftlich reizvolles und abwechslungsreiches Gelände führt. Trotzdem verirrt sich kaum ein Mensch je auf diesen schönen Berg. Nicht einmal ein Weglein führt zum Gipfel hinauf. Kurz und gut, der Piz Turettas ist ein Geheimtip geblieben, bei Wanderern wie bei Skitourengehern, denn auch für letztere Sportart gibt er ein sehr interessantes Ziel ab.

Ein kleiner See, der Lai da Chazfora, und steile Firnflanken am Gipfelhang, ja sogar ein winziger Gletscherrest, unterstreichen die landschaftliche Vielfalt. Die beiden Gipfel des Piz Turetteas bieten reichlich Platz für eine ausgiebige Rast, für ruhige Stunden, zum Faulenzen und Bewundern des freien Rundblicks.

Routenverlauf

Talort: Tschierv, Plaz, 1660 Meter.
Ausgangspunkt: Südöstlicher Ortsrand von Plaz.
Aufstieg: Ein paar Wegtafeln zeigen den Pfad an, der vom Ausgangspunkt gegen Süden in den Wald hineinführt. Der gut markierte Steig führt im schattenspendenden Wald »Multa da Plaz« bergwärts und stößt zu einer Fahrspur. Auf ihr hält man sich links bis bald darauf eine Lichtung und eine Forststraße erreicht werden. Wir gehen auf der Schotterstraße durch die Kehre und verlassen sie schon nach ein paar Metern wieder nach rechts. Der markierte Weg führt nun über den Weidezaun, auf eine Wiese und stößt zum Rastplatz »Funtauna Grossa« auf 1922 Meter. Neben der Hütte steht eine großzügige Sitzgruppe. Dort läßt es sich gut aushalten und gemütlich rasten.

Bei der Weggabelung neben der Hütte gehen wir schon wieder rechts und folgen der Wegspur, die zur Alpe Sprella ausgeschildert ist. Sie lenkt, deutlich markiert, durch eine nasse Wiese, dem munteren Bachlauf entlang und zur Chamanna Bescha, 2200 Meter, die bei einem Schlechtwettereinbruch sicheren Unterstand gewährt. Die vielen mit Jahreszahlen versehenen, ins Holz geschnitzten Monogramme lassen etwa auf das Baujahr der winzigen Hütte schließen. Es dürfte so um 1940 liegen.

Der Aufstieg wird im weiteren Verlauf etwas

Die kleine Chamanna Bescha liegt genau auf 2200 Meter. Der dort noch markierte Aufstiegsweg zum Piz Turettas führt unmittelbar an der Schäferhütte vorbei.

felsiger, bis er in einem breiten Sattel zwischen Piz Dora und Piz Turettas zu dem kleinen See Lai da Chazfora führt. Schon wieder sind wir an einem angenehmen Rastplatz angekommen. Ist auch die Schau in die Ötztaler Alpen hinüber vom See aus recht schön, so sollten wir doch das Gipfelziel nicht vergessen.
Wir gehen also links und verlassen den bezeichneten Weg. Nur gelegentlich läßt sich mit viel Phantasie eine Trittspur vermuten, die in einem leichten Bogen zu einem Graben führt und durch diesen gegen Süden aufsteigt. An seinem oberen Rand halten wir uns ein wenig links und erreichen das trist wirkende Gelände Chazfora. Unter dem Piz Chazfora, 2783 Meter, der sich von dort in

ein paar Minuten leicht besteigen läßt, wenden wir uns in einem weiten Bogen noch weiter nach links, gegen Osten. Dort finden wir auch im Hochsommer noch Schneefelder. Es sind die Reste der Lawinen, die von den steilen Gipfelhängen herabgerutscht sind. Erstaunlich gut kommen wir trotz Schutt und Geröll voran. Der Anstieg ist ja auch nicht besonders steil. Interessant sind dort im fast vegetationslosen Gelände die verschiedenen Gesteinsarten, die sich in allen möglichen Farben und Arten abwechseln.
Das letzte Stück zum Ostgipfel wird dann doch ein wenig unbequem und steil. Aber es zieht sich nicht zu lange hin, bis der Steinmann des Piz Turettas erreicht ist.
Der Übergang zum Westgipfel, der ungefähr

Blickt man vom Westgipfel zum Ostgipfel des Piz Turettas, so erkennt man deutlich die unterschiedlichen, scharf abgegrenzten, steilstehenden Gesteinsschichten. An klaren Tagen, wie auf dem Bild, sieht man in der Ferne den Ortler.

die gleiche Höhe wie der Ostgipfel mißt, führt am breiten Gratrücken ein klein wenig abwärts, über ein paar Felsen leicht hinweg und zum Steinmann hinauf, wo wir etwa nach 4 Stunden ab Tschierv ankommen.

Vom Westgipfel zeigen sich neben der vergletscherten Ortlergruppe die scharfgeschnittenen Felsengipfel Piz Schumbraida, Piz Tea Fondada, Piz Magliavachas und Piz Murtaröl. Die Namen dieser Berge sind ziemlich unbekannt und schwer zu besteigen sind diese Gipfel ebenfalls, aber sie sind schön anzuschauen und das mag im Augenblick reichen.

Abstieg: Entlang der Aufstiegsroute.
Höhenunterschied: 1300 Meter.
Gesamtgehzeit: 6 bis 7 Stunden.

Hinweis: Wie schon erwähnt, läßt sich von der beschriebenen Aufstiegsroute der Piz Chazfora sehr leicht und schnell in etwa 10 Minuten »mitnehmen«. Doch gibt es für Gipfelsammler noch ein weiteres, stattliches Ziel, das allerdings schon 1½ Stunden zusätzliche Zeit erfordert. Es ist der Piz Dora, 2951 Meter. Diesem Gipfel nähert man sich vom Lai da Chazfora gegen Westen auf der südlichen Seite der deutlich sichtbaren Mulde »Las Chünas«. Der Aufstieg führt immer geradeaus, leicht, aber weglos bis zum Gipfel.

Karte: Wanderkarte Unterengadin, Maßstab 1:60000, Verlag Kümmerly + Frey, oder Landeskarte der Schweiz, Maßstab 1:50000, Blatt 5017 Unterengadin.

3 Piz Daint, 2968 Meter

Der Zahn über dem Ofenpaß

Tagestour.
Beste Jahreszeit: Juli bis Oktober.
Der Aufstieg ist unschwierig. Für die (z. T. weglose) Abstiegsvariante sind Trittsicherheit und Schwindelfreiheit erforderlich.

Wie ein mächtiger Zahn überragt der Piz Daint das Münstertal und rahmt zusammen mit dem bereits im Schweizer Nationalpark liegenden Piz Nair den Ofenpaß ein. Wenn er auch nicht gerade zu den höchsten Erhebungen der Münstertaler Alpen zählt (genaugenommen gehört er sogar noch zur Ortlergruppe), so ist der Piz Daint doch die beherrschende Berggestalt des Münstertals. Betrachtet man den scharfgeschnittenen Gipfel aus dem stillen Münstertal, wird man es kaum für möglich halten, daß er sich ziemlich leicht besteigen läßt. Die unfreundlichen Felsabstürze auf der Ostseite des Berges, die man vom Tal aus sieht, laden in der Tat zu keiner Besteigung ein. Die Route, die wir auf den Berg wählen, führt an der Nordseite, also von der Paßhöhe hinauf, und da ist der Piz Daint auch wesentlich »milder«. Der Gipfelanstieg nimmt sich dann den langgezogenen Nordostgrat zu Hilfe und dort wird der Aufstieg zum Vergnügen. Zudem ist die Tour, gemessen an der Höhe des Berges, relativ kurz, weil der Ausgangspunkt, die Scheitel-

Beim Steilabstieg durch die schotterige Südrinne des Piz Daint kommt man an eigentümlich herausgewitterten Felsengebilden vorbei.

strecke des Ofenpasses, immerhin schon auf der stattlichen Höhe von 2149 Meter liegt.
So ein schnell und einfach zu besteigender Fast-Dreitausender, der obendrein noch herrliche Rundblicke in die Ötztaler Alpen und zur Berninagruppe gewährt, ist naturgemäß sehr beliebt. Man muß sich also auf regen Betrieb einstellen, denn am Piz Daint wimmelt es von Bergwanderern. Vor allem an schönen Sommer- und Herbstwochenenden ist die etwas klein ausgefallene Gipfelfläche oft hoffnungslos überfüllt.
Obwohl der Berg also schnell und leicht zu erreichen ist, wird er doch des öfteren zu sehr auf die leichte Schulter genommen. Eine ordentliche Kondition und Ausdauer muß man für den steilen Anstieg eben doch mitbringen. Völlig untrainiert darf man also nicht zum Piz Daint aufbrechen, schließlich führt der Weg auf eine beachtliche Höhe. Und wer die dünne Luft nicht gewöhnt ist, kann schon ordentlich ins Schnaufen kommen.
Will man sich am übervölkerten Gipfel nicht lange aufhalten, wird viel Zeit für eine große Rundwanderung bleiben. Der Abstiegsweg läßt sich nämlich zu einer weiten Reibe ausdehnen. Und die ist wesentlich anspruchsvoller als der Aufstieg. Das gilt nicht nur für die Anforderungen an die körperliche Verfassung. Für den beschriebenen Abstieg muß man auch trittsicher und schwindelfrei sein, sonst kann's im steilen Schutt und Geröll unmittelbar unter dem Gipfel schon etwas brenzlig werden.

Routenverlauf

Talort: Tschierv, 1693 Meter.
Ausgangspunkt: Paßhöhe am Ofenpaß (Gasthaus Susom Givè, Touristenlager), Postbushaltestelle, 2149 Meter.
Aufstieg: Direkt am Parkplatz, neben dem Gasthaus, beginnt der markierte Wanderweg. Er führt gegen Südwesten durch schönen Arvenwald, am Richtfunk-Antennenbauwerk vorbei und leicht abfallend um ein beeindruckendes Felsenlabyrinth unter dem Aussichtsmugel »Il Jalet« herum. Der schmale Weg geleitet uns am oberen Rand steiler Schuttrinnen weiter und wendet sich noch etwas mehr gegen Westen. Im weiten Wiesengelände verzweigt er sich. Die Wegtafeln weisen nach links, also in Richtung Süden. Über das gestufte Gelände »Murtaröl« lenkt die gut markierte Trittspur in eine breite, mächtige Lawinenbahn hinein. Wir queren diese triste Schuttreiße. Im Frühsommer wird sie noch mit riesigen Lawinenresten gefüllt sein. Blicken wir nach oben, können wir uns gut vorstellen, mit welchen Urgewalten die Lawinen hier herunterrauschen.
Haben wir diese etwas unfreundlich wirkende Strecke verlassen, gehen wir unterhalb von plattigen Kalkfelsen ziemlich steil auf den Nordwestgrat des Piz Daint zu und errei-

Aufstieg zum Piz Daint. Das schräge Morgenlicht modelliert die scharfgeschnittenen Berge um den Piz Daint mit ihren bizarren Felsengebilden. Im Mittelgrund erkennt man den kalottenartigen Felsen »Il Jalet«. Die Berge im Hintergrund (Piz Nair und Piz Tavrü) gehören bereits zum Nationalpark.

chen den breiten Schuttrücken etwas oberhalb des Punktes 2641 Meter. Eine weite Rundschau öffnet sich. Besonders interessant zeigt sich der Piz Murtaröl mit dem steilen Gletscher, der direkt von seinem Gipfel herabfließt und aus dieser Perspektive fast senkrecht aussieht.

Am Rücken halten wir uns links und folgen dem Weglein, das sich in unzähligen Kehren mühsam den Grat hinaufwindet. Nach etwa 2 bis 2½ Stunden endet es am Gipfelkreuz.

Abstieg: Einfach wäre es, am Aufstiegsweg auch wieder abzusteigen. Doch wer Zeit und Muse hat, trittsicher ist und einen langen Weg nicht scheut, sollte sich überlegen, ob er nicht doch die hier vorgestellte Abstiegsvariante wählen sollte. Sie führt vom Gipfel geradewegs nach Süden hinab. Aber nicht erschrecken! So wild, wie die steile Rinne auf die ersten Meter von oben aussieht, ist sie wirklich nicht. Sie erfordert zwar Trittsicherheit und auch Schwindelfreiheit, vor allem im oberen Bereich, aber wer etwas alpine Erfahrung mitbringt, wird diesen Abstieg sicher schaffen.

Wir folgen also vorsichtig der schwach ausgeprägten Trittspur, die am linken Rand der breiten Steilrinne, in der Nähe des Südgrats, hinunterführt. Bald haben wir die schwierigsten Stellen geschafft und wechseln weiter unten in das steile Geröllfeld nach rechts hinein. Dort fallen uns auch die eigenwilligen Felsentürmchen auf, die den Südwestrücken des Piz Daint zieren. Wenn wir uns trauen und die Stiefel nicht schonen wollen, fahren wir rasant durch das Geröll in die Ebene »Taunter Pizza«, 2681 Meter, hinab.

Die Tourenskifahrer werden sicher ins Schwärmen kommen, wenn sie die steile Südrinne zum Gipfel hinaufblicken. Und in der Tat, diese Rinne ist bei sicherem Firn für Tourengeher ein wahres Dorado.

In der Ebene »Taunter Pizza« gehen wir rechts und bummeln weglos über Weidewiesen durch schön gestuftes Gelände zum Jufplaun hinaus. Auf der weiten, grünen Ebene wird wieder ein Wanderweg erreicht. Er bringt uns gegen Norden über den Jufplaun hinweg und wendet sich, etwa am Punkt 2297 Meter, in weitem Bogen nach rechts, gegen Osten. Am oberen Rand des lichten Arvenwaldes führt die Trittspur in mehrfachem Auf und Ab wieder zur steilen Lawinenrinne, die wir schon beim Aufstieg, allerdings wesentlich weiter oben, gequert haben. Die Lawinenbahn hat sich dort unten zu einer schmalen Schlucht verengt, die im Val Murtaröl ausläuft. Fast sieht diese Schlucht wie ein Cañon aus, und mit etwas Phantasie fühlt man sich nach Amerika versetzt.

An diesem wilden Felsenszenario leitet uns der Pfad vorbei und leicht aufsteigend zum Aufstiegsweg zurück, der unter dem Berggipfel II Jalet, 2392 Meter, erreicht wird. Die restliche Viertelstunde geht man auf der Aufstiegsroute zum Ofenpaß zurück.

Höhenunterschied: Ca. 900 Meter.
Gesamtgehzeit: Etwa 5 Stunden.
Karte: Wanderkarte Unterengadin, Maßstab 1:60000, Verlag Kümmerly + Frey, oder Landeskarte der Schweiz, Maßstab 1:50000, Blatt 5017 Unterengadin.
Kartenskizze siehe Seite 36.

4 Piz Umbrail, 3033 Meter.

Dreitausender im Schnellgang

Halbtagestour.
Beste Jahreszeit: Juli bis Ende September.
Nicht besonders schwierig.

Immer wieder frage ich mich, warum gerade die kurzen Bergtouren, die bescheidenen Wanderungen von den meisten Bergsteigern so schnell angegangen werden. Der Piz Umbrail ist so ein Berg, an dem man sich manchmal nur wundern kann. Der Aufstieg ist in 1 bis 1½ Stunden leicht zu schaffen. Da bleibt viel Zeit zum Schauen, zum Bestaunen der großartigen Blicke zur Ortlergruppe hinüber, die sich schon während des Aufstiegs, kurz über dem Ausgangspunkt, öffnen. Vielleicht nimmt man sich sogar Zeit, einmal an einem der vielen Kräuter oder Blümchen zu riechen, die ihren Duft in der kräftigen Sonne besonders stark entfalten.

Warum es trotzdem Leute gibt, die mit Hochgeschwindigkeit und rotem Kopf den Berg hinaufrasen, nur um mit letzter Kraft den Gipfel in 41 Minuten und 27 Sekunden geschafft zu haben, wird mir ein Rätsel bleiben. Gehen sie in die Berge um sportliche Höchstleistungen zu vollbringen, haben sie keinen Blick für Naturschönheiten oder nehmen sie sich einfach nicht die Zeit, die man für eine Bergtour eben braucht? Am Piz Umbrail, der sich schnell vom Paß aus quasi »nebenbei« besteigen läßt, wird diese Gruppe von Bergsteigern wohl immer vertreten sein.

Aber es gibt auch Leute, die sich Zeit lassen und vielleicht sogar länger als 1½ Stunden zum Gipfel hinauf brauchen. Auch das ist keine Schande. Der Berg ist ja doch über 3000 Meter hoch und wer die Höhe nicht gewöhnt ist, kann wegen der dünnen Luft schon ein wenig ins Schnaufen kommen. Auch wenn er nicht wie wild hinaufstürmt.

Eindrucksvoll ist der Tiefblick vom Gipfel des Piz Umbrail. Durch die grünen Hochweiden schlängelt sich die Straße zum Stilfser Joch hinauf. Dahinter erheben sich die eisgekrönten Berge der Ortlergruppe. Links der Ortler selbst.

Münstertal, Ofenpaß

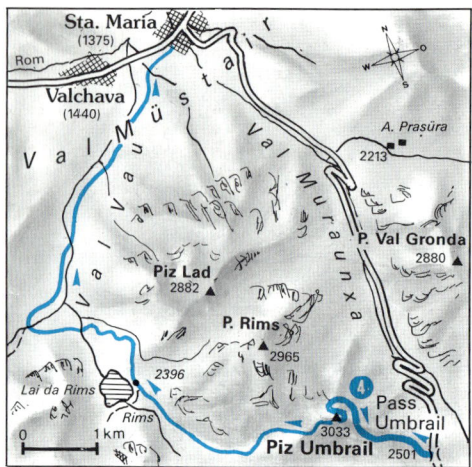

beschienenen Osthang hinauf. Die deutlichen Markierungszeichen weisen uns in ein steiles Geröllfeld hinein. Wir queren es und kommen in Blockwerk mit bizarren Felsengebilden. Nach dieser kurzen Abwechslung erreicht man schon wieder ein steiles Geröllfeld. Der Weg führt mitten durch die Steine hindurch und wendet sich ein wenig nach links. In den Felsen wird er deutlich steiler und stößt zur anspruchsvollsten Wegstrecke der ganzen Bergtour. Auf diesem, wirklich nur sehr kurzen Wegabschnitt nimmt die Steigung beachtlich zu und bei der weithin

Die Tour selbst ist nicht besonders schwierig und für den »Normalwanderer« durchaus zu schaffen. Entsprechend beliebt ist sie auch. An landschaftlichen Reizen bietet der Berg nicht besonders viel. Steile Felsflanken und triste Schuttkare sind für den Piz Umbrail typisch. Dafür ist er eben eine Aussichtswarte von hohem Rang.

Wer es nicht glauben will: Selbst im Hochsommer gibt es am benachbarten Stilfserjoch Skifahrer, die versuchen, im wadentiefen Sumpf oder gar auf dem blanken Eis ihre Brettl talwärts zu steuern. Mit dem Fernglas lassen sich diese Exoten vom Piz Umbrail aus beobachten.

Routenverlauf

Talort: Sta. Maria im Münstertal, 1375 Meter.
Ausgangspunkt: Paßhöhe des Umbrailpasses, 2501 Meter. Zu erreichen ist die Scheitelstrecke auf der langen, steilen und stellenweise sehr engen Umbrail-Paßstraße, die nur im Sommer frei ist. Die Zollstation ist nachts geschlossen.
Aufstieg: Vom Hospiz und der Zollstation am Umbrailpaß folgen wir dem beschilderten und markierten Wanderweg über den weiten Hang nach Nordwesten hinauf. Er geleitet uns anfangs über grüne Wiesen und an einigen Militäranlagen vorbei. Das gute Weglein schlängelt sich nicht zu steil den freien, schon am Morgen stark von der Sonne

sichtbaren Markierungsstange wird der Nordgrat des Piz Umbrail erreicht. Dort biegt man links ab.

Der kurze Gipfelsturm beginnt. Die gute, aber bei trockenem Wetter arg staubige Trittspur führt nun gegen Süden weiter. Sie ist mit der Felsenaufschrift »Rims« markiert. Am Rande eines bescheidenen Gletscherrestes weist sie zum langen Gipfelgrat mit seinen beiden höchsten Erhebungen, 3032 Meter und 3033 Meter hinauf. Nach 1 bis 1½ Stunden haben wir die Gipfel erreicht.

Wer die weite Schau, vor allem zu den scharfgeschnittenen, vergletscherten Berggestalten der Ortlergruppe aber auch hinaus zur Bernina bis hinüber zur Silvretta und die Ötztaler Alpen lange genug ausgekostet hat, kann sich etwas unterhalb des Gipfels im Nordhang zwischen den Firnfeldern im Schutt einen bequemen Ruheplatz herrichten

Lieblich gibt sich das sommerliche Münstertal. Im Mittelgrund liegt die Ortschaft Santa Maria, wo die Umbrailpaßstraße beginnt. Im Hintergrund sehen wir links den langen Rücken des Piz Turettas und die beiden Felsengipfel Piz Dora und Piz Daint.

wo der Motorenlärm von der Paßstraße herauf nicht zu hören ist. Vor allem die vielen Motorräder können lärmempfindlichen Bergsteigern schon auf die Nerven gehen. Doch auf der Nordseite des Gipfels ist es ruhig und dort bleibt viel Zeit zum Staunen und Faulenzen, denn zum Abstieg drängt es nicht.

Abstieg: Wer Lust hat, kann den Piz Umbrail überschreiten. Dazu folgt er der markierten Route nach Norden, später Nordwesten durch Geröll und weite Wiesenmulden zum Lai da Rims hinab. Der Weiterweg von dort ist unter »Piz Praveder« (Tour 5) beschrieben. Wer aber schnell den Umbrailpaß wieder erreichen will, steigt einfach auf der Aufstiegsroute ab.

Höhenunterschied: 532 Meter.
Gesamtgehzeit: 2 bis 2½ Stunden.
Karte: Wanderkarte Unterengadin, Maßstab 1 : 60 000, Verlag Kümmerly + Frey, oder Landeskarte der Schweiz, Maßstab 1 : 50 000, Blatt 5017 Unterengadin.

Aus dem Val Vau sieht die steile Bergflanke unter dem Lai da Rims schier unüberwindlich aus. Ist man den Felsen nähergekommen, entpuppt sich die Route durch diesen Felsenbereich als leichter Wanderweg.

5 Piz Praveder, 2764 Meter

Über dem Lai da Rims

Tagestour.
Lohnend von Anfang Juli bis Ende September.
Unschwierige Wanderung, überwiegend auf markierten Wegen.

Die Bergstöcke um den Lai da Rims sind im wesentlichen aus Dolomit aufgebaut. Insider wissen natürlich, daß in solchen Gebirgen das Wasser knapp ist. Die für gewöhnlich porösen Felsen lassen die Feuchtigkeit durchsickern und der Wanderer hat seine liebe Not, wenn er einmal aus einer Quelle trinken will, weil es einfach keine gibt.

Am Piz Praveder ist das anders. Schon vom Ausgangspunkt an folgt man wilden Wassern, die nach oben hin noch imposanter wirken. Einige stattliche Wasserfälle ziehen die Blicke auf sich, und immer wieder kommt man zu einem kleinen Rinnsal oder einem tosenden Bach. Ob diese Gewässer hygienisch einwandfrei sind, bleibt dahingestellt. Jedenfalls habe ich etliche Male schad-

los aus diesen klaren Wassern meinen Durst gestillt.
Besonders malerisch wirkt zweifellos der Lai da Rims, ein türkisgrüner Bergsee auf 2396 Meter Seehöhe. Dieser See ist eine vielbesuchte landschaftliche Attraktion. Den Gipfel des Piz Praveder selbst erklimmt hingegen nur hin und wieder ein Bergwanderer.
Erstaunlich, wie einfach der Berg in diesem eindrucksvollen Felsengebirge auch im Winter mit Ski (allerdings auf einer anderen Route) zu erreichen ist. Noch verblüffender, daß der Gipfel ein behäbiger Wiesenrücken ist, der eigentlich gar nicht in diese von scharfgeschnittenen und hoch aufragenden Felsenbergen geprägte Umgebung paßt.

Routenverlauf

Talort: Sta. Maria im Münstertal, 1375 Meter.
Ausgangspunkt: Parkplatz im Wald zwischen Sta. Maria und Valchava, 1420 Meter. Zu erreichen ist dieser Parkplatz von einer Straßenabzweigung, etwa 1 Kilometer westlich von Sta. Maria. Man biegt mit dem Auto nach Süden ab, fährt durch den Wald, am Kieswerk vorbei und auf einer Schotterstraße noch etwas aufwärts.
Aufstieg: Vom Parkplatz folgt man dem Fahrweg durch den Wald nach Süden. Wir gehen an der Abzweigung des Trimmpfades (Vita Parcours) vorbei und der Weg dreht sich gegen Südwesten. Er bringt uns in das Val Vau hinein und neben dem Bach in leichter Steigung in eine ausgedehnte Lichtung. Von dort sehen wir schon ganz gut das heutige Gipfelziel, das sich von dieser Seite mit wilden Felsenwänden gibt. Auf der linken Talseite zeigt sich auch der eindrucksvolle Wasserfall des Bachs »Aua da Rims«. Akkurat auf dieser Hangseite führt auch der Weg hinauf. Doch so schwierig, wie diese Bergflanke von unten aussieht, ist sie nicht. Bald werden wir dort oben emporsteigen und von der Einfachheit des Anstiegs überrascht sein.
Etwas oberhalb der Alp Tschuccai, 1943 Meter, verlassen wir den Fahrweg bei den Wegweisern nach links. Ordentliche Markierungszeichen zeigen den Weg durch Lärchenwald gegen Südosten nach oben. Man überschreitet auf einem Steg den Bach und kommt in stark geneigte Schutthänge hinein. Das Weglein ist gut angelegt und läßt sich trotz der kräftigen Hangneigung sehr gut begehen. Gelegentlich kommt man an markanten Felsengebilden vorüber, bis durch das ausgedehnte Val Madonna die Ebene des Lai da Rims erreicht wird. Nun liegt der bekannte, malerische See vor uns. Am frühen Morgen wird es am Ufer noch ruhig sein. Die meisten Ausflügler kommen erst gegen Mittag hier herauf. Bis dahin sind wir längst weit über dem See und schauen vom Gipfel auf das klare Wasser hinab. Am Vormittag können wir noch die Ruhe und Beschaulichkeit dieses wahrhaft romantischen Gewässers genießen.
Am jenseitigen Ufer des türkisfarbigen, stillen Bergsees steigt felsig und steil der Piz dal Lai, 2827 Meter, an. Er ist nun der Blickfang. Kurz vor dem See gabelt sich der Weg. Wieder zeigen gute Wegweiser die Aufstiegsrichtung an. Wir gehen etwas rechts, dem Seeufer entlang, durch Wiesen und Schottergelände, springen ein paarmal über kleine Bachläufe und erreichen das Gelände »Rims«. Von dort wandern wir im wesentlichen gegen Südwesten unter dem Piz dal Lai weiter. Die Spur führt im Frühsommer stellenweise noch über Schneefelder, bis sie in einem kleinen Sattel oberhalb des Val Döss Radond endet.
Der folgende Gipfelanstieg ist weglos. Wir halten uns im Sattel rechts und steigen über steile Grashänge in etwa einer Viertelstunde nach Norden zum breiten Gipfelrücken und

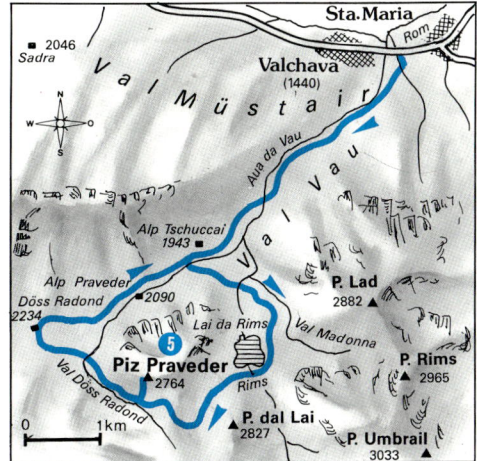

dem Steinmann am höchsten Punkt hinauf, wo wir nach etwa 4 Stunden ankommen. Der wenig markante, grasige Gipfel lädt natürlich zum Faulenzen und zum Schauen ein. Man sieht ja auch schön auf Teile der Ortlergruppe, wenn auch der Ortler selbst nur ein ganz klein wenig hervorspitzt, auf das Sommerskigebiet am Stilfserjoch und zum Piz Umbrail. Gegen Osten hat man schöne Blicke auf die Ötztaler Alpen, hinunter in das Münstertal und den Vinschgau. Stattlich ist auch die Schau nach Westen zu den wenig bekannten Bergen Piz Schumbraida, Piz Magliavachas, Piz Murtaröl und Piz Pala Gronda.

Diese Aussicht ist Grund genug, sich ein wenig im Gras am Gipfel niederzulassen. Aber Vorsicht! Auch die Schafe haben die Wiesen auf dem Gipfel des Piz Praveder entdeckt. Das Gras schmeckt ihnen dort offenbar besonders gut. Gelegentlich lassen die Schafe auch einmal was fallen und das vorzugsweise im Bereich des Gipfels. Also lange suchen, bis ein sauberes Plätzchen gefunden ist oder die Wiese säubern! Dann aber liegt der langen Gipfelrast nichts mehr im Wege.

Abstieg: Zunächst folgen wir den steilen Wiesenhängen vom Gipfel hinab bis in den Sattel, den wir schon beim Aufstieg erreicht hatten. Damit die Wanderung zu einer Rundtour wird, biegen wir rechts ab. Im Sattel finden wir wieder Markierungszeichen, die durch das Tal Val Döss Radond hinabführen. Wir erreichen steile Schuttfelder, wo sich der Rhätische Alpenmohn (auch Bündner Mohn genannt) besonders wohl fühlt. Wer zur richtigen Jahreszeit etwa Ende Juli kommt, sieht eine Unzahl dieser herrlichen, sattgelben Blüten. Hier in den Bergen um den Umbrailpaß ist einer der westlichsten Fundorte dieser schönen Blume in den Ostalpen, die vorwiegend in Dolomit-Schuttfeldern vorkommt. Weiter im Westen finden wir diesen Mohn nur am Berninapaß und erst wieder in den südlichen Seealpen und den Pyrenäen, weshalb er früher »Pyrenäen-Mohn« genannt wurde.

Der Abstiegsweg führt auf der nordöstlichen Talseite hoch über dem Talgrund weiter. Bis in den Herbst hinein ist die Schlucht mit Lawinenschnee gefüllt, und wenn es gerade paßt, kann man vielleicht sogar noch auf einem Schneefeld mit der notwendigen Vorsicht abfahren. Im unteren Bereich des steilen Tales quert man den Bachlauf, geht auf dessen linken Seite weiter und kommt auf die lieblichen Almwiesen von Döss Radond, 2234 Meter. Dort erreicht man einen Fahrweg, dem man aber nur ein kurzes Stück folgt, bis nach rechts ein steiler Weg über Schutt in den Bachgraben hinunterführt. Auf ihm kommt man zu einem angenehmen Wanderweg, an der Alp Praveder, 2090 Meter, vorbei und auf der alten oder der neuen Straße zum Ausgangspunkt zurück.

Höhenunterschied: 1325 Meter.
Gesamtgehzeit: 6 bis 7 Stunden.
Karte: Wanderkarte Unterengadin, Maßstab 1:60000, Verlag Kümmerly + Frey, oder Landeskarte der Schweiz, Maßstab 1:50000, Blatt 5017 Unterengadin.

6 Munt Buffalora, 2630 Meter

Auf den Spuren mittelalterlichen Eisenbergbaus

Halbtagestour.
Beste Jahreszeit: Ende Juni bis Oktober.
Leicht, stellenweise weglos in gut übersichtlichem Gelände. Nicht bei Nebel aufbrechen!

Einen besonders markanten Gipfel finden wir am Munt Buffalora nicht. Oberhalb des Almbereichs herrschen am Munt Buffalora weite grasige Berghänge vor, nur in Gipfelnähe geht es etwas felsiger zu.

Der Berg erhält kaum Besuch und doch ist die kleine Wanderung nicht zu verachten. Vielleicht warten wir für diese Tour einen Tag ab, an dem das Wetter nicht ganz so hervorragend ist, wie man es für große Touren

---

Wir sind durch das Val Döss Radond vom Piz Praveder abgestiegen und jetzt kurz oberhalb der Alp Praveder. Links der Bildmitte erkennt man im Hintergrund den grünen Gipfel des Piz Praveder. Rechts zieht sich das Val Döss Radond herab, in dessen Grund Lawinenreste liegen.

braucht. Vom Buffalora ist man, wenn es wirklich zu regnen beginnt, schnell wieder im Tal. Und trübes Wetter paßt ja auch viel besser zu den Sagen, die sich um den Buffalora ranken. Nur Nebel sollte es keinen haben, damit wir die Orientierung nicht verlieren.

Es wird berichtet, daß im 19. Jahrhundert die Gemeinde Zernez auf eine zutiefst unredliche Art die schöne Alpe Buffalora der Gemeinde Tschiervs abgeschwindelt hat.

Als die Grenzlinie zwischen den beiden Ortschaften neu gezogen werden sollte, gab es naturgemäß Streitereien. Weil die Tschiervser den neuen Grenzverlauf partout nicht anerkennen wollten, versuchte sie ein Reitersmann aus Zernez einzuschüchtern. Dieser stattliche Herr, der wahrscheinlich der Schloßherr zu Zernez selber oder einer seiner Vasallen war, wies den Tschiervsern Brief und Siegel und fortan war geregelt, daß die Alpe Buffalora doch noch zu Zernez gehöre. So einfach wurde die Sache damals erledigt und die Tschiervser waren um die Alpe ärmer.

Jede Ungerechtigkeit verlangt Sühne und der erwähnte Reiter muß jetzt auf Buffalora umgehen. Mal schleicht er traurig durch die dunklen Wälder, dann braust er wieder unvermittelt daher. Er reitet immer nur entlang der Grenzlinie und hält in der linken Hand die Urkunde und das Siegel. Die rechte hat er zum Schwur erhoben.

So jagt er johlend und heulend auf seinem Schimmel durch Wald und Kluft. Die Hirten sehen den Reiter von Buffalora hauptsächlich wenn das Wetter umschlägt, wenn der Sturm über den Paß herüberpeitscht.

Nicht nur an dem Reitersmann selbst, auch an den Zernezern hat sich der Betrug gerächt. Der Boden der Alpe Buffalora bringt ihnen keinen besonderen Nutzen. Immer wieder bricht bei den Rindern der »Schwarze Brand« aus. Die Kräuter, die auf Buffalora wachsen, sind nämlich für das Vieh viel zu kräftig.

Genau durch diese sagenumwobene Alpe mit ihrem schönen Arvenwald bringt uns die Wanderung. Und wenn der Wind durch die dunklen, stämmigen Bäume pfeift, dann kann man den Schloßherrn von Zernez schon hören, wie er auf seinem Roß umgeht, zur Strafe für die Ungerechtigkeit, die er den Bürgern der Nachbargemeinde Tschierv widerfahren ließ.

Oberhalb der Alpe Buffalora führt der Anstieg in Wiesenhänge hinein, die ohne besondere landschaftliche Reize sind. Trotzdem gibt es (neben dem umgehenden Schloßherrn von Zernez) Interessantes zu beobachten.

Am Munt Buffalora wurde im Mittelalter nämlich Bergbau betrieben. Und somit kommen wir auch gleich dahinter, woher der Ofenpaß seinen etwas eigenartigen Namen hat. Er ist tatsächlich auf einen Ofen zurückzuführen. Auf den Schmelzofen »Il Fuorn«, der westlich der Paßhöhe in der Nähe der Alpe Buffalora stand und der Eisenverhüttung diente.

Als im Jahre 1332 der Bischof von Chur das Recht auf Bergbau am Ofenpaß vergeben hatte, wurden die Erzlagerstätten in mühsamer Kleinarbeit von den Knappen bis Anfang des 17. Jahrhunderts ausgebeutet. Obwohl sich die Bischöfe von Chur und die Tiroler Grafen nie so recht über die eigentlichen Besitzverhältnisse einigen konnten, florierte der Bergbau. Vor allem am Munt Buffalora wurde er sehr intensiv betrieben. Gut 9 Kilometer lang war das Stollennetz und es ist zum Teil noch heute vorhanden. Am Wanderweg, der vom Jufplaun zum Munt la Schera führt, kann man noch in einen Stollen hineingehen, der 52 Meter weit ins Berginnere führt. Aber Vorsicht! Wer wirklich in diesen 80 Zentimeter schmalen und stellenweise bis zu 2,5 Meter hohen Stollen vordringen will, muß in jedem Fall eine Lampe mitnehmen, damit er das Ende nicht übersieht, wo der Schacht in einen 10 Meter tiefen Wassergraben abbricht.

Der Abbau des Eisenerzes mit den Werkzeugen des Mittelalters muß eine sehr mühselige Angelegenheit gewesen sein. Sprengstoff kannte man nicht. Mit Meißeln ausgestattet sind die Knappen dem Stein zu Leibe gerückt. Und wenn gar nichts mehr weiterging, versuchten sie mit Feuer den Fels zu zerbrökkeln um so dem Berg das Erz zu entringen. Mit großem Aufwand und viel Mühe wurde das Erz dann ins Tal gebracht und geschmolzen. Vier bis sechs Stunden, je nachdem wie stark die wasserbetriebenen Blasebälge arbeiteten, dauerte es, bis in dem mit Holzkoh-

le befeuerten Ofen ein 30 Kilogramm schweres Eisenstück geschmolzen war.
Ob die schwer arbeitenden Knappen einen Blick für die Naturschönheiten, vor allem zum benachbarten Piz Daint und in den damals noch nicht gegründeten Nationalpark gehabt haben? Wohl kaum.

Routenverlauf

Talort: Zernez, 1471 Meter.
Ausgangspunkt: Gasthaus »Stradin« an der Ofenpaßstraße, 1968 Meter.
Aufstieg: Vom Parkplatz gegenüber dem Gasthaus gehen wir entweder auf der schmalen Trittspur ein kurzes Stück steil zum breiten Bachbett hinab, queren dieses und gleich darauf das nächste, bis wir über die leicht geneigte Wiese nach Süden, einmal kurz durch den Sumpf, zur Alpe Buffalora hinaufkommen.
Einfacher, aber etwas weiter ist es, über die Brücke der Fahrstraße nur ganz kurz in Richtung Paßhöhe zu folgen und am beschilderten Weg auf 1973 Meter rechts abzubiegen. Der Fahrweg führt auf einer Brücke über den Bach und durch die Wiese gegen Süden bis zum Waldrand. Dort biegen wir rechts ab und folgen dem Sträßchen zur Alpe Buffalora, 2038 Meter. Bei den Alpgebäuden wendet sich der Fahrweg wieder gegen Süden und führt in Kehren ziemlich steil durch den

Die stämmigen Arven oberhalb der Alpe Buffalora. Dort geht der Sage nach der Graf von Zernez um. Im Hintergrund erkennt man den kahlen Munt Buffalora.

Der Bergsteiger im Hintergrund befindet sich im tristen Schottergelände kurz unter dem Gipfel des Munt Buffalora. Das rote, eisenhaltige Gestein im Vordergrund liegt in der Nähe des oberen Endes der ausgebeuteten Erzader.

Arvenwald, bis er an der Waldgrenze abflacht. Wir gehen am Fahrweg oder (etwas kürzer) auf einer Trittspur rechts zu der kleinen Hütte auf 2194 Meter. Von dort könnten wir noch ein Stück über die Wiesen »Buffalora« und dann nach rechts auf einer Pfadspur zum Munt Buffalora weitergehen.

Wir aber folgen von der Hütte dem Wegweiser in Richtung Alp la Schera, gehen also geradeaus weiter. Der gute Weg führt nicht zu steil gegen Westen zum Schild, das uns auf den alten Bergwerksstollen hinweist. Wer Mut besitzt und die Taschenlampe nicht vergessen hat, kann in den Stollen hineingehen, der am Eingang gerade so hoch ist, daß man darin aufrecht gehen kann, wenn man nicht größer als 1,75 Meter ist. Aber Vorsicht, wie schon erwähnt, bricht der Stollen nach 52 Meter in einen Wasserschacht ab.

Nach diesem kleinen Ausflug in den mittelalterlichen Bergwerksstollen folgen wir noch ein Stück dem guten Wanderweg. Von links führt eine Trittspur auf unseren Weg zu. Bald darauf wird dieser nach links verlassen, und

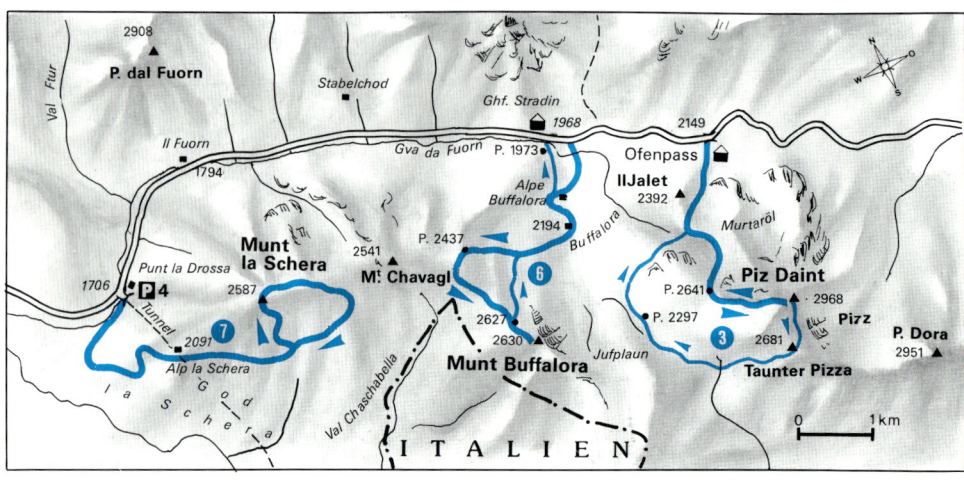

7 Munt la Schera, 2587 Meter

Im Herzen des Schweizer Nationalparks

Leichte Halbtagestour.
Beste Jahreszeit: Juni bis Oktober.
Gut markierter Weg, der nicht verlassen werden darf.

Mit »nur« 2587 Meter ist der Munt la Schera eines der bescheidensten Gipfelziele im Engadin. Das bedeutet aber noch lange nicht, daß sich die Wanderung auf diesen, etwas unbedeutenden »Grasmugel« nicht lohnen würde. Das Gegenteil ist der Fall. Die kleine Unternehmung ist ausgesprochen schön, bietet hervorragende Gipfelrundblicke und ein Naturerlebnis, wie wir es wohl nur im Nationalpark erfahren können. Das Gebiet nördlich und westlich des Ofenpasses ist nämlich als Nationalpark ausgewiesen und der Munt la Schera liegt mittendrin. Wer im Nationalpark wandern will, muß sich an einige Regeln halten. Viele Verbots- und Hinweistafeln weisen uns immer wieder auf die Bestimmungen hin, die man beachten muß.
Der Nationalpark darf nur auf den bezeichneten, im Gelände markierten Wegen begangen werden. Auf dem Gebiet des Nationalparks ist verboten:

● Feuer zu machen, zu biwakieren, Abfälle und dergleichen liegen zu lassen, Tiere jeder Art zu töten, zu verletzen oder zu fangen, sowie durch Lärmen, Schreien, Steinrollen usw. zu beunruhigen,
● Niststätten, Eier oder Bruten wegzunehmen oder zu beschädigen, Pflanzen und Pilze auszugraben, auszureißen oder zu beschädigen, Blumen zu pflücken, Beeren zu lesen, Holz zu schlagen oder zu sammeln, Vieh weiden zu lassen,
● Waffen, Fanggeräte, Botanisierbüchsen und Pflanzenpressen mitzunehmen,
● Hunde (auch an der Leine) mitzuführen,
● gewerbliche Filmaufnahmen zu machen,
● die Ausübung der Jagd und Fischerei.
Verstöße gegen die Vorschriften der Parkordnung werden mit hohen Geldbußen geahndet.

wir gehen weglos in den Sattel unter dem Punkt 2437 Meter hinauf. Im Sattel müssen wir wieder links weiter. Über den Grat verläuft die Grenze des Nationalparks, die mit Holzpflöcken markiert ist. Diese darf nicht überschritten werden. Wir bleiben auf dem Gratrücken und kommen in eine Landschaft voller Gegensätze. Nach Osten ziehen sich sanfte Wiesenhänge hinab, während das Gelände nach Westen in steile Fels- und Schutthänge abbricht.
Der Grat bringt uns im wesentlichen gegen Süden bergwärts und auf ein Hochplateau. Dort ist auch das obere Ende der ausgebeuteten Erzader. Deutlich sieht man die Stelle, des früheren Stolleneingangs. Ein paar Holzbalken liegen noch herum. Das Kalkgestein ist wegen seines Eisengehalts kräftig rot gefärbt.
Zum Nordgipfel des Munt Buffalora ist es nicht mehr weit hinauf. Die Trittspur führt durch Schutt und Felsen dem breiten Rücken entlang bis nach rund 2½ Stunden der Gipfel erreicht wird. Etwas südlich davon liegt der um genau 2,70 Meter höhere Südgipfel, auf dem ein Antennenmast steht. Er ist vom Nordgipfel in 10 Minuten leicht zu erreichen. Man geht weglos, aber leicht durch eine breite Mulde zum allerhöchsten Punkt hinauf.
Abstieg: Bis zu den roten Felsen am oberen Stollenende unter dem Nordgipfel folgen wir der Aufstiegsroute. Dann aber verlassen wir den Aufstiegsweg, gehen rechts, nordöstlich, entlang der 300 Jahre alten Abraumhalden, die immer noch nicht bewachsen sind.
Allein mit der Muskelkraft der Knappen wurden diese Hügel aufgeschüttet, ein wahrlich gewaltiges Unternehmen in einer Höhe von etwa 2500 Meter.
Unsere Abstiegsroute führt im großen und ganzen nach Nordosten hinab, quert einen schmalen Pfad und führt durch eine bewachsene, relativ breite, steile Rinne zum Aufstiegsweg zurück. Ihm folgen wir bis zum Ausgangspunkt.
Höhenunterschied: 560 Meter.
Gesamtgehzeit: Etwa 4 Stunden.
Karte: Wanderkarte Unterengadin, Maßstab 1:60000, Verlag Kümmerly + Frey, oder Landeskarte der Schweiz, Maßstab 1:50000, Blatt 5017 Unterengadin.

Der Schweizer Nationalpark ist ein Naturreservat in dem die Natur von allen nicht dem Zwecke des Reservats dienenden menschlichen Eingriffen und Einflüssen vollständig geschützt wird und die gesamte Tier- und Pflanzenwelt ganz ihrer freien, natürlichen Entwicklung überlassen bleibt.

Der Nationalpark ist im Jahr 1914 gegründet worden und war damit der erste in Europa und der dritte auf der ganzen Welt. Die Gründer haben sich zum Ziel gesetzt, die Natur vor dem Menschen zu schützen und nicht für den Menschen. Das ist nach unserem heutigen Verständnis etwas ungewöhnlich und vielleicht auch nicht mehr ganz zeitgemäß. Aber diese Nationalparkidee wird von den politisch und wissenschaftlich Verantwortlichen konsequent getragen und wir Gäste sollten sie respektieren. Das Gelände ist also kein Tierpark und kein botanischer Garten sondern ein Refugium, in dem sich die natürlichen Lebensgemeinschaften wieder entwickeln und Bestand haben sollen.

Vom Ziel, einer Naturlandschaft, wie sie vor den zerstörerischen Einflüssen einer menschlichen Mißwirtschaft bestanden hat, ist man allerdings noch sehr weit entfernt. Es kann auch nicht in ein paar Jahrzehnten wieder in Ordnung kommen, was jahrhundertelang zerstört worden ist. Weitere Schwierigkeiten kommen dazu und verhindern den Aufwuchs eines soliden Bergwalds. Es sind dies die Luftverschmutzung und der extrem überhöhte Rotwildbestand. Der Wald befindet sich deshalb in einem sehr bedenklichen Zustand. Die alten Arven (Zirben) und Fichten sterben ab und stürzen um. Junge Bäume wachsen zwar nach, doch kaum haben sie

Auf der weiten Gipfelhochfläche des Munt la Schera liegen bis in den Hochsommer hinein Schneereste. Über die dunkle Bergkette im Hintergrund verläuft die nördliche Grenze des Nationalparks.

Der Aufstiegsweg zum Munt la Schera führt an der unbewirtschafteten Alp la Schera vorbei. Das Gebäude ist als Nationalpark-Stützpunkt ausgebaut. Der Wanderer darf sich nur innerhalb der gelben Pfosten bewegen.

eine Höhe von etwa 2 bis 3 Meter erreicht, fallen sie dem fegenden Rotwild zum Opfer. Die Hirschen haben nämlich längst erkannt, daß sie im Nationalpark nicht bejagt werden. Sie wandern also zur Jagdzeit in dieses Paradies hinein und entwickeln sich prächtig. Wenn sie im Winter wieder den schneereichen Nationalpark verlassen und sich in tieferen Gefilden aufhalten (wo sie sogar gefüttert werden) droht ihnen keine Gefahr. Ihr Bestand wird also immer größer und bereitet der Nationalparkverwaltung ernstliche Sorge. Zur Reduzierung des Rotwildes wurden inzwischen Maßnahmen eingeleitet. Ob sie greifen werden, wird sich erst erweisen.

Es gibt im Gebiet des Nationalparks nur wenig Gipfel, die mit Wegen erschlossen und damit für uns Wanderer freigegeben sind.

Den landschaftlichen Rahmen dieser Wanderung prägen in Talnähe ein dichter Nadelwald, darüber freie, ehemalige Almwiesen, ein Krummholzgürtel und triste, felsige Schutt- und Wiesenhänge in Gipfelnähe. Die umgebenden Berge wirken im Hochsommer, wenn der Winterschnee vollends abgeschmolzen ist, grau und monoton. Weitaus schöner sehen sie aus, wenn in den Rinnen und Mulden noch Schneereste liegen und den Felsen eine belebende Note verleihen.

Routenverlauf

Talort: Zernez, 1471 Meter.
Ausgangspunkt: Parkplatz »P 4«, Punt la Drossa, am Eingang des Straßentunnels nach Livigno, 1706 Meter.

Aufstieg: Vom Parkplatz queren wir hinter dem Zollhaus unmittelbar vor dem Tunneleingang (wegen des Verkehrs vorsichtig) die Fahrstraße. Auf der jenseitigen Straßenseite beginnt ein Wanderweg. Ein paar Tafeln weisen uns nochmals auf die Regelungen im Nationalpark hin. Der Weg bringt uns oberhalb der Ofenpaßstraße in den Wald hinein und nicht besonders steil über einige schmale Lawinenbahnen nach Südwesten. Im dichten Nadelwald »God la Schera« gabelt sich bei 1828 Meter der Weg. Wir schwenken links ab und gehen am gut markierten Bergpfad anfangs gegen Südosten, ein kurzes Stück gegen Norden und dann wieder nach Südosten, bis wir kurz vor der Alp la Schera den Wald verlassen und in sattgrüne Wiesen kommen. Mitten in der weiten Lichtung steht das ehemalige Almgebäude auf 2091 Meter. Dort wurde von der Nationalparkverwaltung ein Rastplatz angelegt, der ebenfalls nicht verlassen werden darf. Wer sich an diesem schönen Fleckerl ein wenig Zeit zum Verschnaufen nimmt, kann gut die zutraulichen Murmeltiere beobachten, die besonders drollig sind, wenn im Frühsommer die Jungen ihre ersten Ausflüge unternehmen.

Der weitere Anstieg führt über die Wiese und gegen Osten in das Krummholz hinein, quert einen munteren Bergbach, führt über einen Schotterhang hinweg und biegt an beschilderter Stelle links, gegen Norden, ab. Interessant sind von dort die Blicke zum Stausee »Lago di Livigno« hinab, der bereits auf italienischem Staatsgebiet liegt.

Der Gipfelanstieg führt über tristes Gelände hinauf. Dort, in den südseitigen, öden Wiesen, haben wir einen Steinschmätzer beobachtet, der laut schreiend sein Nest verteidigte. Dieses nicht besonders häufige, schwarzweiß gefiederte Vögelchen flog wie ein Schmetterling mit weit aufgeschwungenen Flügeln von einem Stein zum anderen, um sich eine gute Geländeübersicht zu verschaffen.

Die letzten Meter des Aufstiegs führen auf der weiten Gipfelhochfläche nach Westen zum Steinmann am höchsten Punkt, der nach etwa 2½ Stunden erreicht wird.

Abstieg: Vom Gipfel folgen wir den Markierungszeichen nach Osten. Die Wegspur leitet uns über die weite, fast ebene Gipfelhochfläche und wendet sich im weiteren Verlauf nach Südosten, bis sie in einigen weiten Kehren zum Wanderweg hinabführt, der sich von der Alp la Schera nach Buffalora hinzieht. Haben wir diesen Weg erreicht, halten wir uns rechts und gehen gegen Westen zum Aufstiegsweg weiter. Ihm folgen wir zum Ausgangspunkt zurück.

Hinweis: Es gäbe auch die Möglichkeit, vom Gipfel über die Alpe Buffalora nach Buffalora an der Ofenpaßstraße, die am Parkplatz 10 erreicht wird, abzusteigen. Dieser schöne Abstieg ist auf weite Strecken mit der Route zum Munt Buffalora (Tour 6) identisch und endet weit entfernt vom Ausgangspunkt. Man sollte deshalb für diese Abstiegsvariante vorher ein Fahrrad in Buffalora deponieren oder den Busfahrplan studieren, damit der Ausgangspunkt wieder bequem erreicht werden kann.

Höhenunterschied: 881 Meter.
Gesamtgehzeit: 4 bis 4½ Stunden.
Karte: Wanderkarte Unterengadin, Maßstab 1:60000, Verlag Kümmerly + Frey, oder Landeskarte der Schweiz, Maßstab 1:50000, Blatt 5017 Unterengadin.

8 Murtaröl, Punkt 2579 Meter
Rundtour im Nationalpark

Tagestour.
Beste Jahreszeit: Juli bis Oktober.
Leichte Bergwanderung auf gut markierten Wegen. Sie darf keinesfalls bei Schneelage durchgeführt werden.

Der Piz Quattervals, 3165 Meter, einer der wenigen, im Nationalpark zugänglichen Gipfelziele, hat gegen Norden einen Trabanten, den Piz Tantermozza, 3068 Meter. Von diesem zieht sich ein langer, felsiger Bergrücken gegen Norden hin, die Spi da Tantermozza. Dieser Rücken verläuft hoch über dem Val Tantermozza und dem Val Cluozza und senkt sich nach Zernez hinunter ab. Ein Punkt auf diesem Höhenrücken, der mit einem Weg erschlossen und somit im Natio-

Tour 8   **41**

Die Wanderung auf den Murtaröl beginnt in Zernez. Scharf ragt der spitze Kirchturm auf. Nach dieser Kirche ist der nach rechts aufsteigende Munt Baselgia benannt. Über seinen Bergrücken spitzt der Gipfel des Piz Linard hervor. Links davon sieht man den Piz Chastè.

nalparkbereich für uns Wanderer zugänglich ist, ist das Gipfelziel Murtaröl. Der Weg dort hinauf ist ziemlich einfach, weil er im wesentlichen immer über den Höhenrücken führt, der nach beiden Seiten in schroffen Fels- und Schutthängen abbricht. Das Schöne ist, daß die Route über den Nordwestrükken des Punkt 2579 Meter der Landeskarte wieder hinunterführt. Dadurch kann man beim Abstieg eine andere Strecke als am Aufstieg wählen und die Wanderung wird zu einer Rundtour.

Während der ersten 1½ Stunden des Aufstiegs, die durch den Wald verlaufen, gibt es kaum freie Ausblicke. Erst bei der kleinen Hütte auf 2039 Meter öffnet sich eine bezaubernde Schau nach Zernez hinunter und auf die benachbarten Berge des Unterengadins. Weiter oben, am langen Gratrücken, wird uns dann das Panorama vornehmlich in die Berge des Nationalparks mit ihren dunklen, tristen Fels- und Geröllhängen, aber auch der Blick ins Unterengadin hinaus und an klaren Tagen bis in das Oberengadin und zum Piz Kesch mit dem Vadret da Porchabella begeistern. Man sollte also nicht vergessen, ein Fernglas mitzunehmen, zumal man mit großer Wahrscheinlichkeit die unbehindert lebenden Wildtiere, vornehmlich Rotwild und Gemsen, gut beobachten kann.

Routenverlauf

Talort: Zernez, 1471 Meter.
Ausgangspunkt: Parkplatz südöstlich von Zernez an der Ofenpaßstraße am Spölbach, in der Nähe des Schießplatzes, 1485 Meter.
Aufstieg: Vom Parkplatz quert man auf einem Fahrweg die Spöl auf der überdachten Brücke gegen Südosten. Wir folgen bis Il Prä dem beschilderten Weg zur Chamanna Cluozza. Er führt über das terrassenförmig angelegte Gelände auf den Wald zu. Die Terrassen wurden vor langer Zeit gebaut, um den Ackerbau in diesem fruchtbaren Talgrund zu erleichtern. Heute ist der Ackerbau längst eingestellt und es wird von den Bauern nur noch Viehwirtschaft betrieben. Die Terrassen sind geblieben.

Der Weg führt in den Wald hinein und gabelt sich. Wir gehen links, also gegen Osten am Fahrweg weiter, bis sich dieser gegen Südosten und weiter nach Südwesten wendet. Auf 1789 Meter führt er an der Hütte Prasüra, die im Wald aber kaum zu sehen ist, vorbei und in der gleichen Richtung bis Il Prä. Dort verzweigt sich der Weg wieder. Der beliebte Wanderweg über die Chamanna Cluozza nach Murter wird verlassen. Wir gehen rechts zur Blockhütte, die schon nach ein paar Minuten hinter der Abzweigung erreicht wird. Unmittelbar an der Hütte gibt es einen herrlichen Blick auf Zernez zu bewundern. Bei der Blockhütte muß man links abbiegen und bald darauf wieder rechts. Der Wald lichtet sich und der markierte Aufstiegsweg wird immer steiler. Es ist ziemlich mühsam, bis zum Punkt 2328,6 Meter der Landeskarte durch Latschenwerk aufzusteigen. Ist dieser markante Punkt aber endlich erreicht, hat man auch die Grathöhe von Murtaröl im wesentlichen geschafft. Die Aufstiegsroute, nur noch schwach als Trittspur erkennbar, doch gut markiert, führt nun wieder flacher, ziemlich genau nach Süden dahin. Ein paar Blicke nach rechts in die eindrucksvollen Felsabstürze sind sehr lohnend. Aber Vorsicht, etwas schwindelfrei muß man dafür sein. Am Punkt 2408 Meter angekommen, sehen wir dann auch schon zum endgültigen Ziel hinüber. Blicken wir nach rechts, sind in den Steilhängen von Murtaröl noch Lawinenverbauungen zu erkennen, die aus alter Zeit stammen und mit Natursteinen aufgerichtet sind. Ihre Funktion, den Hang zu sichern, haben sie weitgehend verloren.

Die Route zieht sich über einige unbedeutende Graterhebungen hinweg, führt an mehreren schönen Karrenfeldern vorbei und endet schließlich am Punkt 2579 Meter, den wir nach rund 3½ Stunden erreichen. Weite

Beim Aufstieg zum Murtaröl muß man sich genau an den Weg halten. Das ist stellenweise etwas schwierig, weil die Spur nur schwach zu erkennen ist. Sie führt über den langen Bergrücken im Hintergrund.

Wiesen laden zu einer bequemen Gipfelrast ein.

Abstieg: Den Rückzug treten wir gegen Nordwesten an. Ein markiertes Wanderweglein wendet sich auf dem anfangs verhältnismäßig steilen Rücken talwärts. Es führt in sicherem Abstand an einigen, bedrohlich in die Tiefe abfallenden Schuttreißen vorüber, schlängelt sich um ein paar interessante Karrenfelder herum und geleitet uns einigermaßen schnell in die Nähe des Punktes 2300 Meter. Dort wendet sich die Abstiegsroute ein wenig nach rechts, die Matten werden saftiger grün, und zurückblickend sehen wir nochmals die alten Lawinenverbauungen, diesmal besonders deutlich. Der Pfad schwenkt noch weiter nach rechts und führt unter dem Grat, auf dem wir aufgestiegen sind, weiter. Wieder tut sich ein schöner Ausblick nach Zernez hinunter auf und wir finden uns mittendrin im steilen Lawinengelände Murtaröl. Dieses Gebiet dürfen wir keinesfalls betreten, wenn noch Schnee liegt. Es braucht nicht viel Phantasie, um sich vorzustellen, mit welchen Urgewalten im Winter die Lawinen aus dem Murtaröl in das Val Raschitsch hinunterrauschen.

Der Weg quert ziemlich waagerecht gegen Norden das Murtaröl und führt allmählich in freundlicheres Gelände hinein. Nach einem Knick verzweigt er sich unter dem Punkt 2328,6 Meter der Landeskarte. Anfangs wendet er sich ein Stück gegen Westen und unterhalb der Nationalparkgrenze biegt er wieder gegen Norden ab. In vielen Windungen fällt der schmale Pfad steil durch den Wald hinunter ab und verzweigt sich nach einer längeren ebenen Wegstrecke abermals. Wir folgen dem Wegweiser in Richtung Zernez. Gegen Norden bringt uns der Weg durch den Wald, unter der Stromleitung hindurch und bald darauf auf einen Fahrweg. Rechts haltend, dem Trimmpfad entlang, stößt man zum Aufstiegsweg, auf dem man über die breite Wiese zum Ausgangspunkt zurückgeht.

Höhenunterschied: 1100 Meter.
Gesamtgehzeit: Rund 6 Stunden.
Karte: Wanderkarte Unterengadin, Maßstab 1 : 60 000, Verlag Kümmerly + Frey, oder Landeskarte der Schweiz, Maßstab 1 : 50 000, Blatt 5017 Unterengadin.

9 Munt Baselgia, 2945 Meter

Von Zernez über den »Kirchberg« nach Lavin

Lange Tagestour.
Beste Jahreszeit: Mitte Juli bis zum ersten Schneefall.
Trittsicherheit erforderlich (eine kurze Stelle im Aufstieg hat die Schwierigkeit I). Da auf dem rein nordseitigen Abstieg bis in den Hochsommer hinein viel Schnee liegen kann, sollte die Tour nicht zu früh im Jahr durchgeführt werden. Sehr gute Kondition ist notwendig.

Recht salbungsvoll klingt der Name des Munt Baselgia. Auf deutsch bedeutet er aber nichts anderes als »Kirchberg« und er erhebt sich ja auch genau über der Kirche von Zernez, die auf das Jahr 1605 zurückgeht. Dieser Kirchberg bildet im mächtigen Bergstock zwischen Zernez und Lavin, um den sich der Inn herumwindet, eigentlich nur eine unbedeutende Erhebung. Der höchste Gipfel in diesem Massiv ist nämlich der mit 3124 Meter deutlich höhere der Piz Nuna.
Die Wanderung ist ein langes und anstrengendes Unternehmen, denn Ausgangspunkt

und Ankunftspunkt liegen tiefer als 1500 Meter und die Höhe des Berges führt deutlich an die 3000-Meter-Marke heran. Sehr vielfältig sind die landschaftlichen Eindrücke. Die ersten 2 Stunden des langen Aufstiegs verlaufen auf einem Fahrweg durch dichten Fichtenwald, wie er für die Engadiner Berge nicht typisch ist. Immer wieder gibt es Wanderer, die glauben, den Fahrweg zum Punkt 2280 von Zernez aus mit dem Auto hinaufbrausen zu müssen, obwohl dies eindeutig verboten ist. Wir sollten uns an die Regeln halten, auch wenn dadurch die Tour um 2 Stunden länger wird. Schließlich wollen wir wandern und so langweilig ist der Waldanstieg auch wieder nicht.

Der Gipfelaufstieg zum Munt Baselgia führt über triste, steil abfallende, verbaute Lawinenhänge und einen ziemlich steilen Blockgrat. Der Aufstieg ist also im oberen Teil nicht besonders ansprechend, vor allem wenn die Sicht getrübt ist. Doch die Abstiegsroute über Macun bietet dann ein sehr beeindruckendes Landschaftserlebnis. Firnfelder, grüne Wiesen, türkisfarbige Seen, schäumende Wildbäche und ein dunkler Wald kennzeichnen den letzten Akt, den Abstiegsweg nach Lavin.

Interessant sind natürlich die schönen Ausblicke, die vom Gipfel und von den Macun-Seen vornehmlich zur Silvretta-Gruppe mit dem markanten Piz Linard besonders beeindrucken.

Ausgangs- und Ankunftspunkt der Wanderung sind weit voneinander entfernt. Doch gibt es eine gute Verbindung mit der Rhätischen Bahn und wer nicht unbedingt 2 Stunden warten will, weil ihm der Zug vor der Nase davongefahren ist, der sollte vorher den Fahrplan lesen und die Tourenplanung darauf abstellen.

Routenverlauf

Talort: Zernez, 1471 Meter.
Ausgangspunkt: Parkplatz an der Kirche.
Aufstieg: Vom Parkplatz folgt man dem beschilderten und asphaltierten Fahrweg gegen Südosten zur Richtfunkstation hinauf. Knapp dahinter endet die Teerdecke und die Straße windet sich in zwei Kehren in den Wald hinein. Den weiten, nach Osten ausschwenkenden Straßenbogen kann man auf einem markierten Waldweg abkürzen. Beide Varianten führen durch den God Baselgia (Kirchwald). Anfang August sind dort die Walderdbeeren reif und wer Appetit auf die roten, süßen Früchte verspürt, wird sich arg zurückhalten müssen, seinen Hunger zu bremsen. Viel Zeit sollte man mit den köstlichen Beeren nicht verlieren, denn der Weg ist noch weit.

Im Wald bei La Rosta, etwa auf 1780 Meter, gabelt sich der Fahrweg. Der Weiterweg biegt rechts ab und schlängelt sich in vielen Kehren im wesentlichen gegen Nordosten hinauf. Bei 2280 Meter stehen ein paar kleine Hütten. Dort endet die Straße. In die steilen Westhänge des Munt Baselgia biegt ein schmaler Pfad ab, auf dem wir weitergehen. Über La Rosta zieht sich eine breite, aber sehr steile Rinne bis nach Gondas und Zernez hinunter. Im Winter haben die Lawinen aus dieser Rinne immer wieder das Tal bedroht. Sie wurde deshalb mit unzähligen, nicht gerade besonders schönen Lawinenverbauungen aus Eisen gesichert, die mit immensem Aufwand dort oben angebracht worden sind. Die Aufstiegsroute schlängelt sich mitten durch die Verbauungen hindurch und führt zu einer unauffälligen Graterhebung bei 2682 Meter, die in der Landeskarte mit »Munt Baselgia« bezeichnet ist. Doch der Gipfel ist noch nicht erreicht. Zu ihm führt gegen Norden ein markierter Steig hinauf. Er passiert den großen hölzernen Zaun, der die Schneeverwehungen im Winter in Grenzen halten soll, und steigt anschließend ziemlich steil an. Über grobes Blockwerk erreicht man auf diesem Steig nach insgesamt 4 bis 4½ Stunden den höchsten Punkt der Wanderung.

Abstieg: Vom Gipfel, der zwischen dem Piz Sursassa und den Spi da Laschadura zwar die höchste, aber doch eine ziemlich unbedeutende Graterhebung bildet, steigt man zunächst einmal gegen Osten ab. Nach knapp 100 Höhenmetern stößt man zu einer Wegtafel in der Fourcla da Barcli, 2850 Meter.

Der landschaftliche Höhepunkt auf der Tour über den Munt Baselgia liegt bei den Seen von Macun, die vom dunklen Kamm des Piz d'Arpiglias überragt werden.

Münstertal, Ofenpaß

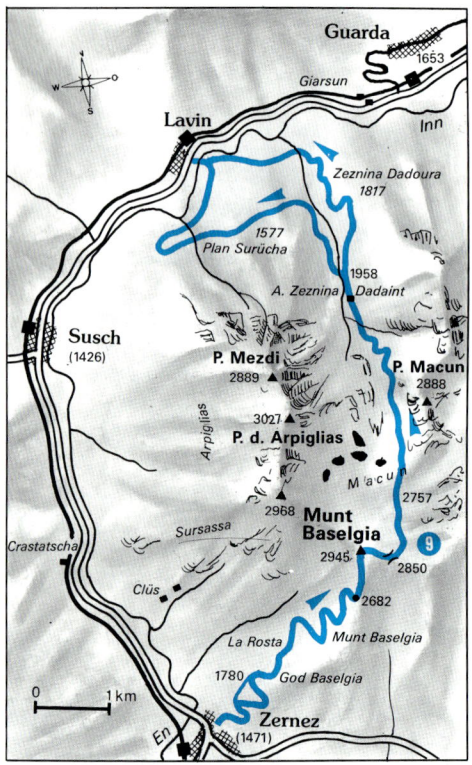

Schön kann man von dort das weite Gelände von Macun überblicken. Viele kleine Seen leuchten türkisgrün in der Sonne.

Aus dem Sattel verläuft der Abstiegsweg genau nach Norden hinab. Über ein paar Firnreste (Vorsicht bei Vereisung!) steigt man am Punkt 2757 Meter vorbei und sucht sich einen schönen Rastplatz an einem der vielen Seen. Im Wasser spiegelt sich die dunkle Felsenkulisse des Piz Macun mit seinen Trabanten. Bis in den Herbst hinein lockern etliche Firn- und Gletscherreste das Bild mit den dunkelbraun emporragenden Felsenblöcken auf und lassen die Landschaft etwas freundlicher aussehen. Schaut man von Macun zum Gipfel zurück, sieht man einen breiten Rükken, an dem drei dunkle »Felsenwarzen« kleben, die nach unten weiße Firnzungen haben.

Der Abstiegsweg führt an den Seen rechts vorbei und in die Schlucht des Bachs »Aua da Zeznina«. Das Tal wird enger. Kurz bevor es steil abbricht, schwenkt der Weg auf die östliche Bachseite und schmiegt sich an die Steilhänge unter dem Piz Macun. In zahlreichen Kehren schlängelt sich die Route ziemlich steil hinunter, erreicht grüne Weidewiesen und die ersten Lärchen. Bald darauf stößt sie zur Alp Zeznina Dadaint (Äußere-Zeznina-Alpe), 1958 Meter. Bei der Alm beginnt ein Fahrweg, der sich gleich wieder gabelt. Man kann von dort über die Alp Zeznina Dadoura (Innere Zeznina-Alpe), 1817 Meter, geradewegs nach Norden zum Bachgraben und nach Lavin absteigen.

Es gibt auch die Möglichkeit, bei der Alp Zeznina Dadaint links zum Bach hinüberzugehen und am Fahrweg und auf einem breiten Weg durch den dichten Wald gegen Norden, später Westen zur Ebene »Plan Surücha«, 1577 Meter, abzusteigen. Dort endet der gute Waldweg und eine Straße wird erreicht. Auf ihr geht man zum Plan Sauaidas und folgt den Wegweisern nach Pranun und Lavin.

Kommt man auf die freien Wiesen hinaus, erblickt man zum ersten Mal Lavin und den rauschenden Inn. Man geht auf dem Sträßchen an den Militäranlagen vorbei und zur überdachten Innbrücke. Der Inn wird überquert und gleich dahinter findet sich ein Wegweiser, der nach rechts zum Bahnhof deutet. Eine schmale Trittspur führt zum Ort und zum Bahnhof hinauf, der oft als der schönste Schweizer Bahnhof bezeichnet wird.

Höhenunterschied: Einschließlich Gegenanstieg zum Bahnhof von Lavin 1500 Meter.
Gesamtgehzeit: 9 Stunden.
Karte: Wanderkarte Unterengadin, Maßstab 1:60000, vom Verlag Kümmerly + Frey, oder Landeskarte der Schweiz, Maßstab 1:50000, Blatt 5017 Unterengadin.

Der Abstieg vom Munt Baselgia nach Lavin führt ein Stück am rauschenden Bach »Aua da Zeznina« entlang.

10 Piz Lischana, 3105 Meter

Auf der feuerroten Spitze

Zweitagetour. Auch als Tagestour möglich, dann aber sehr lang und anstrengend.
Beste Jahreszeit: Juli bis September.
Trittsicherheit und Schwindelfreiheit zwingend notwendig. Unbedingt früh aufbrechen.

Was ist das für ein herrliches Land, wo man sich zum Gruß »Allegra« sagt! Allegra ist romanisch und heißt soviel wie »Sei fröhlich!«. Man liest diese Begrüßung sogar auf Ortstafeln.
Gelegentlich kommt es doch vor, daß der Gruß den Grüßenden selbst ermuntern soll. So jedenfalls ist es mir am scharfen Gipfelgrat des Piz Lischana vorgekommen, als mit dieser freundlichen Aufwartung ein kleiner, 11jähriger Dreikäsehoch an mir vorüberging. Mit einem kräftigen Seil war der junge Bergfreund mit seiner durchtrainierten und vorsichtig auf ihn achtenden Mutter verbunden. Und doch ist er wegen der steilen Abbrüche, dem vereisten Schnee und wahrscheinlich auch wegen der großen Anstrengungen auf der langen Tour ganz schön ins Schwitzen gekommen. Er war den Tränen nahe. Trotz der Strapazen hat er sich mit zusammengebissenen Zähnen und geknirschtem Gesichtsausdruck zu einem »Allegra« durchgerungen, das er wohl in der hintersten Lade seines angegriffenen Gemüts aufgestöbert hat. Welche Überwindung mag ihn dieses »Sei fröhlich« gekostet haben!
Die Bergfahrt auf den Piz Lischana ist nicht nur für Kinder ein anstrengendes Unternehmen. Auch für den Erwachsenen, selbst für den berggewöhnten Wanderer, ist sie durchaus strapaziös, wenn sie an einem Tag durchgeführt wird.
Die Hochtour läßt sich in vier einzelne Abschnitte einteilen, die alle ihren eigenen Charakter haben:
Sie beginnt mit einem langen, angenehmen Talspaziergang, dem ein rassiger Steilaufstieg folgt, bei dem man das meiste an Höhe gewinnt. Daran schließt sich eine ebene Wanderung entlang des Lais da Rims und auf dem Vadret da Rims an. Ein anspruchsvoller, ausgesetzter Gipfelanstieg schließt den Aufstieg ab.
Wer die Tour als Tagesunternehmung durchführen will, braucht gute Kondition und Ausdauer. Wer sie nicht an einem Tag schafft, kann auf der Chamanna Lischana übernachten. Dann sollte die Tour allerdings in umgekehrter Richtung durchgeführt werden.
Egal, wie man es sich einteilt, die herrliche Berggegend, die lieblichen Almen im Tal, der steile, kräftezehrende Anstieg, die triste Hochfläche bei den dunklen Seeaugen »Lais da Rims« und der anspruchsvolle Gipfelanstieg, alle diese Landschaftsbereiche auf dieser langen Tour haben ihre eigene Prägung, geben der Tour eine besondere Note.
Nicht zu Unrecht nennt sich dieser Alpenbereich »Dolomiten des Unterengadins«. Die scharf geschnittenen Felsen, die tiefen Schluchten und steilen Kare erinnern in der Tat an die Berglandschaft der Dolomiten.

Routenverlauf

Talort: S-charl, 1810 Meter, zu erreichen auf einer schmalen, gut ausgebauten Fahrstraße. Allein schon die Fahrt auf dieser Straße zu dem ehemaligen Bergbau-Dörfchen ist ein Erlebnis. Von den steilen Hängen rutschen immer wieder Schutt und Geröll in das enge Tal herab. Die tiefen Schluchten und felsigen Höhen bieten dem Autofahrer, der mit dem eigenen Wagen oder dem Postbus zum Ausgangspunkt heraufkommt, ein Bild von den gigantischen Ausmaßen der Naturgewalten.
Auch Mountainbikefahrer haben diese Straße für sich entdeckt. Wer also mit dem Auto dort hinauffährt, sollte nicht nur mit entgegenkommenden Autos auf dem streckenweise recht engen Sträßchen rechnen. Ein wenig Rücksicht auf die Radfahrer ist ebenfalls angebracht.
Aufstieg: Vom Parkplatz geht man durch den malerischen Ort mit dem eigenartigen Namen »S-charl« und biegt bei den Wegweisern in den breiten Talgrund nach links hinein. Der gute Weg führt ein Stück auf der rechten, also der südöstlichen Bachseite dahin, wendet sich auf die andere Seite und steigt im schönen Wald nur wenig an. Unterhalb der Alpe Sesvenna kommen wir auf freie

Nach rechts fällt ein kleiner Gletscher gegen Norden ab. Der Gipfelanstieg führt über die kurze Firnschneide, um den breiten Bergrücken rechts herum und dann von links auf den roten Gipfelzacken des Piz Lischana.

Weiden und der Anstieg wird steiler. Das Weglein steuert an der Alm vorbei und dreht sich hinter der Hütte nach links, also gegen Norden. Es begleitet uns zunächst noch über Wiesen, dann aber neben dem ungebändigten Bach auf einen Rücken in der Mitte eines tristen, felsigen Grabens zu. Der Anstieg wird unangenehm steil. Mühsam plagen wir uns im feinen Grieß neben dem Wildbach durch eine bizarre Felsenlandschaft hinauf und passen höllisch auf, daß wir nicht ausrutschen.

Wer sich an die Empfehlung gehalten hat und früh aufgebrochen ist, muß wenigstens nicht in der Sonne schwitzen. Das ist bei der Steilheit dieses scheinbar endlosen Wegabschnitts schon viel wert.

Weiter oben, neben dem Wasserfall, wo der Steig in die Felsen führt, ist er stellenweise mit Drahtseilen gesichert.

Man überschreitet den Bach nach rechts und erreicht die ersten Firnfelder. Auf ihnen geht man ein Stück weiter, bis über eine leichte Geländekante die weite Hochebene neben den Lais da Rims erreicht wird. Die markierte Route schlängelt sich um einen tiefblauen See auf 2857 Meter herum und führt gegen Nordwesten auf den Vadret da Rims zu. Wir überqueren den schmalen, ungefährlichen Gletscher und gehen über Firnfelder und Schutt, am Punkt 2944 Meter vorbei, bis zu der markierten Route, die von der Chamanna Lischana heraufkommt.

Dort beginnt der Gipfelsturm. Anfangs ist dieser noch harmlos. Die Route weist uns etwas gegen Nordwesten und über Firn bzw. Schutt auf den behäbig wirkenden Punkt 3044 Meter hinauf. Dort, hoch oberhalb eines weiten Gletscherfeldes erblicken wir

zum ersten Mal den wilden Gipfelzacken. Er leuchtet tiefrot im Sonnenlicht. Schuld für sein ungewöhnliches Aussehen ist das Gestein, das nur den Gipfel ausbildet. Geologen bezeichnen es als »Radiolarit«, ein Sedimentgestein, das im Erdmittelalter in der Tiefsee abgelagert worden ist.

Der Steig führt am Grat, wo wir im Frühsommer stellenweise noch Firn antreffen werden, zum Punkt 3070 Meter. Trittspuren weisen uns zur Scharte am oberen Rand der steilen Westrinne und durch feinen Grieß und Schutt, die stellenweise sehr unangenehm zu begehen sind, bis zum kleinen Gipfelkreuz am höchsten Punkt, das wir ab S-charl in rund 5 Stunden erreichen.

Abstieg: Bis zur Wegverzweigung mit der Route zur Chamonna Lischana folgen wir der Aufstiegsroute. An der Weggabelung biegen wir rechts ab und steigen über Schutt und Firn anfangs nach Westen, im weiteren Verlauf nach Nordwesten auf dem markierten Weg ab. Unter dem Punkt 2862 Meter fällt der Steig steil ab und verläuft durch Kalkfelsen und Schutt nahe an die kleine Hütte heran, die auf einem mächtigen Felsabsatz steht. Schön sieht man von dort in die steile Westrinne hinauf. Sie ist ein Schmankerl für mutige Tourenskifahrer, wenn sie im Frühjahr einen guten Firn erwischen.

Der restliche Abstieg lenkt in zahllosen Kehren über Wiesen, weiter unten im Wald in die Lichtung von San Jon. Dort biegt der Weg nach Südwesten ab, verläßt den steilen Graben und leitet zur Ebene von San Jon. Auf Feldwegen queren wir die Wiesen, gehen an einem Bauernhof vorbei und kommen am Waldesrand zur Bushaltestelle.

Von dort nehmen wir den Linienbus und fahren wieder nach S-charl hinauf.

Gut dran ist, wer sich den Fahrplan des Postautos eingeprägt hat. Sonst kann es ihm wie uns ergehen. Mit dem größten Tempo, das die nach der Bergfahrt strapazierten Knie noch zugelassen haben, sind wir den langen Abstiegsweg hinuntergerast – und eine Stunde an der Haltestelle gestanden, weil der Bus längst weg war. Eine mitleiderfüllte Autofahrerin hat uns dann doch noch aufgelesen und mitgenommen. Sie wollte doch tatsächlich über S-charl nach Meran fahren. Hätten wir ihr sagen sollen, daß die Autostraße in S-charl endet, und damit einen stundenlangen Fußmarsch riskieren?

Höhenunterschied: Im Aufstieg 1300 Meter, im Abstieg 1620 Meter.

Gesamtgehzeit: 9 bis 10 Stunden.

Karte: Wanderkarte Unterengadin, Maßstab 1:60 000, Verlag Kümmerly + Frey, oder Landeskarte der Schweiz, Maßstab 1:50 000, Blatt 5017 Unterengadin.

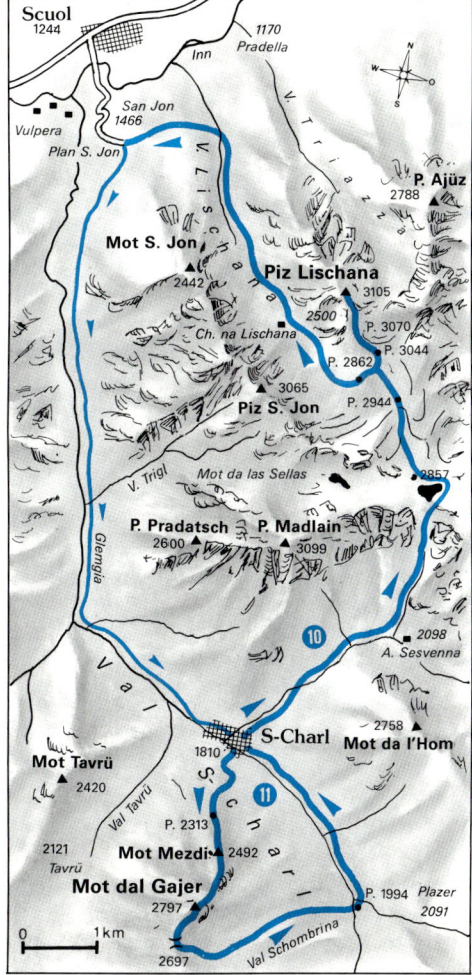

Die Bergsteigerin plagt sich gerade die letzten Meter durch das steile und stellenweise ausgesetzte Felsengelände zum Gipfel des Piz Lischana hinauf. Rundum erheben sich die Felsenwände der »Unterengadiner Dolomiten«.

11 Mot dal Gajer, 2797 Meter

Auf Gratwanderung über dem Val S-charl

Tagestour.
Beste Jahreszeit: Juli bis September.
Unschwierig, teilweise ohne Weg, aber bei guter Sicht leicht zu findende Route.
Der Gipfelanstieg darf nicht bei Schneelage durchgeführt werden.

Um das alte Bergbau-Dörfchen S-charl baut sich ein wildes Felsengebirge auf. Wegen seiner geologischen Beschaffenheit und seinem markanten Aussehen wird es »Unterengadiner Dolomiten« genannt.
Die Berge in diesem Alpenteil sind zum Großteil schwer zu erreichen. Einige Highlights sind der Piz Sesvenna und der Piz Lischana. Beide können von S-charl aus bestiegen werden. Aber diese Wege sind lang und anstrengend. Weniger anspruchsvoll und für den Wanderer durchaus erreichbar ist der Mot dal Gajer, der sich inmitten dieser schroffen Felsenberge eher lieblich ausnimmt. Aber er bleibt doch ein stattliches Gipfelziel. Wie nicht anders zu erwarten, ist die Aussicht vom höchsten Punkt, rundum in die Unterengadiner Dolomiten, natürlich großartig. Der Kamm vom Mot dal Gajer hinauf zur Pizocgruppe, über einige unbenannte Erhebungen zum Piz d'Astras und dann in weitem Bogen dem scharfen Felsenkamm entlang zum Piz Tavrü und wieder hinaus bis zum Mot Tavrü rahmt das stille Val Tavrü ein. Durch dieses Tal führt ein Wanderweg, der an der Alp Tavrü vorbei auf den Nordgrat des Piz Tavrü und über den Punkt 2315 Meter der Landeskarte zum Mot Tavrü, 2420 Meter, hinaufgeht. Auch das wäre eine lohnende Wanderung.
Wir aber wollen heute höher hinaus, und dafür ist der Mot dal Gajer mit seinem Vorgipfel, dem Mot Mezdi, 2492 Meter, das bessere Ziel. Vor allem die großartige Gipfelschau, die an klaren Tagen zur imposanten Ortlergruppe mit ihren wilden Gletschern und zu den Liftanlagen am Stilfserjoch reicht, wird uns dort hinaufziehen. Aber auch zu den Silvretta-Bergen hat man schöne Blicke. Dort läßt sich die Tour von Ftan über den Piz Clünas zum Piz Minschun verfolgen. Gegenüber kann man den Aufstieg von S-charl über die Alp Sesvenna und im Fora da l'Aua gut überblicken. Der Weiterweg zum Piz Lischana ist dann allerdings nicht mehr zu sehen.

Routenverlauf

Talort und Ausgangspunkt: S-charl, 1810 Meter.
Aufstieg: Vom Parkplatz und der Postbushaltestelle in S-charl gehen wir gegen Osten durch den stillen Ort, an der kleinen Kirche und dem Knappenhaus vorbei, bis hinter den letzten Häusern rechts neben dem Weg ein Kinderspielplatz erreicht wird. Gleich danach biegt ein Weg rechts ab, quert auf einem Steg den Bach Clemgia und tritt in den Wald ein. Er schlängelt sich sehr steil durch den lichten Bergwald, in dem anfangs Fichten und Lärchen, weiter oben Arven dominieren. Die Haupt-Anstiegsrichtung ist Süden. In den steilen Gräben finden wir uralte, aber intakte, aus Naturstein aufgerichtete Mauern zur Hangsicherung.
Immer wieder gibt der Wald Blicke zu den beeindruckenden Felsenbergen der Pizocgruppe frei. Kurz unter dem Punkt 2313 Meter verläßt der Weg den Wald und verliert sich im Weidegelände. Vor uns liegt der breite Höhenzug des Mot Mezdi. Wir gehen über das gut zu überblickende Gelände wesentlich flacher als bisher gegen Süden weiter. Immer wieder findet sich in den Weiden eine Trittspur, die sich aber auch sehr schnell wieder verliert. Nach etwa 2 Stunden Aufstiegszeit erreicht man das erste Ziel der Wanderung, den unbedeutenden Mot Mezdi, 2492 Meter. Dieser Hügel ist nur eine schwach ausgeprägte Erhebung des breiten Rückens und für uns Gipfelsammler als Ziel natürlich nicht ausreichend.
Wir gehen auf den Nordostgrat des Mot dal Gajer zu. Für den Rest des Aufstiegs haben

Der Rückweg vom Mot dal Gajer verläuft über den breiten, grünen Sattel auf 2697 Meter in der Bildmitte. Darüber erhebt sich das graue Felsgelände des Piz Tavrü.

Der Abstieg vom Mot dal Gajer bringt uns in das Val Schombrina. Zwischen den prächtigen Arvenbäumen sehen wir nochmals zum Gipfel.

wir im wesentlichen wieder einen schmalen Pfad zur Verfügung. Er führt auf den Rücken zu, der sich nach oben steil aufschwingt. Wir halten uns ein wenig links der scharfen Grathöhe und gehen im großen und ganzen in der gleichen Richtung weiter. Wenn im August die Alpenmargeriten blühen, sieht es dort oben aus, als hätte jemand einen riesigen weißen Teppich ausgebreitet. Einige dunkelblaue Tupfer dazwischen stammen von den Enzianen.

Immer steiler schwingt sich der Rücken hinauf, bis endlich nach 3 bis 3½ Stunden der Steinmann am Gipfel erreicht wird. Herrlich ist der Blick rundum zu den schroffen Felsengipfeln mit ihren steilen Geröllkaren.

Abstieg: Da der Berg für eine Rundtour wie geschaffen ist, empfiehlt sich für den Rückweg natürlich eine alternative Route. Sie führt vom Gipfel gegen Südwesten weiter und wendet sich in einem Bogen nach links in den grünen Sattel auf 2697 Meter, der vom Gipfel gut zu überblicken ist. Von dort fällt sie unter den wilden Gipfelfelsen und dem steilen Geröllkar des Piz Mezdi ab, bis sie sich in einem weiten Bogen gegen Nordosten wendet. Wir sind im Val Schombrina angekommen. Dort gehen wir am Ursprung eines Bachs vorbei, halten uns rechts und kommen noch näher an den Piz Mezdi heran. Der Rückweg führt auf einem langen, hellen Schuttrücken weiter, biegt in Schombrina, noch oberhalb der Alpe, deren Blechdach in der Sonne leuchtet, rechts ab und kommt zu den obersten Bäumen des angeblich höchsten Arvenwaldes Europas. Geradewegs gehen wir von dort in das Val S-charl hinab. Auf einem Brücklein unter dem Punkt 1994 Meter der Landeskarte queren wir den Clemgia-Bach und gehen am Fahrweg durch das malerische Val S-charl zum Ausgangspunkt zurück.

Höhenunterschied: 987 Meter.
Gesamtgehzeit: Rund 6½ Stunden.
Karte: Wanderkarte Unterengadin, Maßstab 1:60000, Verlag Kümmerly + Frey, oder Landeskarte der Schweiz, Maßstab 1:50000, Blatt 5017 Unterengadin.

12 Crap Puter, 2363 Meter

Über dem Unterengadin

Halbtagestour.
Beste Jahreszeit: Juni bis Oktober.
Sehr leicht auf gut markierten Wegen.

Die Gemeinde Tarasp ist der Ausgangspunkt für diese Wanderung. Neben dem berühmten Schloß Tarasp haben auch die vielen Heilquellen und Kureinrichtungen zum hohen Bekanntheitsgrad dieses Gemeinwesens beigetragen. Ein Dorf namens Tarasp gibt es nicht. Tarasp besteht aus den Höfen (= Ortschaften) Fontana, Sparsels, Vulpera, Florins, Chants, Sgnè, Chaposch, Vallatscha, Aschera und Avrona.

Beim Aufstieg zum Crap Puter kommt man an der Alpe Laisch vorbei.

Jahrhundertelang verdienten sich die Bauern ihren Lebensunterhalt in der Landwirtschaft, aus deren Erlösen sie den Zehnten in Naturalien den österreichischen Schloßherrn abzuliefern hatten. Schon im letzten Jahrhundert hat sich die Haupteinkommensquelle der Tarasper verschoben. Wegen der Mineralquellen wurde eine Kur-Infrastruktur aufgebaut. Sie hat zu einer Blüte des Wirtschaftslebens geführt, das aber inzwischen tief in der Krise steckt. Die zahlungskräftigen Kurgäste bleiben zum Großteil aus und außer dem Fremdenverkehr gibt es kaum Einkommensmöglichkeiten.

Die verantwortungsbewußte Ortsplanung Tarasps versucht den Charakter der einzelnen Höfe (»muntognas«) zu erhalten und dabei wird auch großer Wert auf die tirolischen, sakralen Fassadenbilder gelegt, die in der katholischen Enklave Tarasp (vor allem in Fontana und Sparsels) noch zu finden sind.

Nimmt man die Berge des Engadins als Maßstab, steht der Crap Puter mit seiner Höhe

Von Motta Jüda sieht man schön zum Munt da la Bescha (Schafberg) hinüber. Im Hintergrund ragt der wilde Piz Nair auf.

von »nur« 2363 Meter vergleichsweise bescheiden da. Genaugenommen ist er ja auch nur eine nach Norden vorgeschobene Graterhebung des kühn geformten und für »Normalwanderer« unerreichbaren Piz Nair, oberhalb des Val Sampuoir. Trotzdem ist der Berg als Wanderziel und vor allem als Aussichtswarte über das lange Unterengadin hinüber hervorragend geeignet. Die Tour selbst führt über die Waldgrenze nur gut 100 Höhenmeter hinaus und gibt im wesentlichen erst am Gipfel eine umfangreiche Rundschau frei. Aber auch schon während des Aufstiegs kann man aus Waldlichtungen immer wieder einmal ein paar Ausblicke auf die steil aufragenden Felsengipfel rund um den markanten Piz Zuort erhaschen.

Da die Wanderung überwiegend durch schattenspendenden Wald führt, ist sie auch für warme Hochsommertage gut geeignet.

Routenverlauf

Talort: Tarasp, 1270 Meter.
Ausgangspunkt: Fontana, 1402 Meter.
Aufstieg: Von Fontana gehen wir auf der Straße nach Süden zur Straßenkehre bei der Brücke über den Wildbach, der aus dem Val Zuort herausströmt. Wir kommen an dem Sperrschild hinter dem Parkplatz vorbei, folgen dem Sträßchen durch den Wald »Godplan« und stoßen zum reißenden Wildbach »Aua da Plavna«. Auf 1565 Meter Höhe steht links neben der Forststraße eine Hütte. Dort zweigen wir nach rechts in den Wald hinein ab und gleich darauf wieder nach links bis wir auf die freien Wiesen der bewirtschafteten Alpe Laisch, 1803 Meter, stoßen. Hinter der Alm richten wir uns nach den Markierungsschildern und gehen rechts, gegen Norden durch den Wald dahin. Kurz vor der Wegverzweigung auf 1952 Meter (nach rechts Wegweiser »Bellavista«, der zum Mottana zeigt) biegen wir links ab. Der Aufstiegsweg nach links ist leicht zu übersehen und wer ihn nicht gefunden hat, kann auch noch kurz nach der Straßenverzweigung auf der Höhe des bewaldeten Sattels links abbiegen. Damit haben wir den Straßenwirrwar endgültig verlassen.

Die beiden Routen vereinigen sich bald und weisen gegen Südwesten über Motta Jüda zu der kleinen Jagdhütte auf 2143 Meter. Etwas oberhalb der Jagdhütte lichtet sich der Wald. Die Markierungszeichen dirigieren uns über eine steinige Wiese in der gleichen Richtung, also gegen Südwesten, weiter und zu einem steilen Abbruch. Am oberen Rand der breiten Schlucht steigen wir über Wiesenhänge südlich des Gipfels weiter.

Wenn dort oben die Kleine Alpenrose blüht und die klare Sonne vom Himmel strahlt, dann verbreitet sich in der vibrierenden Luft ein Dufthauch, der an raffinierte Parfüm-Kreationen erinnert.

Steigspuren führen über das freie Gelände und in den Sattel »Mot Fuorcla«, 2303 Meter. Von dort gehen wir gegen Norden, entlang den Markierungszeichen (aber ohne Weg), zum höchsten Punkt hinauf. Nach insgesamt 2½ bis 3 Stunden Aufstiegszeit wartet am Gipfel eine gemütliche Sitzgruppe auf uns. Sie lädt ein zu angenehmer Rast mit schönen Ausblicken zu den scharfgeschnittenen Bergen Piz Zuort, Piz Nair und Piz Plavna Dadaint. Aber auch hinüber in die Silvretta-Berge, wo sich besonders markant der Piz Linard und der Piz Fliana mit dem Piz Buin und seinen Trabanten zeigen, ist das Panorama besonders schön. Genau auf der gegenüberliegenden Talseite schauen wir auf den Augstenberg. Auch große Teile der in diesem Band beschriebenen Routen auf den Piz Minschun (Tour 15) und den Piz Cotschen (Tour 16) lassen sich gut studieren.

Abstieg: Vom Gipfel hinab, zur Wegverzweigung auf 1952 Meter, folgen wir in jedem Fall der Aufstiegsroute. Im bewaldeten Sattel können wir rechts abzweigen und am Aufstiegsweg zurückgehen.

Wenn es uns zum Abstieg nicht so drängt, haben wir die Möglichkeit, sogar noch ein zweites Ziel zu erwandern. Es ist der als »Bellavista« bezeichnete Aussichtspunkt Mottana, 1959 Meter, zu dem ein halbstündiger, guter Weg hinüberführt.

Nicht zu verachten ist folgende Abstiegsvariante, die zwar lang und zeitraubend ist, aber in schönem, schattigen Wald verläuft: Wir folgen einfach der Forststraße vom Sattel auf 1952 Meter nach Nordwesten in Richtung Vallatscha. Sie geleitet uns in vielen Kehren im wesentlichen gegen Norden hinunter. Wegen des dicken Wegbelags aus Fichtennadeln läßt es sich auf dem schmalen Fahrweg angenehm weich gehen. Außerdem ist dieser Abstieg nicht besonders steil und selbst an heißen Hochsommertagen bleibt es im Wald bis Mittag erfreulich kühl. Auf der Höhe von 1635 Meter knickt unser Sträßchen scharf nach rechts ab, führt gegen Nordosten durch den Wald »Gondas« in eine kleine Lichtung hinab und stößt dort auf etwa 1410 Meter zu einer sehr breiten Forststraße. Auf ihr gehen wir nach rechts, leicht ansteigend weiter, biegen an einem kurzen Stichweg links ab und erreichen die alte, schmale Forststraße. Gehen wir am Stichsträßchen ein paar Meter nach links, sehen wir im Wald einen Wegweiser, der nach Fontana zurück zeigt. Dieser Weg führt anfangs eben, sogar einmal ein paar Meter bergauf, später aber relativ steil in das Val Vallatscha hinab, quert auf einer Brücke den wild reißenden Bach »Aua da Plavna« und biegt im Bachgraben nach Nordosten ab. Dann führt er in leichter Steigung auf der Ostseite des tief eingeschnittenen Val Vallatscha, aus dem noch immer der Wildbach rauscht, weiter. Der Fahrweg mündet in die Aufstiegsroute, auf der wir zum Ausgangspunkt zurückgehen.

Höhenunterschied: 960 Meter.
Gesamtgehzeit: 5 bis 6 Stunden.
Karte: Wanderkarte Unterengadin, Maßstab 1:60000, Verlag Kümmerly + Frey, oder Landeskarte der Schweiz, Maßstab 1:50000, Blatt 5017 Unterengadin.

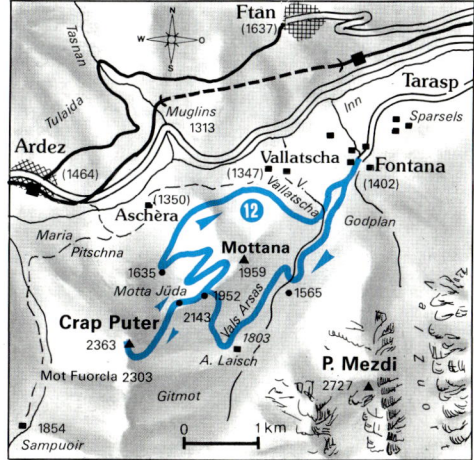

Süd-Silvretta, Samnaunberge

13 Piz Malmurainza, 3038 Meter, und Piz Salèt, 2971 Meter

Durch Schiefer und Schutt

Stille Tagestour. Mit Piz Salèt Gewalttour.
Kein Stützpunkt.
Beste Jahreszeit: Juli bis September.
Die Tour auf den Piz Malmurainza ist leicht, der Übergang zum Piz Salèt führt im Gegenanstieg weglos durch loses Blockwerk und lockeren Schutt. Guter Orientierungssinn ist erforderlich. Keinesfalls darf man allein aufbrechen!

Wer kennt schon den Piz Malmurainza? Eingeweihten Skitourenindividualisten mag dieser Silvrettagipfel vielleicht noch etwas bedeuten. Wanderer kennen diesen Dreitausender in den Samnaun-Bergen kaum. Schließlich führt auch kein markierter Weg auf den nahezu unbekannten Gipfel. Die landschaftlichen Eindrücke am Berg selbst sind ja auch eher bescheiden. Ausgedehnte Schutt- und Geröllhalden aus graubraunem Bündnerschiefer kennzeichnen die Tour. Wenn auch der Aufstieg nirgendwo besonders ausgesetzt ist, so muß man doch sauber gehen, sonst kann selbst ein kleiner Ausrutscher wegen der messerscharfen Gesteinskanten zu einer zerrissenen Hose oder gar zu Schnittverletzungen führen.
Besonders herausragende Gipfel bilden sie beide nicht, weder der Piz Malmurainza, noch der Piz Salèt. Die Schaumagneten in diesem Alpenbereich sind der Muttler und der Piz Mundin. Unsere Gipfelziele liegen zwischen beiden, quasi als augenfällige Graterhebungen auf dem langen Bergzug.
Warum also überhaupt auf diesen unfreundlichen Berg steigen? Wieder einmal sind es unvergleichliche Gipfelblicke, Ruhe und Einsamkeit, die die Tour zu einem unvergessenen Erlebnis werden lassen. Vor allem zum Muttler, der als Erkennungszeichen einen Antennenmasten auf seinem Gipfel trägt, und rundum in die Samnaunberge gibt es eine beeindruckende Schau zu bewundern. Von Osten grüßen die Ötztaler Alpen mit der makellos weißen Wildspitze herüber und wie fast überall aus der Silvretta sieht man die Weißkugel recht schön. Im Süden schließt sich die Ortlergruppe an. Lohnend ist sie also schon, diese unbekannte Wanderung.
Weniger interessant, weil zermürbend und anstrengend, ist der Übergang vom Piz Malmurainza zum Piz Salèt. Der ist nur was für rastlose Bergsteiger, die unbedingt einen zweiten Gipfel mitnehmen wollen, viel Zeit haben und bereit sind, Strapazen auf sich zu nehmen. Zudem müssen sie den alpinen Gefahren in dieser Einsamkeit trotzen, wie sie abseits vielbegangener Pfade im weglosen Gelände überall lauern. Da braucht nur einmal einer der unzähligen losen Gesteinsblöcke zu kippen, oder man verklemmt sich mit dem Fuß zwischen den Felsen. Die Gefahren auf dem langen, weglosen Übergang zum Piz Salèt sind vielfältig. Niemals darf man diesen Übergang also bei unsicherem Wetter oder gar allein durchführen.

Routenverlauf

Talort: Tschlin, 1561 Meter.
Zu erreichen ist das ruhige Bergdorf auf einer guten, aber steilen Straße, die zwischen Strada und Ramosch aus dem Inntal nach Westen abzweigt.
Ausgangspunkt: Man parkt entweder gleich am Ortseingang oder fährt sehr steil mit dem Auto durch die enge Gasse hinauf und sucht sich einen der wenigen Plätze, wo man bei der Straßenkehre in der Nähe der kleinen Kirche sein Auto abstellen kann. Natürlich fährt auch ein Postauto nach Tschlin hinauf.
Aufstieg: Bei der Straßenkehre am Nordrand von Tschlin beginnt ein Fahrweg. Er ist mit einem Schild für den allgemeinen Verkehr gesperrt. Angelegt wurde diese Straße für den Bau und die Instandsetzung von Lawinenverbauungen. Heute erleichtert sie uns Wande-

Etwas freundlicher wirkt dieses Teilstück des Übergangs vom Piz Malmurainza zum Piz Salèt, der am linken Bildrand zu sehen ist. In der kleinen grünen Matte blühen nach der Schneeschmelze im Sommer die Enziane. Im Hintergrund erhebt sich die dunkle Felsenpyramide des Muttlers.

rern den Aufstieg erheblich. Wer's kann, fährt vielleicht sogar mit dem Mountainbike hinauf.

Neben dem Sperrschild stehen ein paar Wegzeichen. Eins davon weist zur Alp Tea. Wir folgen ihm über weite Weidewiesen und kommen erst viel weiter oben in den Wald »God d'Urezzas«. Bei allen Straßenabzweigungen und Gabelungen halten wir uns an das gelbe Schild mit der Aufschrift »Alp Tea«. Unter dem Punkt 2109,3 Meter (Motta d'Alp) verlassen wir den Wald und gehen links. Die Straße führt zu den Gebäuden der Alp Tea hinauf. Wir wandern zwischen den Alphütten hindurch und stoßen wieder auf einen Fahrweg. Bis zur ersten Linkskehre folgen wir ihm, verlassen ihn in der Kehre nach rechts und gehen im Bachgraben weiter. Immer in der Nähe des Bachlaufs, der im Hochsommer nach längeren Trockenperioden schon einmal austrocknen kann, steigen wir im abgestuften Weidegelände gegen Nordwesten auf. Im Sommer blühen dort die Alpenrosen und tauchen die weiten Hänge in ihr kräftiges Rot.

Dann erreichen wir die Matten von Fops. Von dort zeigt sich auch der weitere Anstieg recht schön. Er führt gegen Westen, also nach links, in die triste Mulde »La Grava«. Im Frühsommer werden dort noch ausgedehnte

Dunkles braungraues Schiefergestein kennzeichnet die Tour auf den Piz Malmurainza. Links der Stange am Gipfel des Piz Malmurainza erhebt sich der Piz Mundin.

Schneefelder und Lawinen liegen, während im Hochsommer und im Herbst feiner Sand, ein paar Blumenpolster und Schutt für diese einsame Gegend charakteristisch sind.
Die Route wendet sich ein wenig gegen Nordwesten und über Schutt und Geröll in die Fourcula d'Alp hinein. Dort, auf 2809 Meter, biegen wir links ab. Der Schutthang wird steiler. Gelegentlich finden sich beim Gipfelanstieg im Schieferschutt ein paar Trittspuren zwischen den Blüten des Gletscherhahnenfußes. Im wesentlichen aber müssen wir weglos hinauf. Das letzte Stück folgen wir dem breiten Nordgrat und erreichen nach ungefähr 4½ Stunden die Markierungsstange am Gipfel des Piz Malmurainza.

Abstieg: Entlang der Aufstiegsroute.
Höhenunterschied: 1477 Meter (mit Piz Salèt rund 2000 Meter).
Gesamtgehzeit: Für Piz Malmurainza etwa 7 Stunden, einschließlich Piz Salèt etwa 11 Stunden.
Hinweis: Es ist möglich, von der Fourcula d'Alp zum benachbarten Piz Salèt hinüberzugehen. Unbedingt empfehlenswert ist dies allerdings nicht, weil man überwiegend in Schotter, plattigem Schutt und lockerem Blockwerk geht, was viel Kraft, Zeit und Nerven fordert. Für den, der's unbedingt wissen will, hier der Routenverlauf:
Kurz vor der Fourcula d'Alp wird die Abstiegsroute nach links verlassen und über losen Schutt der Nordgrat des Piz Malmurainza gequert. Von dort steigt man durch die Enzianwiese ab und geht stellenweise unbequem über Schutt und Firn in die Rinne, die sich von der Fourcola Salèt nach Norden hin-

abzieht. Dort wird eine markierte Route gequert und der günstigste Durchschlupf durch ein Felsenband gesucht. Am besten wird man diesen wohl bei etwa 2500 Meter finden. Man durchsteigt eine breite Rinne, steigt wieder über eine Kante und hält sich ziemlich genau nach Süden. Loses Blockwerk, feiner Grieß und harte Firnfelder können einem dort das Leben schwer machen. Wer durchhält, erreicht oberhalb der Fuorcletta den Südwestrücken des Piz Salèt, dem man bis zum Gipfel-Steinmann hinauf folgt. Der Übergang vom Piz Malmurainza zum Piz Salèt erfordert etwa 3 Stunden Gehzeit.

Abstieg vom Piz Salèt: Vom Gipfel folgen wir dem Südwestgrat, gehen aber nicht bis in die Fuorcletta auf 2804 Meter, sondern biegen vorher schon, kurz vor einem unbedeutenden Felsengebilde, links ab. Wir steigen über grobes Blockwerk nun ziemlich steil nach Südosten hinab, bis der markierte Routenverlauf erreicht wird. Ihm folgen wir am Hang »Salèt« gegen Südosten weiter, gehen am Punkt 2432 Meter vorbei und geradewegs den spärlichen Markierungszeichen folgend, zur Alp Flütnas hinab. In der gleichen Richtung weitergehend, erreichen wir auf einem nur undeutlich erkennbaren Weg den Punkt 1672 Meter und kommen auf Fahrwegen nach Tschlin zurück.

Karte: Wanderkarte Unterengadin, Maßstab 1:60000, Verlag Kümmerly + Frey, oder Landeskarte der Schweiz, Maßstab 1:50000, Blatt 5017 Unterengadin.

14 Piz Arina, 2828 Meter

Botanikrunde über Vnà

Tagestour.
Beste Jahreszeit: Juni bis Oktober, wegen der Blumenwiesen besonders schön im Frühsommer.
Stattliche Rundwanderung. In Talnähe verläuft die Route auf Fahrwegen, aber auch darüber hinaus ist sie markiert. Bei schlechter Sicht kann es trotzdem, insbesondere am Aufstiegsweg, zu Orientierungsschwierigkeiten kommen. Zwei sehr kurze Stellen am Gipfelgrat erfordern (nur beim Aufstieg) Trittsicherheit. Ausdauer ist erforderlich.

Wo gibt es das beste Wetter im Engadin? Wer diese Frage spontan beantwortet, wird wohl auf das Oberengadin tippen, das ja schließlich durch seinen trockenen Malojawind berühmt geworden ist, der eine besonders klare, reine Luft mit sich bringt. Aber noch trockener ist das Klima im Unterengadin. Schlechtes Wetter, das fast immer aus westlichen Richtungen kommt, wird im Engadin durch die Silvrettaberge effektiver abgeschirmt als im Oberengadin, dessen Juliergruppe kein so gutes Hindernis bildet.

Dem besonders trockenen Klima und der im »Unterengadiner Fenster« vorkommenden Gesteinsvielfalt haben wir an den Trockenhängen um Vnà und Ramosch eine für die Nordalpen einzigartige Pflanzenwelt mit den dazugehörenden Insekten zu verdanken. Seltenste Blütenpflanzen, die in verschiedenen Teilen Europas beheimatet sind, geben sich hier ein Stelldichein und ziehen Liebhaber wie Fachbotaniker an. So finden wir um die Burgruine von Ramosch das weit und breit einzige Vorkommen des aus den Südalpen kommenden Strahlenginsters in Gesellschaft mit dem prächtigen Purpurklee und der vornehmen, wegen ihrer dekorativen hellrosa Blüten auch als Gartenpflanze beliebten Jupiter-Lichtnelke. Etwas versteckt und wohlbehütet hat sich in einem Seitental sogar ein Wuchsort des überaus seltenen Österreichischen Drachenkopfs erhalten können.

Aber auch die mittleren Lagen des Piz Arina

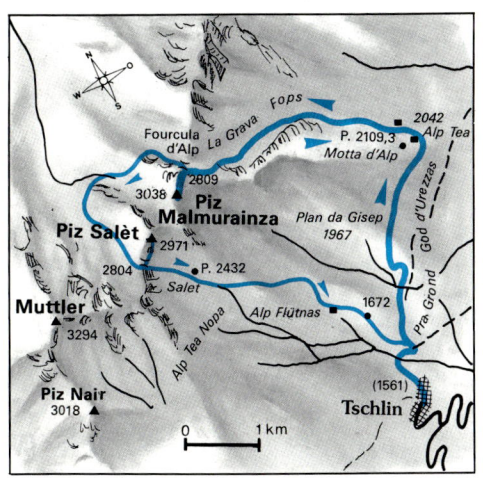

geizen nicht mit botanischen Reizen. Der rasche Wechsel zwischen Silikat und kalkhaltigen Gesteinsschichten zaubert einen überaus bunten und abwechslungsreichen Blütenflor auf die südwärts geneigten Hänge. Die mit ihren großen, violetten Blütenköpfen weithin leuchtende Alpenscharte wetteifert mit ausgedehnten Schnittlauchwiesen um die Almen, weiter oben sind es Mannsschildarten und Enziane, die das Herz der Natur- und Blumenfreunde höher schlagen lassen. Die Gipfelregion hält noch ein besonderes Zuckerl bereit: Zusammen mit dem am Nordgrat in Richtung Muttler wachsenden und sehr seltenen Rhätischen Pippau, den der weniger versierte Blumenfreund wohl kaum von einem Löwenzahn unterscheiden kann, hat der Nickende Steinbrech seinen wohl reichhaltigsten Wuchsort in den gesamten Alpen ausgerechnet auf diesem Gipfel etabliert. Die aus der Arktis stammende und nur von wenigen Stellen der Alpen bekannte Pflanze wächst in lockeren Polstern auf den nach Nordwesten geneigten, kalkführenden Schiefern des Gipfelaufbaus und fällt durch ihre nierenförmigen, etwas gekerbten Blätter und den an ziemlich langen Stengeln sitzenden, großen weißen Trichterblüten leicht ins Auge.

Nimmt man es ganz genau, dann erhebt sich der mächtige Piz Arina als eines der südlichsten Bollwerke der Silvretta unmittelbar aus dem Inntal, das bei Ramosch knappe 1100 Meter über dem Meer liegt. Vom Talort Ramosch (oder Remüs) führt eine zwar steile, aber breite und gut ausgebaute Straße zum Ausgangspunkt Vnà fast 400 Höhenmeter hinauf, die man doch bequemer mit dem Au-

Der Aufstieg zum Piz Arina beginnt im verträumten Bergdörfchen Vnà. Eindrucksvoll sind die zahlreichen Sgraffito-Verzierungen an den imposanten Bauernpalästen.

Der Abstieg vom Piz Arina über die Trockenrasenhänge ist mit auffälligen Steinmännern markiert. Markant erhebt sich im Hintergrund der Stammerspitz.

to oder dem Linienbus überwindet, obwohl es von Ramosch nach Vnà auch einen schönen Wanderweg gibt.

Wenn er auch nicht gerade zu den wildesten Bergzielen der Samnaun-Gruppe gehört, so macht ihn das nicht weniger sympathisch. Man muß sich auch einmal Zeit nehmen können für eine beschauliche Wanderung. Dafür ist der Berg recht.

Die Tour ist schon am Ausgangspunkt interessant. Allein das verträumte, schmucke Engadiner Bergdorf Vnà mit seinen alten, aber gepflegten Häusern ist einen ausgiebigen Spaziergang wert. Und wenn man vom kleinen, leider meist überfüllten Parkplatz beim Heimatmuseum aufbricht, dann steigt man zuerst einmal durch das Dorf hinauf.

Die langen Fahrwege in Talnähe, die durch Wälder, Wiesen und Moore führen, verleiten geradezu zum Träumen, denn dort unten braucht man sich noch nicht so recht um die richtige Route zu kümmern. Diese ist klar vorgegeben. Interessanter wird's dann weiter oben, da sollte man mit Karte, Kompaß und Höhenmesser umgehen können. Paßt man einmal nicht auf und übersieht eins der spärlichen Markierungszeichen, ist schnell der rechte Weg verloren. Dazu vielleicht noch Wolken oder Nebel, dann kann's sehr schnell kritisch werden, im weiten Gelände des Arina.

Nein, wir sollten schon einen klaren Sonnentag für diese Tour abwarten, denn auch die Gipfelschau dürfen wir uns nicht entgehen lassen. Vor allem die benachbarten, markanten Berge, Muttler oder Stammer-

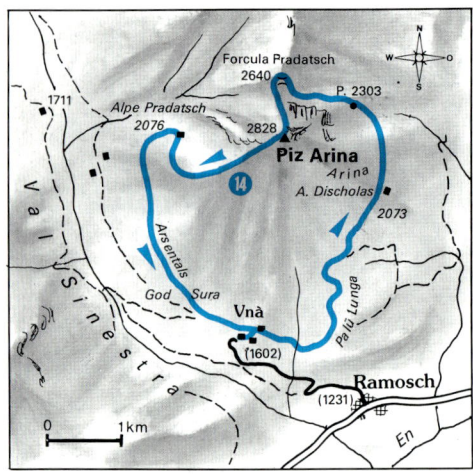

spitz, Piz Tasna und Fluchthorn ziehen die Blicke auf sich. Sie sind ja auch die Magneten der Samnaun-Berge. Aber das Panorama reicht noch weit hinaus in die südlichen Ötztaler Alpen, in die Ortlergruppe und bis hin zur Bernina.

Routenverlauf

Talort: Ramosch, 1231 Meter.
Ausgangspunkt: Vnà, 1602 Meter, von Ramosch auf einer guten Straße erreichbar.
Aufstieg: Am unteren Ortseingang, beim Heimatmuseum in Vnà, gibt es einen Parkplatz. Von dort folgt man in Kehren zu Fuß der Straße durch den beschaulichen Ort und verläßt ihn auf einem schmalen Fahrweg gegen Osten. Er führt in schütteren Wald hinein. Die kleine Straße beschreibt eine scharfe Linkskehre, und wir stoßen zu einem markierten Wanderweg. Dieser bringt uns in dichteren Wald hinein und wird steiler. Immer wieder führt er über schöne Lichtungen mit sattgrünen Wiesen, bis er zum oberen Ende eines Moors mit dem romanischen Namen »Palü lunga« führt und sich nach links wieder zu einem Almweg hinaufwendet. Wir folgen dem Sträßchen gegen Nordosten und erreichen die Alpe Discholas, 2073 Meter. Unsere Route führt auf dem breiten Weg an der Alm vorbei und über die steilen Grashänge mit dem Namen »Arina«. Bei 2303 Meter kämen wir wieder zu einer kleinen Hütte. Kurz davor verlassen wir aber den guten Weg nach links und folgen den Markierungszeichen. Sie weisen uns in steile Weidewiesen gegen Nordwesten und weiter oben nach Norden ins Geröll, zur Forcula Pradatsch, 2640 Meter. Dort steht ein weithin sichtbarer, großer Steinmann.
Die Route biegt nach links, also gegen Süden ab und leitet über einen steinigen Grat, auf zwei kurze Stellen etwas durch die Felsen (leicht) zum Gipfel hinauf, der ab Vnà in 3½ bis 4 Stunden erreicht wird.
Abstieg: Für den Abstieg bietet sich eine zwar von der Strecke her etwas längere, aber dafür landschaftlich sehr schöne Alternative an. Wenn wir uns für sie entscheiden, folgen wir vom Gipfel zunächst der deutlichen Trittspur durch steiniges Wiesengelände nach Südwesten hinunter. Dabei haben wir die beeindruckende Ortlergruppe vor Augen. Noch können wir uns an diesen Blicken erfreuen. Das ändert sich aber bald, denn der Hang wird sehr steil und erfordert mehr Aufmerksamkeit. Außerdem verlieren sich die Steigspuren in den Wiesenhängen. Große, deutlich sichtbare Steinmänner zeigen zwar die Abstiegsroute gut an, die im wesentlichen immer auf der Höhe des breiten Rückens steil hinunterführt, aber wir müssen schon aufpassen, damit wir uns nicht verlaufen.
Kurz vor dem Waldrand biegen wir rechts ab. Im lichten Lärchenwald leitet der Weg ein Stück nach Nordosten und führt geradewegs zur Alpe Pradatsch. Von dort gehen wir wieder auf einem guten Fahrweg. Er verläuft zunächst noch ein Stück gegen Westen, wendet sich dann in weitem Bogen nach Süden und fällt stark durch die Wälder Pradatsch, Arsentals und God Sura ab. Beim steilen Val Serta knickt der Weg scharf rechts ab und mündet gleich darauf in die Fahrstraße. Auf ihr gehen wir das letzte Stück nach Vnà zurück.
Höhenunterschied: 1226 Meter.
Gesamtgehzeit: Etwa 7 Stunden.
Karte: Wanderkarte Unterengadin, Maßstab 1 : 60 000, Verlag Kümmerly + Frey, oder Landeskarte der Schweiz, Maßstab 1 : 50 000, Blatt 5017 Unterengadin.

In der felsigen Gipfelregion des Piz Arina hat sich eine interessante Blumenflora erhalten.

15 Piz Minschun, 3068 Meter

Blumenwunder von Ftan

Tagestour.
Beste Jahreszeit: Juli bis September.
Sehr lange Wanderung ohne besondere technische Schwierigkeiten. Teilweise weglos.
Großartiger Gipfelblick.

Gleich drei interessante Gipfel lassen sich an einem Tag auf dieser interessanten Wanderung besteigen. Der erste ist der Piz Clünas, mit 2793 Meter schon ein recht stattlicher Gipfel. Gefolgt wird er vom höchsten Punkt der Tour, dem Piz Minschun, 3068 Meter, und der letzte Gipfel ist der etwas unbedeutende und unbekannte Piz la Greala, 2928 Meter.

Diese Wanderung ist geprägt von farbenprächtigen Blumenwiesen im Almbereich, steilen Grashängen unter dem Piz Clünas, einem stillen Hochgebirgssee und fast vegetationslosen Hängen im grauen oder braunen Schiefer-Schutt. Mit felsigen Wegabschnitten kommen wir nur wenig in Berührung, obwohl die Berge selbst doch recht markante Erhebungen darstellen. Sie haben aber alle eine »schwache Seite« und die nutzen wir für Auf- und Abstieg aus.

Mit seinen häßlichen Lawinenverbauungen wirkt das erste Ziel auf dieser langen Wanderung, der Piz Clünas, nicht gerade einladend. Vielleicht ist die Wanderung auf diesen Gipfel deshalb kein besonderer Renner. Doch es gibt auf der Tour trotzdem viel zu sehen und zu erleben. So ist zum Beispiel abseits des Weges, am scharfen Ostgrat des Piz Minschuns, direkt neben dem Richtfunk-Reflektor, ein Lieblingsplatz der Steinböcke. Also das Fernglas nicht vergessen. Wer Glück hat, bekommt die stolzen Bergkletterer vor die Linse.

Oberhalb der Alp Clünas, auf den steilen, südseitigen und deshalb sehr sonnigen Wiesen finden wir am Wegesrand eine Fülle von Edelweiß. Spätestens dort werden wir nicht mehr an das Märchen vom Edelweiß in Fels und Eis glauben. Ich habe diese Blume bisher immer nur auf sonnigen Bergwiesen in Hö-

hen von etwa 2300 bis 2600 Meter gefunden, wenn der Boden etwas kalkhaltig war. Nur reimt sich halt »Edelweiß« auf »Eis« im Lied am besten. Es paßt im Alpenklischee eben nur in die steile Felsenwand.

Als wir damals Mitte Juli auf die drei Gipfel gewandert sind, hat irgend jemand in der Ferne auf der Flöte sein Morgenlied gespielt. Nur schwer konnten sich die harmonischen Töne gegen das kräftige Rauschen des Wildbachs durchsetzen. Lange haben wir der zar-

Am Ausgangspunkt der Tour zu Piz Clünas und Piz Minschun. Im Vordergrund liegt das verträumte Bergdorf Ftan. Jenseits des Inn erheben sich die Berge der Pisocgruppe.

ten Musik des virtuosen Künstlers gelauscht und dabei die berauschende Blumenfülle bewundert. Auch das sind Höhepunkte auf Bergtouren.

Routenverlauf

Talort: Ftan, 1633 Meter.
Ausgangspunkt: Bergstation der Seilbahn von Ftan, 2068 Meter.
Aufstieg: Warum soll man nicht einmal bequem mit der Seilbahn auffahren, wenn es die Möglichkeit dazu gibt? Die Liftgesellschaft in Ftan hat ein Herz für uns Bergwanderer und schickt die erste Sesselbahn im Hochsommer schon um 7.30 Uhr morgens los.

Von der Bergstation der Sesselbahn, die rund 400 Höhenmeter in etwa einer Viertelstunde überwindet, gehen wir nach links in den Lärchenwald hinein. Nach einer Viertelstunde ebener Wegstrecke wird der lauschige Wald verlassen und wir stoßen zu einem schmalen Fahrweg, folgen ihm ein paar Meter nach links, also gegen Westen, und schwenken an beschilderter Stelle nach rechts auf einen schmalen Pfad ein. In den herrlichen Blumenwiesen entfaltet sich zur Frühlings- und Frühsommerzeit eine Blütenpracht, wie sie üppiger und artenreicher selten anzutreffen ist. Mitten durch diese farbenfrohen Wiesen windet sich der gute Weg in vielen Kehren gegen Norden, an einer Ruhebank vorbei und zum Fahrweg bei der Alp Clünas hinauf. Unsere Trittspur quert die schmale Straße und wird nach oben hin immer steiler. Zwischen gewaltigen Lawinenverbauungen bringt sie uns an einer Hütte vorbei und zum weitläufigen, ebenen Gipfel des Piz Clünas. Bei einem normalen Wandertempo haben wir ab der Seilbahnstation hierher gut 2 Stunden gebraucht.

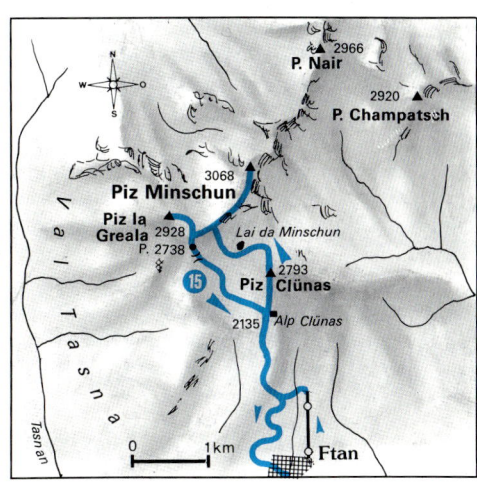

Während der Rast auf der Ruhebank an diesem ersten Gipfel sollten wir einmal aufstehen und zum felsigen Bergstock des Piz Minschun hinüberschauen. Dabei wird uns in der Tiefe der kleine, türkisgrüne Lai da Minschun auffallen, in dem im frühen Sommer noch Schnee und Eis schwimmen. Zu diesem See steigen wir hinab. Wir erreichen ihn vom Gipfel des Clünas in der bisherigen Aufstiegsrichtung, also gegen Norden, müssen aber vor einem Sattel am Grat links abbiegen. Trittspuren bringen uns zum See auf 2642 Meter hinab. Wir umrunden den See nahezu weglos auf dessen in Gehrichtung linker, also der südlichen Seite, und kommen in einen steilen Bergaufschwung hinein. Trittspuren führen sehr steil durch Firn bzw. Schotter hinauf und in einen kleinen Sattel am Gipfelgrat. Wir halten uns rechts, überwinden ein paar Meter etwas unbequem eine Wegstrecke durch loses Geröll und kommen gegen Norden um eine Felsenkante herum. Mit jedem Schritt schiebt sich der Fels wie ein Vorhang weiter zurück und gibt den Blick zum benachbarten Fluchthorn frei. Als scharfer Zahn ragt es weit in den Himmel. Von dieser Seite zeigt es sich besonders markant. Aber auch viele weitere, namhafte Silvrettaberge sieht man nun schön. Gut läßt sich auch der weitere Gipfelanstieg überblicken. Die Schau zum höchsten Punkt hinüber wird uns sicher nicht besonders begeistern, so toll sieht der breite Schuttrücken nämlich nicht aus.

Der Aufstiegsweg führt im wesentlichen immer am Grat entlang und schwingt sich zum Schluß recht steil zum Steinmann mit dem Gipfelbuch auf, der ab Piz Clünas in 1½ Stunden, insgesamt nach etwa 3½ Stunden, erreicht wird. Wenn auch der triste Gipfel selbst nicht besonders einladend wirkt, so wird uns die weite Schau sicher sehr gefallen. Vorausgesetzt natürlich, die Luft ist klar und rein. Besonders schön zeigen sich Piz Linard, Piz Buin, Augstenberg und immer noch das Fluchthorn. Interessant sind aber auch die Fernblicke in die Bernina, die Ortlergruppe und die Ötztaler Alpen.

Abstieg: Vom Piz Minschun folgen wir dem Aufstiegsweg durch Schutt zurück bis in den Sattel oberhalb des Lai da Minschun, wo wir heraufgekommen sind. Dort gehen wir anfangs noch geradeaus, später in einem weiten Bogen nach rechts und am breiten Rücken gegen Nordwesten weiter, wo es besonders schöne Bündnerschiefer-Steine zu be-

Das obere Stück der Route zum Piz Minschun bringt uns durch wenig einladendes Felsen- und Schottergelände. Interessant sind die Rundblicke auf die markanten Silvrettaberge.

wundern gibt. Der breite Rücken verengt sich zu einem Grat und bald darauf stehen wir auf dem dritten Gipfel des heutigen Tages, dem Piz la Greala, 2928 Meter.

Nach der Pause folgen wir dem Aufstiegsweg zurück und biegen im flachen Sattel, wo ein paar Steinmänner stehen, rechts ab. Von dort steigen wir durch scharfkantigen Schutt (die Schuhindustrie wird sich freuen) auf einer schwach ausgeprägten Trittspur nach Süden in den Sattel unter dem Punkt 2738 Meter. Im Sattel wenden wir uns links und steigen über steile Schotterfelder in ein breites Hochtal hinab. Pfadspuren führen unter dem Lai da Minschun nur flach abfallend durch feuchte Wiesen und am Rande von hoch aufgeschüttetem Blockwerk nach Südosten zur Alp Clünas hinab. Dort wird der Aufstiegsweg erreicht, dem wir bis zur Wegverzweigung bei Clünas, etwa 2150 Meter, folgen. Wir biegen bei den Wegtafeln rechts ab und bummeln entlang der beschilderten Route auf Fahrwegen nach Ftan zurück.

Höhenunterschied: Etwa 1300 Höhenmeter (einschl. Gegenanstiegen).
Gesamtgehzeit: 6½ bis 7 Stunden.
Karte: Wanderkarte Unterengadin, Maßstab 1:60 000, Verlag Kümmerly + Frey, oder Landeskarte der Schweiz, Maßstab 1:50 000, Blatt 5017 Unterengadin.

16 Piz Cotschen, 3030 Meter

Die »Rote Spitze« südlich der Silvretta

Tagestour.
Beste Jahreszeit: Juli bis September.
Trittsicherheit und Schwindelfreiheit erforderlich (Schwierigkeit I). Ab Chamanna Cler ohne Weg und ohne Markierung.

Man erzählt sich, daß in Bos-cha, dem Ausgangspunkt für die Wanderung auf den Piz Cotschen, einst eine Wirtschaft stand, in der sich regelmäßig eine Räuberbande traf, um neue Beutezüge auszuhecken. Bei ihren dunklen Machenschaften war ihnen die Wirtin eine willkommene Verbündete. Nur der Sohn der Wirtin, der längst aus dem Hause war, führte ein anständiges Leben und brachte es in der Ferne mit rechtschaffener Arbeit zu einem beachtlichen Vermögen. Als er von den zwielichtigen Geschäften seiner Mutter hörte, wollte er den Gerüchten zunächst keinen Glauben schenken. Aber das Gerede ließ ihm keine Ruhe und so kam er eines Tages in sein Elternhaus, der Wirtschaft in Bos-cha, zurück. Dort gab er sich nicht zu erken-

Der Ausgangspunkt für die Bergtour auf den Piz Cotschen ist das malerische Dorf Bos-cha.

nen. Müde legte sich der vermeintliche Fremde auf die Ofenbank, nicht ohne vorher etwas von seinem Reichtum zu verraten. Als er vorgab zu schlafen, machte sich die Mutter heimlich an ihn heran, um ihn zu berauben. Dem mit offenem Mund leicht schnarchenden Sohn goß sie in mörderischer Absicht eine Pfanne heißer Butter in den Mund. Noch im Sterben rief der Sohn: »Mutter, Mutter, was hast du getan!« Erst dann erkannte die Wirtin ihren Sohn. Wie wild rannte sie um das Haus und vernahm immer nur die Worte ihres Sohnes, bis sie schließlich im Inn den Tod fand.

Noch heute treffen Wanderer des Nachts vor jenem Hause zuweilen auf eine geisterhafte weibliche Gestalt, die sie mit schwarzgelber Hand ermahnt, dort nicht einzutreten. Soweit die Sage von der Wirtin aus Bos-cha.

Der Piz Cotschen, am südlichen Rand der Silvretta-Gruppe gelegen, wird hauptsächlich von Skitourengehern bestiegen. Für sie gibt es als Stützpunkt die Chamanna Cler, die im Sommer normalerweise geschlossen ist. Zur warmen Jahreszeit führt der Piz Cotschen ein Dornröschendasein. Kaum ein Bergsteiger trägt sich im Sommer in das Gipfelbuch ein, das auf diesem hervorragenden Aussichtsgipfel liegt.

Hätte der Piz Cotschen nicht seinen langen, ordentlich zu besteigenden Südostgrat, wäre er uns Wanderern vorenthalten. Nur dieser Grat ermöglicht einen passablen Zugang zum Gipfel und im Winter steigen über ihn auch die Skitourengeher auf.

Der Berg reiht sich in das Bild ein, das uns von den südlichen Silvretta-Randbergen vertraut ist. Ein breiter Waldgürtel im Talbereich, ausgedehnte Wiesen mit herrlichen Blumen im Frühsommer, ein paar Schmelzwasserseen und in Gipfelnähe vegetationsarme Fels-, Schutt- und Blockwerkhänge mit Firnfeldern an Schattenstellen sind für diese Berge typisch. Allen gemeinsam ist eine großartige Gipfelschau, die am Piz Cotschen im wesentlichen zu Piz Linard, Piz Fliana, Piz Buin, Dreiländerspitze und Augstenberg reicht. Unterstrichen wird das Gipfelerlebnis am Piz Cotschen durch einen kleinen Nervenkitzel in Form senkrecht in die Tiefe stürzender Gipfelhänge. Der Piz Cotschen ist also ein spannendes Bergziel, das eine gute

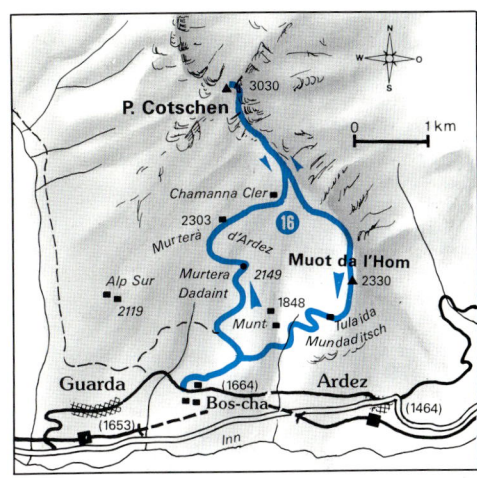

Kondition und oberhalb der Chamanna Cler auch Gespür für die beste Routenfindung erfordert. Etwas Bergerfahrung muß der Wanderer für diesen Gipfel also mitbringen, vor allem, weil er wahrscheinlich allein dort oben unterwegs sein wird und im Notfall keine Hilfe erreichen kann. Das sollte jeder Wanderer bedenken, denn unvermittelt kann im Gebirge eine ernste Situation entstehen. Mir ist es am Piz Cotschen so ergangen.

An einem sehr heißen Julitag bin ich dort im Gipfelhang in den Schnee eingesunken und hätte mir – eingeklemmt zwischen darunterliegenden Felsenblöcken – beinahe das Bein gebrochen. Zum Glück bin ich mit Abschürfungen und einem schmerzhaften blauen Fleck am Schienbein davongekommen. Zur Behandlung der Schwellungen hat sich übrigens der kühlende Schnee besonders hilfreich erwiesen.

Routenverlauf

Talort: Ardez, 1464 Meter.
Ausgangspunkt: Bos-cha, 1664 Meter.
Der Ausgangspunkt ist auf einer schmalen Bergstraße von Ardez zu erreichen. Die Auffahrt von Guarda auf einer breiteren, besseren Straße ist ebenfalls möglich.
Aufstieg: Am östlichen Ortsrand von Bos-cha, wo es ein paar Auto-Abstellmöglichkeiten gibt, beginnt ein Fahrweg, der nach Norden in schütteren Lärchenwald lenkt. Auf ihm steigen wir bergwärts und biegen gleich

Bis in den Sommer hinein bleiben die mächtigen Schneewächten am Gipfel des Piz Cotschen erhalten und geben einen schönen Vordergrund zu den Felsenbergen der Silvretta ab. Links ragt die finstere Pyramide des Piz Linard auf, rechts sieht man zum wenig bekannten Piz Fliana.

bei der ersten Wegverzweigung links ab. Der Straßenverlauf wendet sich in einem Bogen gegen Osten und stößt zur Bergsiedlung Teas, die im wesentlichen aus Ferienhäusern besteht. Dort gehen wir scharf links und bleiben noch am Fahrweg, bis in den Alphängen an gut gekennzeichneter Stelle nach rechts ein Weg abzweigt. Die Route schlängelt sich durch Strauchwerk, an Alphütten vorbei und stößt zu einem Bach, wo wieder eine Straße erreicht wird. Auf ihr gehen wir ein kurzes Stück nach links und über die Hänge Chalat gegen Norden hinauf, um im Zickzack über Murtera Dadaint, 2149 Meter, auf das weite Gelände »Murtera d'Ardez« zu stoßen. Bei 2303 Meter nähern wir uns der Almhütte Maranguns und sehen weiter oben schon die Chamanna Cler stehen. Unter den beiden Seeaugen Lai Lung und Lai Raduond leitet uns die Aufstiegsspur zur Skihütte des Skiclub Ardez (Chamanna Cler). Oberhalb der frei gelegenen Hütte, mit schönen Ausblicken zum finster aufragenden Piz Linard, breiten sich noch weitere kleine Seen aus. Dort angekommen, schwenken wir links ab und gehen auf den langen Höhenrücken zu, den wir schon während des bisherigen Aufstiegs vor uns gesehen haben. Einzelne Steinmänner und eine Trittspur, die sich jedoch im Gelände immer wieder einmal verliert, leiten uns auf die breite, ziemlich steile Grathöhe hinauf. Anfangs gehen wir auf der östlichen Seite des Grats, der dort in einigen senkrechten Reißen und Rinnen mit gewaltigen Ausmaßen abbricht. Wer nicht ganz schwindelfrei ist, sollte dort etwas Abstand halten. Nach oben hin wird die Vegetation immer spärlicher und bis wir eine felsige Graterhebung erreichen, bewegen wir uns nur noch in dunklem, unfreundlichen Blockwerk.

Die Route leitet durch einen kleinen Sattel, in dem zu Beginn der Bergsaison meist Firn liegt (Vorsicht bei Überwächtung!) und auf eine weitere Felserhebung zu. Der Aufstieg

17 Piz Chastè, 2850 Meter

Auf dem Schloßberg von Susch

Tagestour.
Beste Jahreszeit: Juli bis Oktober; nicht bei Schneelage.
Unschwierig. Gipfelanstieg weglos, aber markiert.

Kennzeichnend für die Entwicklung von Susch, dem Talort der Wanderung auf den Piz Chastè, ist seine Lage am Fuße des Flüelapasses. In der Gemeinde florierte einstmals der Handel. Die geschäftigen Säumer, Kutscher, Fuhrleute und alle, die vom Paß lebten, wollten natürlich möglichst nahe am Geschehen sein und deshalb befinden sich noch heute die meisten Häuser entlang der Engadiner Straße und der Straße auf den Flüelapaß.

Sechs verheerende Feuersbrünste zwischen 1499 und 1925 brachten der Gemeinde harte Not und die Eröffnung der Eisenbahn drängte sie schließlich in das wirtschaftliche Abseits. Susch hat damit seine einstige Bedeutung für den Handel verloren und selbst aufwendige steuerliche Förderprogramme vermochten das alte wirtschaftliche Gewicht nicht wieder herzustellen.

Einige markante Wehrbauten, die die Feuerkatastrophen überstanden haben, erinnern an die frühere strategische Bedeutung des Ortes. Bei unserer Wanderung kann man sie gut sehen.

Interessant ist auch das spätgotische Gotteshaus von Susch, das ein älterer romanischer Turm überragt. Das geschichtlich bedeutsame »Suscher Religionsgespräch« fand 1537 in dieser Kirche statt. Es hatte die Verkündung der Religionsfreiheit zur Folge und anschließend traten bis auf die Gemeinde Tarasp alle Gemeinden des Unterengadins zum evangelischen Glauben über.

Talabwärts von Susch, wo sich der Lauf des Inns in weitem Bogen von Norden nach Osten wendet, steht als südöstlicher Ausläufer des Piz Murtera unser Gipfelziel, der Piz Chastè. Er begrenzt das breite Val Sagliains gegen Südwesten. Genaugenommen ist die-

führt an diesen Felsensporn heran, vor dessen höchster Erhebung geht man nach links und auf der westlichen Hangseite um den schroffen Vorgipfel herum. Dort ist der Aufstieg etwas schwieriger. Vor allem wenn in den Schattenhängen noch Schnee liegt, kann es an einigen Stellen durchaus ungemütlich werden. Vorsicht ist also bei ungünstigen Bedingungen angebracht. Haben wir den breiten Gipfelhang erreicht, ist es zum Ziel nicht mehr weit. Nicht zu steil steigen wir, meist durch Schnee (ab Hochsommer Blockwerk) zum Gipfel hinauf. Je nach den Umständen und der persönlichen Kondition müssen wir mit 3½ bis 4½ Stunden Aufstiegszeit rechnen.

Abstieg: Bis zur weiten, grünen Hochfläche mit einem schönen, kleinen See oberhalb der Chamanna Cler gehen wir am Aufstiegsweg zurück. Der Rückweg zweigt nun links ab, führt in der gleichen Richtung, also gegen Südosten, weiter und nahezu eben über die ausgedehnten, trockenen Wiesenhänge dahin. Nach einigen hundert Metern sehen wir wieder Markierungszeichen. Sie gehören zu der Route, die von der Skihütte herüberkommt. In einem leichten Bogen lenken sie uns jetzt über den Wiesenrücken abwärts und ein kurzes Stück bergauf, zum Muot da l'Hom, 2330 Meter. Vom Steinmann auf diesem unbedeutenden Gipfelchen wandern wir ein Stück gegen Westen und dann steil, in vielen engen Kehren, durch eine bunte Blumenwiese nach Süden hinab, bis wir oberhalb der Lawinenverbauungen im Hang »Tulaida« eine kleine Hütte erblicken. Sie dient der Wartung der Lawinenschutzanlagen. Unter der Hütte findet sich ein Fahrweg. Anfangs verläuft er gegen Nordwesten und dann in Kehren im Hang »Mundaditsch« nach Süden bergab und wieder gegen Nordwesten, zur Almsiedlung »Munt«. Wir suchen uns eine Fahrspur, die durch eine weite, ebene Wiese führt, bis sie kurz vor Teas in die Aufstiegsroute mündet. Auf ihr gehen wir zum Ausgangspunkt zurück.

Höhenunterschied: 1400 Meter.
Gesamtgehzeit: Rund 7 Stunden.
Karte: Wanderkarte Unterengadin, Maßstab 1:60000, Verlag Kümmerly + Frey, oder Landeskarte der Schweiz, Maßstab 1:50000, Blatt 5017 Unterengadin.

Oberhalb Suot Chastè wendet sich die Anstiegsroute zum Piz Chastè gegen Westen und führt über einen felsigen Gratrücken, der immer wieder freie Blicke zum benachbarten Piz Linard freigibt.

ser Gipfel nur von untergeordneter Bedeutung. Was die Wanderung trotzdem so lohnend macht, sind die Blicke in das Unterengadin hinab, vor allem auf Susch, die wegen der exponierten Lage des Berges von besonderem Reiz sind. Die Tour selbst ist nicht schwierig. Sie verläuft bis Suot Chastè (rund 2480 Meter) auf einem nur schwach ansteigenden Fahrweg. Das ist interessant für Mountainbikefahrer, die bis dorthin gut radeln können, wenn sie eine entsprechende Kondition mitbringen. Der Aufstieg von Suot Chastè zum Gipfel über den langen, ziemlich steilen Westgrat ist allerdings größtenteils weglos, aber markiert.

Routenverlauf

Talort und Ausgangspunkt: Susch, 1426 Meter.

Aufstieg: Unmittelbar am nördlichen Ufer des Susasca-Bachs, bei der Eisenbahnbrücke in Susch, beginnt eine Fahrstraße, die am Campingplatz vorbei in Wiesenhänge hineinführt. Sie ist für den allgemeinen Verkehr gesperrt, trotzdem im unteren Bereich asphaltiert. In einer weiten Schlaufe windet sie sich den Hang hinauf und verschwindet im Wald. Im God Val Ota weist sie im wesentlichen gegen Norden bergwärts. Lange zieht sich der Aufstieg hin, aber immer wie-

Zwischen Zernez und Susch muß sich der Inn seinen Weg durch steil aufragende Berghöhen bahnen. Bevor sich der Flußlauf wieder gegen Osten wendet, liegt am Ausgangspunkt der Flüelapaßstraße die Ortschaft Susch, wo die Tour auf den Piz Chastè beginnt.

der sorgen schöne Ausblicke bereits jetzt für Kurzweil. Die Straße bringt uns aus dem Wald hinaus und nach dem Punkt 1876 Meter wieder über Weiden und durch einen Waldgürtel hindurch. Bei Nudigls, 1966 Meter, stehen zwei idyllische kleine Hütten. Dort knickt der Fahrweg links ab und führt über die Waldgrenze hinauf nach Suot Chastè, rund 2480 Meter. Bei den Lawinenverbauungen am Ende der Straße biegen wir gegen Nordwesten ab. Auf einem großen Felsblock, etwa 30 Meter links oberhalb der Straße, sind deutlich zwei Markierungszeichen zu sehen. Dorthin gehen wir auf einer schmalen Trittspur und durch die steinigen Wiesenhänge weiter den Berg hinauf. Im Hochsommer weidet in den steilen Hängen eine kleine Schafherde. Im großen und ganzen müssen wir gegen Westen den Markierungen und einer Trittspur folgend aufsteigen. Immer wieder verliert sich der undeutliche Pfad im Gelände und nur mühsam kommen wir an den Gipfelfuß heran. Der Hang wird deutlich steiler und wir schwenken am Gipfelrücken im Blockwerk ein wenig nach links ab, ehe wir sehr steil, wieder etwas rechts haltend, auf die deutlich erkennbare Graterhebung hinaufsteigen können. Dort oben angekommen neigt sich der Grat etwas zurück und wird schmaler. Auf dem Gratrücken gehen wir zum Steinmann am Gipfel hinüber, wo wir nach rund 4½ Stunden ankommen.

Abstieg: Wenn wir wieder zum Ausgangspunkt wollen, müssen wir der Aufstiegsroute wieder ins Tal folgen. Es ist aber auch möglich, am markierten Wanderweg, der bei Ils Fops auf etwa 2230 Meter erreicht wird, über Murtera zur Alp Fless Dadoura und nach Röven an der Flüela-Paßstraße abzusteigen. Wer noch immer nicht genug hat, kann von dort auf einem Fahrweg zum Susasca-Bach absteigen und dem Wildbach entlang nach Susch hinaus gehen. In Röven gibt es aber auch eine Bushaltestelle, von wo man zum Ausgangspunkt zurückfahren kann.

Höhenunterschied: 1424 Meter.
Gesamtgehzeit: 7 bis 8 Stunden.
Karte: Wanderkarte Unterengadin, Maßstab 1:60000, Verlag Kümmerly + Frey, oder Landeskarte der Schweiz, Maßstab 1:50000, Blatt 5017 Unterengadin.

18 Piz Fless, 3020 Meter

Gipfelumrahmung

Tagestour.
Beste Jahreszeit: Anfang Juli bis September.
Lange und anstrengende Hochtour. Da die Bergfahrt zum Großteil im weglosen Gelände verläuft, muß man sicheres Wetter abwarten und einen guten Orientierungssinn mitbringen. Schwierigkeit II.

Sieht man sich auf der Karte den Piz Fless etwas näher an, wird man feststellen, daß er zwischen dem Val Fless und dem Val Sagliains im dortigen Massiv der Gipfel Piz Chastè, Piz Murtera und Piz Valtorta nur die zweithöchste Erhebung bildet. Die Ehre des höchsten Berges in diesem Bergstock kommt dem Piz Murtera mit 3044 Meter zu. Man könnte diesen Gipfel auf der hier vorgestellten Tour sogar noch ins bergsteigerische Programm mit aufnehmen, aber dann würde das Unternehmen gigantische Ausmaße annehmen, und so ganz einfach ist der Übergang zum Piz Murtera auch nicht.

Wer sich für die hier vorgestellte Bergfahrt in-

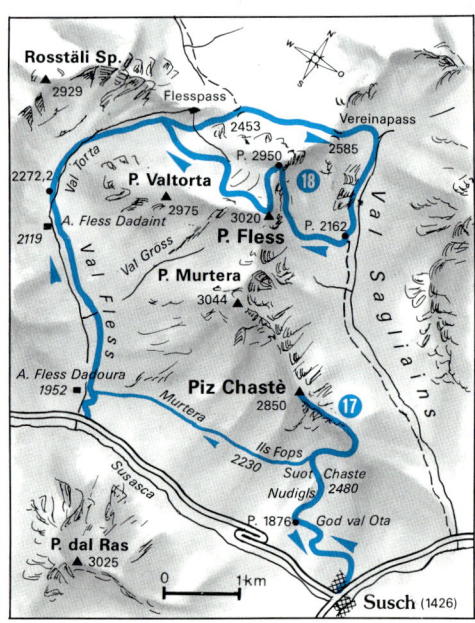

Wer auf den einsamen Piz Fless steigen will, kommt durch das ruhige Val Fless und kann sich im Frühsommer an den zahlreichen Alpenrosen erfreuen. In der Bildmitte ragt der unbedeutende Rosställispitz auf.

teressiert, mag vielleicht dazu neigen, sie als Talwanderung mit einem kurzen Gipfelabstecher abzutun. Wir waren auch der Meinung, daß es sich hier nur um eine kleine, nette Bergwanderung ohne besondere Höhepunkte handelt. Weit gefehlt. Am Piz Fless haben wir uns sosehr verfranst, daß wir an den Gipfelsieg nicht mehr geglaubt haben. Nur das beständige, sichere Hochdruckwetter und der hervorragende Stapfschnee auf den Firnfeldern hat uns die 6½ Stunden durchhalten lassen und doch noch das Gipfelglück beschert. An der langen Aufstiegszeit waren wir also selber schuld. Wir haben die Tour einfach unterschätzt und uns zu sehr von den Schönheiten am Weg beeindrucken lassen. Das begann schon bei der Alp Fless Dadaint.

Nach einer Stunde Wegstrecke wollten wir eine kurze Pause einlegen. Ein junges Wiesel hat dort gerade seinen ersten Alleingang unternommen. Das tollpatschige Geschöpf wußte noch nicht, daß es sich vor uns fürchten muß. Es ist deshalb immer wieder zu uns hergelaufen, soweit ihm dies mit seinen kurzen Beinchen überhaupt möglich war. Vor jedem Grashalm hat es Anlauf genommen und ist dann doch meistens abgestürzt. Das drollige Gehopse hat uns so sehr amüsiert, daß wir viel Zeit mit dem noch gar nicht so flinken Wiesel verbracht haben. Zu guter Letzt ist es uns sogar noch ein Stück am Weg nachgelaufen. Da konnten wir einfach nicht schneller gehen, schließlich hat es sich so sehr abgemüht, uns zu folgen.

Wo sich der Weg in das Val Torta windet, zeigten sich im schrägen Morgenlicht die scharfen Felsen der Plattenhörner. Dort lagen riesige, beinharte Schneefelder, die Reste der großen Frühjahrslawinen, die für eine ordentliche Kälte und Reif am frischen Gras sorgten. Schon wieder war eine Pause angesagt und vor lauter Staunen und Schauen sind wir prompt vom rechten Weg abgekommen. Wir erreichten zwar noch die kleinen Seeaugen am Flesspaß, in dem selbst im Hochsommer Schnee und Eis schwimmen, doch dann sind wir endgültig verkehrt gegangen und haben die Mots da Sagliains nicht erreicht, über die wir ursprünglich aufsteigen wollten. Durch steilen Firn und losen Schutt

sind wir dann in verwegen geschlungener Route mit viel Glück irgendwann doch noch auf den Gletscherrest gekommen, der sich östlich vom Piz Fless herabzieht. Auf Verdacht sind wir über ihn hinauf und von Steinschlag stark bedroht in eine kleine Scharte hinaufgestiegen. Von dort hat sich der Fless von seiner Nordseite gezeigt. Und die sah im dunklen Fels, der durch das Gegenlicht noch finsterer wirkte, wirklich ungeheuerlich aus. Ohne Seilsicherung wollte ich nicht weitergehen. Meine Begleiterin hat mich dann doch überredet und bei der Ehre gepackt. Das hilft meistens und nur deshalb bin ich auch noch auf den Fless gekommen. Wenn auch der Fels steil und ziemlich brüchig ist, überaus schwierig ist der Gipfelanstieg ehrlich gesagt nicht.

Wir hätten natürlich auch von Susch durch das Val Sagliains aufsteigen können. Der Weg mag von dort sogar kürzer sein, aber der Höhenunterschied ist größer und dafür

Das Bild ist am Flesspaß entstanden, wo sich bis in den Hochsommer ausgedehnte Schneefelder ausbreiten. Links des Pischahorns (im Hintergrund) ragt der dunkle Gamsspitz auf.

gen dem Weg, an der kleinen Hütte vorbei, stoßen bald zu einem schmalen Pfad und wandern auf ihm zur Alp Fless Dadoura, 1952 Meter, wo der Wald endet. Der weitere Anstieg führt im wesentlichen gegen Nordwesten durch das Val Fless, das im Juli zur Blüte der Alpenrosen besonders schön ist. Der Bach schwillt zu dieser Jahreszeit vom Schmelzwasser zu einem wilden Lauf an, der den Wanderer mit seinem kräftigen Rauschen zur Alp Fless Dadaint, 2119 Meter, begleitet. Dort muß man sich leicht rechts halten und gegen Norden, später Nordosten, in das Val Torta hineingehen. Der gut markierte Pfad führt über Schneefelder, am Punkt 2272,2 Meter vorbei und zum Flesspaß, 2453 Meter. Wir bleiben am Wanderweg, gehen über den Vereinapaß, 2585 Meter, den wilden, dunklen Piz Linard vor Augen, und stoßen unter dem Piz Zadrell mit seinem kurzen, aber breiten Vadret Sagliains talabwärts in das Val Sagliains hinein. Lange zieht sich der Weg gegen Südosten dahin, bis wir am Punkt 2162 Meter scharf rechts abbiegen und dem Bachlauf gegen Nordwesten folgen. Der Aufstieg führt nun etwas steil weiter, wir kommen auf einen Gletscherrest östlich des Piz Fless und steigen über ihn sehr steil weiter, durch loses Blockwerk und Schutt vorsichtig zum Sattel zwischen Piz Fless und Punkt 2950 Meter. Im Sattel muß man scharf links abbiegen, ein Stück am Grat bleiben und dann ein markantes Felsengebilde (Punkt 2931 Meter) rechts umgehen, etwa 50 Höhenmeter wieder absteigen und auf den Nordgrat des Piz Fless hinaufsteigen. Nur Mut, der Anstieg ist nicht so schwierig, wie er sich von unten zeigt, und nach etwa 5 bis 5½ Stunden ist der Gipfel erreicht.

Die herrliche Aussicht am höchsten Punkt, vor allem zum markanten und noch viel höher aufragenden Piz Linard hinüber, zu den Plattenhörnern zu Flüela Weiss- und Schwarzhorn, zum Piz Kesch, bis hinaus zur Bernina und zur Ortlergruppe wird uns auf der behäbigen Gipfelfläche mit seinem Ver-

haben wir die längere Strecke in Kauf genommen.

Routenverlauf

Talort: Susch, 1426 Meter.
Ausgangspunkt: Bushaltestelle Röven an der Flüelastraße, 1848 Meter.
Aufstieg: Bei der Bushaltestelle stehen ein paar Wegzeichen, die die Route in Richtung Vereinapaß und Jöriseen anzeigen. Wir fol-

messungssignal lange festhalten. Doch wir sollten an den Rückweg denken, denn auch der ist noch lang.

Abstieg: Den scharfen, ein wenig ausgesetzten Gipfelgrat schenken wir uns beim Rückweg. Dafür lassen wir uns auf eine Gletscherquerung ein. Aber keine Bange, wenn man jetzt keine Gletscherausrüstung dabei hat. Der Gletscher ist so gut wie spaltenfrei, aber in den oberen Hängen ziemlich steil.

Vom Gipfel gehen wir ein paar Meter in Richtung Süden, halten uns am Grat rechts und steigen steile Schotterhänge (im Frühsommer meist Firn) zu einer Geländeterrasse hinab. Dort queren wir möglichst weit links hinüber, bis wir einen Durchschlupf finden, auf dem wir im Firn zum Vadret Val Torta absteigen können. Wir queren den kleinen Gletscher nach Norden und müssen uns am ersten großen Felsenband links halten. Gut dran ist, wer Firngleiter mitgenommen hat, und das ist, so lange der Gletscher nicht aper ist, etwa bis Mitte/Ende Juli, wirklich sehr lohnend. Am westlichen Gletscherrand müssen wir etwas vorsichtig sein, weil dort drei kleine Seen liegen. Im Frühsommer sind sie unter Umständen noch zugefroren und verschneit, und deshalb nicht sichtbar. Das Eis könnte brechen. Der weitere Abstieg führt durch steile Mulden im wesentlichen gegen Westen zum Val Torta hinab. Dort wird der Aufstiegsweg erreicht, dem wir bis zum Ausgangspunkt folgen.

Höhenunterschied: 1172 Meter.
Gesamtgehzeit: 8 bis 9 Stunden.
Hinweis: Es ist möglich, vom Gipfel des Piz Fless wieder in das Val Sagliains abzusteigen und nach Susch hinauszugehen. Allerdings muß man den Ausgangspunkt, wenn das Auto dort parkt, mit dem Postbus oder per Anhalter wieder anfahren. Eine weitere Abstiegsmöglichkeit besteht vom Gipfel nach Süden den Gratrücken entlang (evtl. noch den Piz Murtera, 3043 Meter, mitnehmen) und links, gegen Südwesten, durch das Val Gröss zum Aufstiegsweg hinabzugehen. Dieser Abstieg ist leider stellenweise äußerst steil.
Karte: Wanderkarte Unterengadin, Maßstab 1:60000, Verlag Kümmerly + Frey, oder Landeskarte der Schweiz, Maßstab 1:50000, Blatt 5017 Unterengadin.

19 Pauliner Kopf, 2864 Meter

Ein Skiberg im Sommer

Tagestour.
Beste Jahreszeit: Von Mitte Juli bis zum ersten ergiebigen Schneefall.
Leichter Auf- und Abstieg auf Fahrwegen und guten Pfaden.

Der Pauliner Kopf ist ein sehr bekannter Berg. Und doch werden nur wenige seinen Namen kennen, weil er im Sommer auch nicht sehr oft bestiegen wird Aber im Winter ist er geradezu übervölkert. Es führt nämlich von Ischgl eine Seilbahn bis zum Gipfel hinauf und die ist bei den Brettlschwingern sehr beliebt. Kann man doch von dort nach Samnaun hinunterwedeln, vielleicht einmal schnell zollfrei einkaufen, mit Bus und Seilbahn zum Piz Munschuns wieder hinauffahren und zurück nach Ischgl »liftschaukeln«.

Ohne tiefgreifende Wunden ist die intensive Wintererschließung in dieser Hochgebirgslandschaft nicht geblieben. Der Winterschnee deckt vieles zu und diejenigen, die die zahlreichen technischen Anlagen in Anspruch nehmen, werden den Naturfrevel kaum zu sehen bekommen. Aber dem Wanderer im Sommer bleiben die schändlichen Sünden an der Natur nicht verborgen. Und immer wieder werden neue Pisten und Liftanlagen ohne dringende Notwendigkeit mit brachialer Gewalt an den Berg gebaut, nur um den Brettlrutschern ein paar weitere leichte Abfahrten zu bieten und die Kassen in den Talorten noch praller zu füllen.

Bei unserer Wanderung seinerzeit auf den Pauliner Kopf ist uns ein Konvoi von Lastwagen, beladen mit »Abraum«, entgegengekommen. Und am Gipfel selbst stand ein Schaufelbagger, der den Schutt von einer Seite zur anderen transportiert und stundenlang Dieselqualm ausgepufft hat.

Was bleibt, und daran kann auch die stärkste Fehlerschließung nichts ändern, ist die schöne Gipfelaussicht. Vor allem zu den steilen Samnaun-Bergen, Piz Mundin, Piz Malmurainza mit Piz Salèt, Muttler, Stammerspitz und Piz Rots. Aber auch zu vielen weiteren

Einen schönen Überblick über die Tour auf den Pauliner Kopf hat man aus dem Val Gravas, durch das die Route zum Piz Chamins führt. Der Weg zum Pauliner Kopf führt am Fahrweg durch das grüne Val Musauna und in das Zeblasjoch hinauf, das auf dem Bild nicht zu sehen ist. Das obere Stück des Aufstiegs, die weite Querung unter dem schotterigen Pauliner Kopf, ist wieder sichtbar.

Bergen der Silvretta sind die Blicke sehr beeindruckend. Und wenn gerade kein Lastwagen eine Dieselwolke über den Gipfel ziehen läßt, dann ist es recht angenehm, dort oben zu rasten und zu schauen.

Beachtenswert ist aber auch der Ausgangsort der Tour, das einstmals verschlafene Bergdorf Samnaun. Seitdem in das steuerfreie Gebiet eine Straße hinaufführt, ist es aus mit der Ruhe. Heute findet sich dort ein Selbstbedienungsmarkt neben dem anderen, wo Samnauns »Spezialitäten«, nämlich Parfüms und Kosmetika, vor allem aber Schnaps, um ein paar Rappen billiger oder auch teurer als sonstwo zu haben sind.

Routenverlauf

Talort: Samnaun, 1840 Meter. Bushaltestelle.

Ausgangspunkt: Parkplatz am südwestlichen Ortsrand oberhalb des Schergenbachs.

Aufstieg: Ein schmaler Fahrweg führt den Schergenbach entlang durch das Val Musauna. Gegen Süden öffnet sich bald das Val Chamins. Wir bleiben im Talgrund, der ziemlich genau nach Westen führt, gehen am Eingang ins Val Gravas vorbei und halten uns ein wenig rechts. Bei »Pischa« kommt ein steiler Wasserfall herab. Der Fahrweg leitet nahe an das tosende Wasser heran und zu

82 Südsilvretta, Samnaunberge

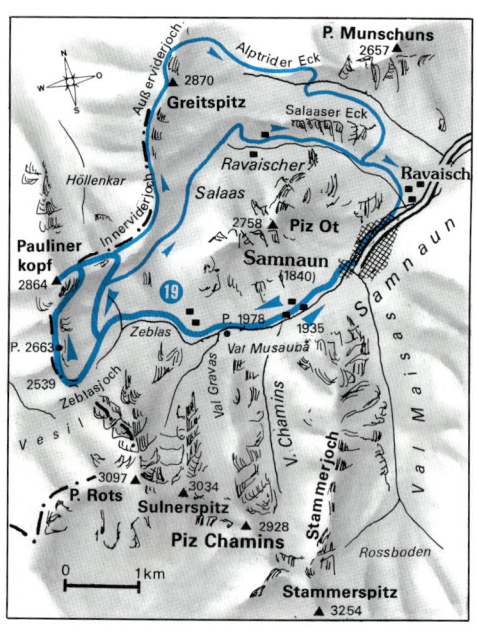

den steilen Hängen »Zeblas«. Unser Weg führt an einem Wegkreuz und zwei kleinen Hütten vorbei, bis kurz unter dem Zeblasjoch die Fahrstraße endet. Ein markierter Steig begleitet uns in das Zeblasjoch, 2539 Meter, hinauf. Im Joch wenden wir uns rechts und gehen ziemlich genau nach Norden auf dem Gratrücken weiter, der zugleich die Landesgrenze zwischen Österreich und der Schweiz bildet.

Etwa bei dem auf der Karte eingetragenen Punkt 2663 Meter kommt die neue Skipiste von links herab. Dort wechseln wir auf die östliche Hangseite hinüber und erreichen auf der Fahrstraße den Sattel kurz unter dem Pauliner Kopf. Im Sattel biegen wir gegen Westen ab und steigen unter den Liftanlagen zum Gipfel hinauf, der ab Samnaun in 2½ bis 3 Stunden erreicht wird.

Abstieg: Vom Gipfel müssen wir unter dem Lift wieder absteigen und ein Stück dem Grat entlang Richtung Innerviderjoch gehen.

Der Abstiegsweg vom Pauliner Kopf leitet über ausgedehnte Matten, die von Schafen beweidet werden. Links der Bildmitte ist die dunkle Felsenpyramide des Muttlers zu erkennen, wo der erste Schnee gefallen ist. Rechts daneben der Stammerspitz und das schneegefüllte Val Gravas unter dem Piz Chamins.

Nach rechts zweigt an beschilderter Stelle ein Weglein ab, das die Hänge »Zeblas« parallel zur Fahrstraße nach Süden hinunterquert. Auf ihm erreichen wir auf der Höhe von 2480 Meter den Aufstiegsweg und folgen ihm nach Samnaun zurück.
Höhenunterschied: 1024 Meter.
Gesamtgehzeit: 4½ bis 5 Stunden.
Hinweis: Man kann vom Pauliner Kopf sehr lange Routenvarianten für den Abstieg wählen. So ist es möglich, über das Innerviderjoch nach Norden zur Greitspitz und über das Außerviderjoch zum Alptrider Eck zu gehen. Von dort kann man zur Munschuns-Seilbahn absteigen und mit der Bahn nach Ravaisch hinunterschweben oder zu Fuß absteigen. Es gibt auch die Möglichkeit, über das Bergli und Ravaischer Salaas zum Salaaser Eck hinüberzuqueren und den Piz Ot zu umrunden, indem man am Salaaser Eck nach rechts abbiegt und über Ravaischa nach Ravaisch und zurück nach Samnaun geht. Mit etwas Geschick lassen sich noch viel Routenvarianten auf markierten Wanderwegen austüfteln.
Karte: Wanderkarte Unterengadin, Maßstab 1:60000, Verlag Kümmerly + Frey, oder Landeskarte der Schweiz, Maßstab 1:50000, Blatt 5017 Unterengadin.

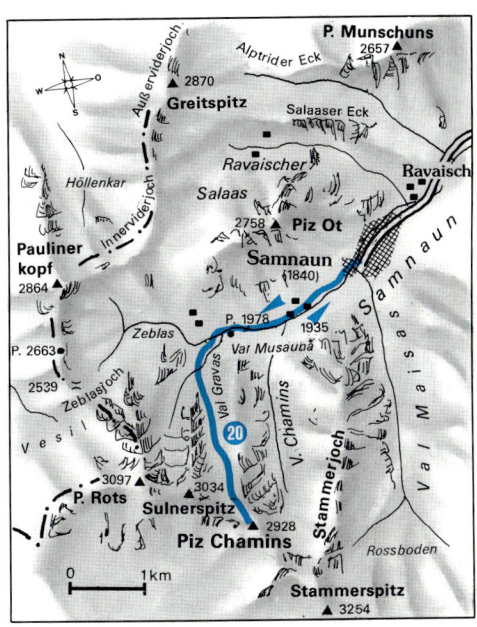

20 Piz Chamins, 2928 Meter

Durchs Geröll zur »Kaminspitze«

Tagestour.
Beste Jahreszeit: Ab August bis zum ersten Schnee.
Im Val Gravas weglos. Bei guter Sicht gibt es aber keine Orientierungsschwierigkeiten. Trittsicherheit und etwas Schwindelfreiheit sind erforderlich.

Ein besonders markantes Ziel ist der Piz Chamins nicht. Er »geht etwas unter« zwischen den wesentlich spektakuläreren Bergen Piz Rots und Stammerspitz, die aber beide nur relativ schwer zu erreichen sind. Trotzdem ist der Piz Chamins ein eigenständiger und für die Berglandschaft der Samnaungruppe kennzeichnender Gipfel. Er paßt in das Bild dieses wilden Felsengebirges mit enorm steilen Bergflanken und ewigem Schnee. Oberhalb der 2000-Meter-Grenze bewegen wir uns nur noch in monotonen Schutt- und Geröllhängen, aber auch diese sind nicht ohne Reiz. Seinen Namen (Piz Chamins = Kaminspitze) hat der Berg wohl von den vielen kaminartigen Felsenrinnen zu beiden Seiten des Val Gravas bekommen.

Ist in der kalten Jahreszeit viel Schnee gefallen und der Sommer kühl geworden, bleibt es am Piz Chamins fast das ganze Jahr über Winter. Schuld daran ist die Nordlage des steilen Val Gravas, das von unwegsamen Schrofenhängen eingegrenzt ist und deshalb von der Sonne kaum erreicht wird. Ein beachtlicher Gletscherrest unter dem Gipfel und die vielen, oftmals mächtigen Lawinen, die das Tal im Winter und im Frühjahr füllen, sorgen dafür, daß im Val Gravas nahezu immer Schnee liegt.

Man könnte glauben, daß der Berg deshalb ein Dorado für Skitourengeher ist. Doch weit gefehlt. Bei einer Handvoll Insidern ist der Piz Chamins zwar als Geheimtip für eine herrliche Frühjahrstour bekannt, doch so richtig populär ist er bislang nicht geworden.

Das liegt vielleicht auch an der erheblichen Lawinengefahr.
Im Sommer und im Herbst erhält dieser beachtenswerte Aussichtsberg noch weniger Besuch. Kaum 20 Bergwanderer tragen sich in einer Wandersaison ins Gipfelbuch ein. Der Piz Chamins ist also etwas für Individualisten, für Bergsteiger, die die herbe Schönheit der Samnaunberge allein genießen wollen.
Wenn man auch beim Aufstieg landschaftliche Schönheiten nur schwer aufspüren kann, vor allem im kargen Val Gravas, so ist doch die Gipfelschau überaus beeindruckend. Besonders der imposante, felsige Stammerspitz und der mächtig aufragende Muttler ziehen die Blicke auf sich. Man sieht aber auch gut in die Silvrettaberge, besonders zum monströsen Fluchthorn mit seinen Trabanten. An klaren Tagen zeigen sich auch Teile der Ötztaler Alpen.

Routenverlauf

Talort: Samnaun, 1840 Meter, zu erreichen auf einer gut ausgebauten Bergstraße von Pfunds herauf oder einer etwas kühneren, engen Straße von Martina, die durch viele Tunnels führt.
Ausgangspunkt: Parkplatz am südwestlichen Ortsrand von Samnaun-Dorf, 1830 Meter.
Aufstieg: Vom Parkplatz zum Fahrweg im Val Musauna ist ein kurzer Weg angelegt worden, der ein kurzes Stück zur Straße hinaufführt. Allerdings wird dieser Weg von den Pistenraupen im Frühjahr immer wieder zerstört.
Haben wir die für den allgemeinen Verkehr gesperrte Straße erreicht, folgen wir ihr dem Schergenbach entlang nach Südwesten. Im August können wir Bergbauern beobachten, die mit unvorstellbarem Aufwand in den Steilhängen mit der Sense das Gras mähen, um den steilen Bergflanken etwas Futter für ihr Vieh abzuringen. Für einen Maschineneinsatz sind die Hänge viel zu steil.
Nach etwa einer Viertelstunde erreichen wir den Eingang in das Val Chamins, 1935 Meter. Wir könnten dort umdisponieren. Es gibt nämlich einen interessanten Wanderweg, durch das schluchtartige Val Chamins gegen Süden und in vielen engen Serpentinen über einen sehr steilen Schrofenhang in die Nähe des Stammerjochs (ca. 2700 Meter). Von dort bringt er uns in das Val Maisas und nach Samnaun zurück.
Der Aufstieg zum Piz Chamins führt am Fahrweg im Val Musauna weiter. Erst beim Punkt 1978 Meter queren wir den Schergenbach. Durch einen Schotterboden wenden wir uns in einem weiten Bogen gegen Süden. In mäßiger Steigung gehen wir nun weglos durch den Boden des Val Gravas zu einer Engstelle. Ein kleiner Wasserfall läuft neben einem dunklen Schieferfelsen herab. An diesem Felsen ist eine Gedenktafel für die Opfer eines tragischen Lawinenunglücks angebracht.
Es ist schon ein wenig mühsam, über den steilen Hang durch die kurze, aber enge Schlucht hinaufzukraxeln. Und sehr rutschig sind die nassen Felsen auch. Wer sich diese unbequeme Stelle ersparen will, kann schon vor dem Wasserfall in die steilen Wiesen abbiegen und steil die Engstelle östlich umgehen. Oberhalb des Wasserfalls stoßen die beiden Aufstiegsvarianten wieder zusammen. Dort bereits finden sich mitunter schon die ersten Lawinenreste. Wer etwas spät im Jahr hierherkommt, der hüte sich, diese Schneefelder zu betreten. Im Herbst sind sie meist glatt und ausgesprochen rutschig. Die Schneedecke ist über dem Bach stellenweise nur noch hauchdünn und von ausgedehnten Aushöhlungen durchzogen. Ein Durchbruch kann tragisch enden. Also besser neben den Schneefeldern aufsteigen, auch wenn dies im Schotter nicht besonders angenehm ist.
Wir gehen immer nach Süden durch die breite Schottermulde hinauf. Da vom Nordgrat des Sulnerspitzes permanent mit Steinschlag zu rechnen ist, sei er durch schmelzenden Schnee, Nässe oder Wild ausgelöst, empfiehlt es sich, mehr auf der linken, also der östlichen Seite des Val Gravas, aufzusteigen. Weiter oben, etwa in Höhe des Sulnerspitz, noch vor dem Gletscherrest, der sich vom Gipfel herabzieht, biegen wir zum Nordgrat des Piz Chamins ab und erreichen diesen über einem kleinen, grünen Sattel.

Diese Aufnahme ist im Val Musauna entstanden, kurz bevor die Route zum Piz Chamins nach links in das Val Gravas hineinbiegt.

Am Rande des Val Gravas gibt es, kurz bevor man sich zum Sturm auf den Gipfel des Piz Chamins aufmacht, einen grünen Rastplatz. Von dort hat man eine schöne Übersicht hinüber zum dunklen Stammerspitz, den Gipfelrücken und den kleinen Gletscherrest am oberen Rande des Val Gravas.

Wer vor dem Gipfelsturm noch etwas verschnaufen will, findet dort einen schönen Ruheplatz. Dieses schöne Fleckerl kennen auch die Steinböcke, die sich in der kleinen, südseitigen Mulde wohlfühlen, weil sie auf der beachtlichen Höhe von 2700 Meter noch Gras zum Fressen finden. Es kann also schon vorkommen, daß sich einige dieser stämmigen Bergvagabunden recht nahe zu uns herwagen. Wenn wir uns ruhig verhalten, werden die Steinböcke nicht schnell fliehen, denn ihrer Art entsprechend ziehen sie lieber langsam davon.

Von diesem Sattel gehen wir wieder über Schieferschutt im wesentlichen auf der Grathöhe, allenfalls ein klein wenig rechts daneben, zum felsigen Gipfel des Piz Chamins hinauf. Wir erreichen ihn ab Samnaun in etwa 3½ Stunden.

Abstieg: Wer unbedingt will, kann von dem kleinen Sattel westlich des Piz Chamins nach Südwesten um den Munt Chöglias herum über Griosch bis nach Vnà absteigen. Dieser Weg ist enorm lang und außerdem endet er weit vom Ausgangspunkt entfernt. Es empfiehlt sich also, wieder am Aufstiegsweg nach Samnaun zurückzugehen.
Höhenunterschied: 1100 Meter.
Gesamtgehzeit: 5½ Stunden.
Karte: Wanderkarte Unterengadin, Maßstab 1:60000, Verlag Kümmerly + Frey, oder Landeskarte der Schweiz, Maßstab 1:50000, Blatt 5017 Unterengadin.

Wenn wir uns zur Gipfelrast am Piz Chamins niederlassen, sehen wir über den steilen Südwestabbruch auf die eindrucksvollen Felsenriesen der Silvretta.

Flüelagebiet

21 Piz Champatsch, 2946 Meter

Über sanfte Wiesen und auf wilde Felsen

Tagestour.
Beste Jahreszeit: Ende Juni bis September.
Schwindelfreiheit und Trittsicherheit sind erforderlich. Zum Teil weglos. Für die vorgestellte Abstiegsvariante braucht man ein gutes Gespür für die beste Routenfindung.

Inmitten einer beeindruckenden Felsszenerie ist der Piz Champatsch nur ein unbedeutender Gipfel. Die benachbarten Bergriesen Schwarzhorn, Flüela Weisshorn, der dunkle Piz Linard und die Kette der Gletscherberge vom Piz Radönt über den Piz Grialetsch, Piz Vadret bis hinüber zum Piz Sarsura sind eben doch die berühmteren Gipfel um den Flüelapaß. Aber der Champatsch steht mitten darunter und ist somit die ideale Aussichtswarte auf diese markanten Gipfelgestalten. So läßt sich die Tour auf das Schwarzhorn zum Beispiel vom Champatsch aus sehr gut überblicken.
Unser Gipfel ist also ein lohnendes Bergziel und obendrein nicht allzu schwierig zu erreichen. Trotzdem erhält er, was den Kenner

Das erste Stück Anstieg zum Piz Champatsch ist am Punkt 2784 Meter geschafft. Die weitere Aufstiegsroute führt über die felsige Erhebung in der Bildmitte und nach rechts weiter. Auf der dem Betrachter abgewandten Bergseite erreicht sie den Gipfel.

wundert, kaum Besuch. Wenn er auch in der Führerliteratur allgemein als leichter Gipfel bezeichnet wird, so möchte ich das nicht unbedingt voll bestätigen. Jedenfalls nicht, wenn es um den Gipfelanstieg geht. Der ist nämlich durchaus als »rassig« zu bezeichnen. Vor allem, weil der Fels unter dem Gipfel ziemlich brüchig ist. Dafür wird der höchste Punkt schnell erreicht und ein schönes Weglein führt an den Gipfelaufbau heran, so daß es Schwierigkeiten mit der besten Routenfindung beim Aufstieg normalerweise kaum geben dürfte.

Routenverlauf

Talort: Susch, 1426 Meter.
Ausgangspunkt: Chant Sura an der Flüelapaßstraße, 2176 Meter.
Aufstieg: Bei den Garagen für den Winterdienst an der Paßstraße, die das ganze Jahr über offen gehalten wird, gibt es einen großzügigen Parkplatz. Dort wird die Straße gegen Norden verlassen und auf der Brücke der Susaca-Bach überquert. Ein Weg leitet in das tief eingeschnittene Tal »Tantermozza Chant Sura« und auf der westlichen Bachseite gegen Norden hinauf. Er wendet sich nach Osten und überquert den Bach. Wenn im Frühsommer viel Wasser herunterfließt, ist die Bachquerung mitunter ein abenteuerliches Unterfangen. Da muß man schon sehr gezielt von einem Felsblock zum anderen springen, um nicht naß zu werden. Dazu gehört das Glück, daß auch bei sicherer Landung die Steine wirklich fest liegen, sonst kann es trotzdem danebengehen.
Die Route führt auf den breiten, behäbigen Grasrücken zu, der sich vom Berg im wesentlichen nach Süden herabzieht. Die Aufstiegsroute ist zwar nicht markiert, aber der Wegverlauf ist deutlich zu finden. Er schlängelt sich durch die Schafweide hinauf, an einem großen, auffallend dunklen Amphibolitfelsen, der eigentlich zum Schwarzhorn hinüber gehören würde, vorbei und zu den Militärbunkern. Dort endet er.
Die weitere Aufstiegsstrecke bringt uns in der gleichen Richtung, also gegen Norden, zum weitläufigen Vorgipfel auf 2784 Meter. Wer mit der Wanderung hierher schon zufrieden ist, braucht sich nicht zu genieren, die Tour an diesem schönen Aussichtspunkt zu beenden. Man sieht ja schon schön zum Gipfel hinüber und eine stolze Höhe ist auch schon erreicht.
Schneidige Bergsteiger aber gehen weiter. Die dunklen Felsen und steilen Schuttrinnen, in denen im Frühsommer noch der Schnee liegt, sind nicht unbedingt jedermanns Sache. Sie zeigen sich vom Punkt 2784 Meter ausgesprochen scharf.
Gelegentlich finden sich beim Gipfelaufstieg Trittspuren. Sie führen links unter dem Gipfel in steiles, brüchiges Felsengelände hinein. Die Gipfelstürmer folgen ihnen, bis sich über dem tiefen Abgrund die Möglichkeit auftut, rechts abzubiegen. Jetzt steigt man über eine Firn- bzw. Schuttflanke auf der Nordseite des Gipfelaufbaus über Blockwerk zum höchsten Punkt auf, der nach knapp 3 Stunden erreicht wird.
Abstieg: Es ist natürlich möglich, am Aufstiegsweg wieder abzusteigen. Sehr lohnend ist aber die hier alternativ vorgeschlagene Route. Sie folgt vom Gipfel zunächst ein Stück dem Verlauf der Aufstiegsroute. Ziemlich bald, etwa nach 40 Höhenmetern, biegt sie rechts ab. Über das vorhin erwähnte Firn- bzw. Schuttfeld steigen wir nach rechts abwärts und suchen auf den weitläufigen Firnfeldern den besten Durchgang nach »Tantermozza Chant Sura«. Es hängt sehr von den Verhältnissen ab, welche der verschiedenen Rinnen die beste ist. Am zweckmäßigsten dürfte es normalerweise sein, unter dem

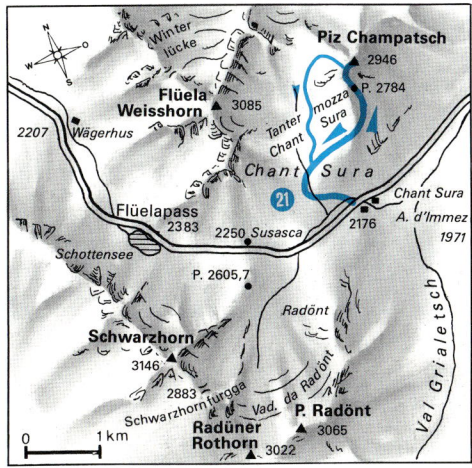

Die Abstiegsroute vom Piz Champatsch führt einem Bach mit frischem Wasser entlang und zwischen Felsenblöcken hindurch. Von dort haben wir einen interessanten Blick über die Flüelapaßstraße zum Piz Radönd.

Gratverlauf noch ein Stück gegen Norden abzusteigen und vor dem nächsten Bergaufschwung nach links über eine steile, aber angenehm zu begehende Schuttreiße abzufahren. Bei guten Verhältnissen ist es möglich, schon etwas weiter oben auf einem sehr steilen Firnfeld in die weiten flachen Hänge des oberen Tals »Tantermozza Chant Sura« abzusteigen. Skitourengeher, die den Piz Champatsch vom Winter her kennen, werden das bestätigen.

Unten, im tristen, einstigen Gletscherbecken, biegt man links ab, geht an zwei Seen vorbei, der Moräne entlang und folgt dem Bachlauf auf dessen östlicher Seite. Weiter unten hal-

22 Flüela Weisshorn, 3085 Meter

Verstecktes Kleinod hinter dem Flüelapaß

Lange, anspruchsvolle Tagestour. Trittsicherheit und Schwindelfreiheit sind notwendig. Der Gipfel ist zwar ziemlich schnell erreicht, aber für den langen Abstieg (mit Gegenanstieg!) braucht man Ausdauer. Die Tour verläuft ab der Winterlücke in weglosem Gelände und über einen Gletscher. Ein guter Orientierungssinn ist notwendig. Nur bei guter Sicht gehen! Lohnend im Hochsommer und im Frühherbst.

Über den Flüelapaß verläuft die Trennungslinie zwischen den Silvretta- und den Albulabergen. Die wichtige Verbindungsstraße zwischen dem Engadin und Davos klettert von Susch fast 1000 Höhenmeter mit bis zu 11% Steigung zur Scheitelstrecke auf 2383 Meter hinauf. Wegen ihrer wichtigen Bedeutung wird die Straße auch im Winter offengehalten. Das wird sich ändern, denn wenn Ende der 90er Jahre der Vereinatunnel fertig ist, kann man im Unterengadin sein Auto auf die Bahn verladen lassen und die von Schnee und Felsstürzen immer wieder gefährdete Paßstrecke bequem unterqueren.

Wer mit dem Auto über die gute Flüelapaßstraße braust, vielleicht am dortigen Hospiz kurz einkehrt, was sehr zu empfehlen ist, wird kaum vermuten, daß sich hinter den tristen, grauen und vegetationsarmen Hängen ein Berggelände verbirgt, das an landschaftlicher Vielfalt und Schönheit kaum zu überbieten ist. Man muß aber erst einmal kräftig aufsteigen, um hinter der Winterlücke die versteckte Schönheit zu entdecken. Eingebettet zwischen dunklen Felsengipfeln prägen idyllische Bergseen, Gletscherfelder und ausgedehnte Firnflächen diesen Alpenbereich, geben den Bergen um den Flüelapaß ihren unverwechselbaren Charakter.

Gleich mehrere interessante Bergziele kann man gut vom Paß aus angehen. Bekannt sind vor allem das Schwarzhorn und das Flüela Weisshorn. Was das Schwarzhorn, das dunkel und wild anzusehen ist, bei seinem An-

ten wir uns etwas links und gehen oberhalb des Bachs am oberen Ende einer wilden Schuttreiße über grüne Wiesen und erreichen den Aufstiegsweg. Ihm folgen wir zum Ausgangspunkt zurück.

Höhenunterschied: 780 Meter.
Gesamtgehzeit: Etwa 5 Stunden.
Karte: Wanderkarte Unterengadin, Maßstab 1:60000, Verlag Kümmerly + Frey, oder Landeskarte der Schweiz, Maßstab 1:50000, Blatt 5002 Chur Arosa Davos.

blick verspricht, hält es nicht. Sein Schein trügt. Denn die Tour dort hinauf ist leicht, so einfach, wie sie gemütlicher auf einen Dreitausender kaum sein kann.

Am Flüela Weisshorn geht es schon deutlich pfiffiger zu. Vor allem, wenn man oberhalb der markierten Wanderroute, die nur bis in die Winterlücke hineinführt, die Trittspur verliert. Dann findet man sich sehr schnell in steilem Schottergelände wieder, das obendrein sehr steinschlaggefährdet ist. Also aufpassen, sonst kann man leicht hinunterfliegen. Leider ist der Gipfelaufbau recht unübersichtlich. Ein Wanderer, der allein aufgebrochen ist, sich dort verirrt hat, ist lange Zeit gesucht worden, bis man seine Leiche erst nach Jahren unweit des Gipfels durch einen Zufall entdeckt hat.

Auf- und Abstieg führen über den Jörigletscher. Wenn er vereist ist, dann wird's etwas ungemütlich dort oben. Man kann die Tour mit normalen Trekkingschuhen angehen, doch sollte man wenigstens ein Paar Grödl mitnehmen. Auf ein Seil zu verzichten, ist wie bei allen Gletschertouren riskant. Bei guter Schneelage ist die Spaltengefahr aber noch als gering zu bezeichnen. Nur beim Abstieg ist eine große Spalte zu überqueren, über die ich in sträflichem Leichtsinn ohne Seilsicherung gelaufen bin. Das Ungeschick war, daß ich die verschneite Spalte erst von den Jöriseen aus erkannt hatte, das Glück, daß die Schneebrücke gehalten hat. Damals lag halt Mitte August noch viel Schnee, aber das ist nicht immer so.

Ein besonderer Höhepunkt der Tour liegt weit unter dem Gipfel: die Jöriseen. Das milchig-trübe Wasser des Jörigletschers sammelt sich in den runden Seeaugen, wo es sich klärt, bis es kristallklar dunkel-blaugrün im Sonnenlicht glitzert.

Ich war so naiv und habe geglaubt, dort oben auf 2500 Meter Höhe baden zu können. Davor kann ich nur warnen. Weiter als zum Zehenspitz hat's nämlich nicht gereicht. So grimmig kalt ist das Wasser. Selbst im Hochsommer steigt die Wassertemperatur kaum über den Gefrierpunkt. Dafür hatte ich den ganzen Tag ein Frotteehandtuch herumgeschleppt. Wer keine Eskimo-Gewohnheiten hat, kann sich diese Last sparen.

Hat man das Glück, einen klaren Sonnentag

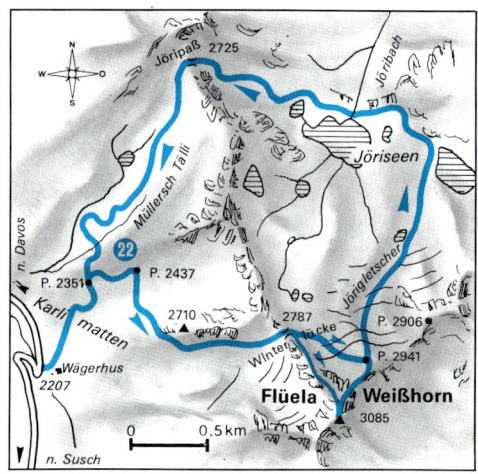

zu erwischen, kann man sich einer fantastischen Gipfelaussicht erfreuen, die mit dem Fernglas zum Piz Kesch und bis in die Berninaberge reicht.

Routenverlauf

Talort: Davos, 1535 Meter, oder Susch, 1426 Meter.
Ausgangspunkt: Wägerhus an der Flüelapaßstraße, 2207 Meter.
Aufstieg: Am Anfang ist der Wegverlauf beschildert und gut markiert. Er verläßt beim Wägerhus die Paßstraße nach Nordosten und schlängelt sich durch wenig einladende, triste Hänge hinauf. Bei der in der Karte eingezeichneten Höhe von 2351 Meter schwenken wir rechts (gegen Osten) ab. Der Weg wendet sich bis zum Punkt 2437 Meter nach Südosten. Unter dem Punkt 2710 Meter der Landeskarte wird der Anstieg sehr steil und führt über Firnfelder, bis er in der Winterlücke, 2787 Meter, abflacht.

Der weitere Anstieg ist weglos und erfordert, egal für welche Variante man sich entscheidet, ein gutes Gespür für die beste Routenfindung. In jedem Fall muß man sich gegen Südosten halten. Der etwas längere, aber einfachere Aufstieg führt schräg über die Hänge des Jörigletschers, wo gelegentlich eine Trittspur im Firn zu finden ist. Sie endet in der Scharte unter dem felsigen Punkt 2941 Meter der Landeskarte. Dort hält man sich wieder rechts und steigt, vorsichtig auf Steinschlag

Über den glasklaren und eiskalten Jöriseen erhebt sich der markante Gipfel des Flüela Weisshorns. Links daneben sieht man den Jörigletscher überragend, den felsigen Punkt 2941 Meter.

achtend, die spärlichen Steigspuren entlang, auf den Nordostgrat des Weisshorns zu. Gelegentlich muß man am steilen Felsengrat schon einmal kräftig zupacken, denn der Gipfel läßt sich bitten. Ganz so einfach geht er nicht her. Mit etwas Geschick und Ausdauer wird man auch das letzte Stück noch schaffen.

Wenn der Jörigletscher vereist oder gar blank ist, ist es einfacher, ab der Winterlücke am Nordwestgrat aufzusteigen. Auch dieser Blockgrat erfordert Sorgfalt beim Aufstieg. Man verläßt bei den ersten Firnfeldern den Nordhang nach rechts und kraxelt über Felsen, im wesentlichen immer auf der Grathöhe, zum Gipfel hinauf, der ab Wägerhus in 2½ Stunden erreicht wird.

Auf dem Felsengipfel muß man nicht lange suchen, um einen »Logenplatz« zu finden. Der ist bei so einer traumhaften Aussicht für die lange Gipfelrast auch angebracht. Und wenn die Sonne kräftig herunterleuchtet, dann werden die dunklen Felsblöcke auch angenehm warm. Dort läßt sich's aushalten. Aber bei aller Begeisterung dürfen wir natürlich den Abstieg nicht vergessen, denn da wartet noch eine lange, anstrengende Strecke auf uns.

Abstieg: Wenn es die Verhältnisse zulassen, sollten wir am Nordostgrat in die Scharte unter dem Punkt 2941 Meter der Landeskarte hinabsteigen. Dort betreten wir den Jörigletscher. Die Route führt nun geradewegs über den Gletscher nach Norden hinunter. Unter einem Felsengrat, der vom Punkt 2906 Meter nach Nordwesten in den Gletscher hereinragt, etwa auf der Höhe von 2800 Meter, gibt es, wie eingangs erwähnt, eine Querspalte. Diese müssen wir überqueren. Sie ist zwar meist kräftig mit Schnee bedeckt und dann fast gar nicht zu erkennen, aber leichtsinnig sollte man auch nicht sein. Nach dieser Spalte werden die Hänge bald flacher und der Schnee immer sulziger. Schon erreichen wir die ersten Wasserlachen und nach einem Abschnitt über scharfkantiges Geröll die Jöriseen. Dort kommen wir wieder in Wiesengelände. Es ist zwar ziemlich feucht dort unten, doch ein bequemes, trockenes Fleckerl zum Schauen und Staunen läßt sich finden.

Am Nordufer der Seen gibt es wieder einen Pfad. Fast eben kommt er vom Jöriflesspaß herüber. Wenn wir ihm nach links, also gegen Westen folgen und am letzten, dem dunkelsten der Seen vorbeigehen, wird der Weg steil und bringt uns unter den Hängen des Gorihorns durch unfreundlich wirkende Hänge in den Jöripass, 2725 Meter, hinauf. Sein eigentlicher Name »Jöriflüelafurgga« ist den Kartographen wohl zu lang und unaussprechlich geworden; in einigen Karten steht nur noch »Jöripass«. Auf dieser Paßhöhe hat man wieder schöne Ausblicke, vor allem zu den Seen zurück und über den Flüelapaß zum Schwarzhorn hinüber. Vielleicht weckt diese Aussicht etwas Appetit auf die Tour zum Schwarzhorn.

Der restliche Rückweg hat dann nur noch wenig an Reizen zu bieten. Von der Straße her ist schon der Motorenlärm zu hören, und so werden wir froh sein, durch das Müllersch Tälli gegen Südwesten wieder den Ausgangspunkt zu erreichen.

Höhenunterschied: Rund 1100 Meter (einschl. Gegenanstieg von den Jöriseen zum Jöripaß).

Gesamtgehzeit: 7 bis 8 Stunden.

Karte: Wanderkarte Unterengadin, Maßstab 1:60000, Verlag Kümmerly + Frey, oder Landeskarte der Schweiz, Maßstab 1:25 000, Blatt 1197, oder Maßstab 1:50000, Blatt 5002 Chur Arosa Davos.

In der Winterlücke empfängt uns nach einem eher tristen Aufstieg eine eindrucksvolle Hochgebirgslandschaft.

Die Bergsteiger am Schwarzhorngipfel erfreuen sich am Weitblick, der bis zu den Berninabergen reicht.

23 Schwarzhorn, 3146 Meter

Am »Volks-Dreitausender«

Halbtagestour.
Günstig ab Mitte Juli bis Mitte September.
Vielbesuchter, problemlos zu »erwandernder« Dreitausender. Allenfalls kann die Höhe Untrainierten etwas zu schaffen machen.

Die Berggegend um den Flüelapaß mag dem nicht Eingeweihten etwas unfreundlich vorkommen. Obwohl es auf der Paßhöhe ein paar Seen gibt, der größte davon ist der Schottensee, sind die landschaftlichen Reize dort oben in der Tat zunächst nicht besonders überwältigend. Die Paßstraße führt weit über die Baumgrenze hinauf und da schauen die Berge eben allgemein etwas trister aus. Man muß vom Flüelapaß aus schon auf die luftigen Höhen hinaufsteigen um ihre Schönheit zu erleben. Das Schwarzhorn hat an landschaftlichen Höhepunkten einiges für uns parat. Diese bestehen, von der weiten Gipfelschau einmal abgesehen, vor allem aus den Blicken zu den benachbarten Gletscherbergen, deren weiß leuchtende Firnfelder in schrillem Kontrast zu den finsteren, steil aufragenden Gipfelflanken und Felsentürmen stehen. In der näheren Umgebung baut sich nämlich (vor allem am Piz Radönt) ein wirklich eindrucksvolles Felsengebirge auf, das uns immer wieder vor Augen führt,

daß wir uns am Schwarzhorn, trotz des einfachen Weges, im Hochgebirge bewegen.
Zwei scharfgeschnittene, markante Berggestalten rahmen die Höhe des Flüelapasses ein: im Nordosten das Flüela Weisshorn, 3085 Meter (Tour 22) und im Süden das Schwarzhorn, 3146 Meter. Von der Straße zeigt sich das Schwarzhorn als unbezwingbarer, dunkler Felsklotz und das Weisshorn eher freundlich und einladend. Und doch ist die Situation für den Bergsteiger genau umgekehrt: Das Flüela Weisshorn ist schon ein anspruchsvolleres Gipfelziel, während sich das Schwarzhorn sehr einfach und bequem erreichen läßt. Ein gut markierter Pfad führt bis zum höchsten Punkt hinauf. Zudem steht das Schwarzhorn ziemlich frei da, so daß die Schau vom Gipfel sehr beeindruckend ist, vorausgesetzt natürlich, man erwischt einen klaren Tag. Vor allem der Piz Kesch, die Berninaberge, die Ortlergruppe und die südlichen Ötztaler Alpen beherrschen den weiten Rundblick.
Seinen Namen hat das Schwarzhorn zu Recht. Es verdankt ihn einem dunklen magmatischen Gestein, dem Amphibolit.
So ein leichter und obendrein noch aussichtsreicher Dreitausender ist natürlich bei den Bergwanderern ein Renner. An schönen Wanderwochenenden ist er prompt hoffnungslos überlaufen. Alles was gehen kann, die Höhe einigermaßen gewöhnt ist und 2 bis 3 Stunden durchzuhalten vermag, versammelt sich dann am Gipfel. So habe ich bei meinem damaligen Besuch an einem

strahlenden, heißen Augusttag tatsächlich ein Gruppe von Klosterfrauen am Gipfel angetroffen. Das ist ja noch nichts ungewöhnliches. Aber daß die Nonnen im vollen Ornat dort hinaufgestiegen sind, hat mich dann doch etwas gewundert. Nun, den Nonnen war es zu heiß in der Kutte, nicht mir. Soll jeder auf seine Art selig werden...

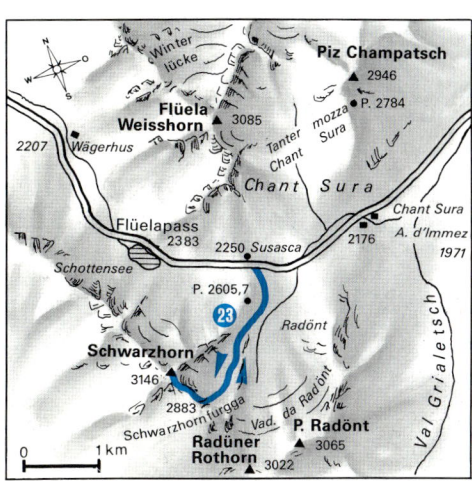

Routenverlauf

Talort: Susch, 1426 Meter.
Ausgangspunkt: Bushaltestelle, rund 1,5 Kilometer östlich der Höhe des Flüelapasses, 2250 Meter.
Aufstieg: Direkt bei der Bushaltestelle beginnt der Aufstieg. Ein markierter, breiter Weg führt aus dem Tal des Susascabachs nach Süden heraus. Anfangs steigt er nur leicht an, wird aber auf ein kurzes Stück dann doch ziemlich steil. Dort windet er sich an glattgeschliffenen Felsen vorbei, umrundet den Punkt 2605,7 Meter der Landeskarte und wendet sich, nun wieder flacher, nach Südwesten.
Weit über dem Talgrund »Radönt« verläuft der Weg in angenehmer Steigung und unter steilen Felsenhängen immer weiter in das Tal hinein. Zwischendurch nimmt zwar die Neigung kurz etwas zu, doch im wesentlichen weist das Weglein recht gemütlich bergwärts. Felsige Gratausläufer, die vom Schwarzhorn-Ostrücken hereinragen, sorgen für Abwechslung. Bevor es zur Schwarzhornfurgga hinaufgeht, müssen wir über einen unbedeutenden Firnrest, der von Jahr zu Jahr kleiner wird. Eines Tages wird er ganz verschwunden sein. Der Aufstieg wird steiler und der Steig windet sich zum breiten Sattel »Schwarzhornfurgga« hinauf. Dort biegen wir rechts ab und erreichen den langen Gipfelgrat. Das erste Stück am Gipfelanstieg ist etwas schmal, aber problemlos. Sehr schnell weitet sich der Grat zu einem breiten Schuttrücken. Über ihn steigen wir zum behäbigen

Gipfel hinauf, wo wir nach 2½ Stunden ankommen.
Haben wir auf dem weitläufigen Gipfel einen stillen Ruheplatz gefunden, was wegen des regen Betriebs dort oben nicht immer ganz einfach ist, uns die Brotzeit ordentlich schmecken lassen und die Aussicht hinreichend genossen, müssen wir uns entscheiden, ob wir wieder absteigen oder noch einen zweiten Gipfel »mitnehmen« wollen. Das Radüner Rothorn würde sich anbieten (siehe Hinweis).
Abstieg: Entlang der Aufstiegsroute. Man kann auch direkt zur Paßhöhe zurückgehen. Dazu biegt man beim Punkt 2605,7 Meter der Landeskarte links ab und geht über Wiesen den weiten Hängen entlang bis man das Hospiz erreicht.
Höhenunterschied: 897 Meter.
Gesamtgehzeit: 3 bis 4 Stunden.
Hinweis: Wer Zeit und Muse hat, kann etwas unterhalb der Schwarzhornfurgga nach Süden abbiegen und über ein paar Firnfelder noch das Radüner Rothorn, 3022 Meter, mitnehmen. Allerdings ist die Schau von dort auch nicht interessanter als vom Schwarzhorn. Doch ruhiger, fast ein wenig einsam ist es auf diesem Ausweichgipfel. Individualisten mag das als Grund für diesen Abstecher ausreichen.
Karte: Wanderkarte Unterengadin, Maßstab 1:60000, Verlag Kümmerly + Frey, oder Landeskarte der Schweiz, Maßstab 1:50000, Blatt 5002 Chur Arosa Davos.

Der markierte Wanderweg führt durch das Radönt. Im Hintergrund, rechts neben dem dunklen Radüner Rothorn, die Schwarzhornfurgga. Dort biegt der Steig rechts ab und bringt den Wanderer über den Grat, dessen unteres Ende im Bild noch sichtbar ist, zum Gipfel des Schwarzhorns.

Berninaberge

24 Piz Campasc, 2599 Meter

Kleiner Gipfel unter lauter Riesen

Halbtagestour.
Markierter Pfad.
Beste Jahreszeit: Ende Juni bis Oktober.
Leicht.

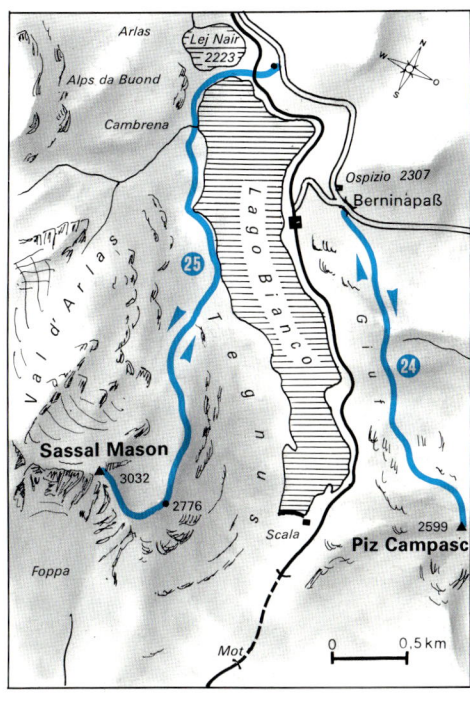

Gäbe es nicht die gigantischen Eisriesen in der Bernina, so wäre der Piz Campasc, südlich des Berninapasses, sicher ein Begriff unter Bergfreunden. Aber um ihn herum stehen eben wesentlich höhere Berge, und diese stehlen ihm schlichtweg die Schau. Nimmt man die Berge der Bernina-Hauptgruppe als Maß, ist der Campasc ja wirklich nur ein kleiner »Mugel« und doch bildet er eine hervorragende Aussichtswarte. Man sieht von seinem Gipfel schön hinüber zum Piz Cambrena, zum Piz d'Arlas und zum Piz Varuna mit seinem riesigen Gletscher.

Blickt man vom Gasthaus Camprena zum Berg hinauf, der im morgendlichen Gegenlicht seine steilen Grasflanken dunkel gegen die Sonne erhebt, dann stellt er schon etwas dar. Fast könnte diese Berggestalt dem Wanderer, der keine Hochtouren gewöhnt ist, ein wenig Respekt einflößen. Aber keine Angst! Die Tour ist nicht schwierig und der Gipfel wird erstaunlich schnell erreicht. Weil der Ausgangspunkt so hoch liegt, sind es ja nicht einmal 300 Höhenmeter dort hinauf. Deshalb bietet er sich auch als »Eingehtour« für einen freien Nachmittag vor großen Bergfahrten oder auch als Spritztour für Tage mit unsicherem Wetter an. Betrachten wir die Tour einfach als Spaziergang, als gemütliches Unternehmen für einen Ruhetag, wenn auch diese Einordnung dem Bergziel nicht ganz gerecht wird. Der Campasc ist ein eigenständiger, lohnender Berg, der durchaus Beachtung verdient.

Routenverlauf

Talort: Pontresina, 1805 Meter, Bahnstation.
Ausgangspunkt: Gasthaus Camprena, gegenüber dem Hospiz am Berninapaß, 2307 Meter, zu erreichen mit dem Auto oder der Rhätischen Bahn.
Aufstieg: Unmittelbar neben dem Wirtshaus liegt ein kleiner See. Dort beginnen etliche Wander- und Spazierwege. Wir folgen dem, der am weitesten nach links, also gegen Südosten, führt. Er ist gut markiert. Als Richtungsweiser dient uns auch die große Stromleitung. Wir bleiben in ihrer Nähe. Viele kleine Seeaugen und glattgeschliffene Felsen wech-

Beim Aufstieg vom Berninapaß zum Piz Campasc kommt man an einigen kleinen Seen vorbei. Überragt wird diese liebliche Landschaft von den grauen, vergletscherten Randbergen der Bernina. Im Bild der Sassal Mason.

seln sich in der interessanten Landschaft ab. Der Weg ist nicht steil. Er führt nur ein paarmal leicht auf und ab, bis wir nach einer guten halben Stunde den Fuß des steilen Aufschwungs unseres Berges erreichen. Von dort sieht er wirklich fast unerreichbar aus, so steil und wild ragt der Gipfel auf. Es ist kaum zu glauben, aber ein schönes Weglein wird uns zu ihm hinaufbringen. Zunächst steigen wir am Westgrat auf, wechseln in die steile Westflanke des Berges hinüber und queren diese weiter oben. Erstaunlich, daß sich die Schafe in den supersteilen Grasflanken wohlfühlen. So als wäre es für sie das selbstverständlichste der Welt, grasen sie in den stark abfallenden Hängen, wo uns, wenn wir so steile Tiefblicke nicht gewohnt sind, fast ein wenig schwindlig wird.

Der Steig wendet sich ein wenig nach links, wird flacher und führt über den breiten Südgrat zur weiten Gipfelhochfläche hinauf, wo wir schon nach knapp 1½ Stunden ankommen.

Abstieg: Für den Abstieg gibt es leider keine Alternative. Wir folgen ganz einfach wieder der Aufstiegsroute.
Höhenunterschied: 252 Meter.
Gesamtgehzeit: 2½ Stunden.
Karte: Wanderkarte Oberengadin, Maßstab 1:60000, Verlag Kümmerly + Frey, oder Landeskarte der Schweiz, Maßstab 1:50000, Blatt 5013 Oberengadin.

Obwohl der Sassal Mason ein stattliches Ziel ist, verschwindet sein Gipfel fast vor der Kulisse der Bernina-Eisriesen.

25 Sassal Mason, 3032 Meter

Hoch über dem Berninapaß

Tagestour.
Beste Jahreszeit: Juni bis September.
Trittsicherheit, Schwindelfreiheit und ein guter Orientierungssinn sind erforderlich (I+).
Bei schlechter Sicht wird von der Tour im weglosen Gelände abgeraten.

Die Tour auf den Sassal Mason beginnt fast auf der Höhe des Berninapasses. Grund genug, sich einmal über diesen berühmten Übergang zu informieren, der das italienischsprachige Puschlav mit dem übrigen Graubünden verbindet. Obwohl der Paß auf die für einen Alpenübergang doch beachtliche Höhe von 2323 Meter führt, wurde er, was anhand von Bodenfunden vermutet wird, schon in vorgeschichtlicher Zeit benützt. Zur Zeit des Silberbergbaus im Puschlav, ab dem 13. Jahrhundert, hat der Verkehr einen deutlichen Aufschwung erlebt. Als Übergang wurde der Berninapaß aber nur für den Binnenverkehr benützt und hat nie die wichtige Bedeutung anderer Pässe erlangt. Bergstürze, Lawinengefahren und andere Unbilden haben die Puschlaver immer wieder dazu gezwungen, die Paßroute zu verlegen, neu auszubauen und zu schützen. Schwierig war und ist es, den Paß im Winter offen zu halten. Früher haben die Ruttner dafür gesorgt, daß der Berninapaß auch im Winter passiert werden konnte. Sie haben den Streckenverlauf markiert und im Schnee eine Pfadspur angelegt. Heute wird diese Arbeit von Schneeräumgeräten besorgt, die immer noch schwer zu kämpfen haben. Wer sich einen Eindruck über die Probleme, den Paß im Winter passierbar zu halten, verschaffen will, der sollte sich am Bernina-Hospiz die Markierung der Schneehöhe vom 24. Mai 1879 anschauen. Das dürften fast 10 Meter gewesen sein.

Immer wieder ist es zu Meinungsverschiedenheiten zwischen den beiden Paßgemeinden Pontresina und Puschlav über den Unterhalt und die Einnahmen im Zusammenhang mit der Paßstraße gekommen. Die Situation hat sich erst gebessert, als zwischen 1842 und 1864 eine befahrbare Straße über den Paß gebaut worden ist.

Von unserem Gipfel, dem Sassal Mason, kann man die Scheitelstrecke des Berninapasses gut überblicken. Wer sehr kritisch ist, könnte diesen östlichsten Gipfel des Bernina-Hauptkamms als »Schutthaufen« bezeichnen. Und in der Tat, der Berg selbst hat nicht besonders viel an landschaftlichen Reizen zu bieten, denn die Route führt überwiegend über Schotter und Blockwerk. Das klingt alles ein wenig abweisend, ist es aber nicht. Die Tour lohnt sich trotzdem. Der Grund ist wieder einmal eine großartige Gipfelschau. Man kann von dort oben die Routen zum Piz Alv, zum Piz Campasc und teilweise auch zum Piz Albris studieren. Begeistern wird uns aber die Aussicht zum Piz Varuna, mit dem wilden Vadret da Palü, zum Ostgipfel des Piz Palü, der etwas hervorspitzt, und zum Cambrena mit seinem Trabanten, dem Piz d'Arlas. Man sieht von diesem »Bernina-Randberg« aber auch aus der Berninagruppe hinaus, an klaren Tagen bis zum Ortler. Besonders lohnend ist der Sassal Mason im Frühsommer. Dann sind die langen Schuttfelder noch vom Schnee bedeckt und der Berg sieht gleich viel freundlicher aus. Vielleicht sollte man dann sogar Firngleiter mitnehmen und auf dem weichen Firn rasant abfahren.

Routenverlauf

Talort: Pontresina, 1805 Meter.
Ausgangspunkt: Nördliche Staumauer des Lago Bianco am Berninapaß, 2230 Meter, zu erreichen mit der Rhätischen Bahn ab Pontresina oder Puschlav, Parkplatz.
Aufstieg: Zunächst bummeln wir von der Bernina-Paßstraße der nördlichen Staumauer des Lago Bianco entlang. Der künstliche See führt seinen Namen zurecht. Im Wasser fein verteilte Schwebeteilchen geben ihm ein helles, graugrünes Aussehen. Nach der Mauer gehen wir am Westufer bis zum Bach weiter, der vom Sassal Mason herabfließt, und folgen etwas ungemütlich dem Bachlauf bis zur Höhe von etwa 2400 Meter. Dort halten wir uns links und kommen auf einen breiten Schuttrücken. Trittspuren lenken uns zu einer Hochfläche auf 2776 Meter. Im Frühsommer liegt noch Schnee, aber zu fortgeschrittener

Gönnt man es sich, auf den Piz Lagalb zu Fuß zu wandern, kann man so schöne Ausblicke wie im Bild erleben. Im Hintergrund berühmte Berninaberge: Piz Caral, Piz d'Arlas, Piz Palü und Piz Trovat.

Jahreszeit können wir dort friedlich rasten. In der kleinen Ebene gehen wir rechts und kommen wieder auf einen Schuttrücken. Dieser zieht sich ziemlich lange hinauf und endet am Gipfelgrat. Stellenweise ist der lange Blockgrat recht luftig, aber schwierig ist die Kletterei dort oben nicht, und wenn wir etwas Geschick mitbringen, werden wir immer wieder einen guten Durchschlupf auf der linken oder rechten Gratseite finden. Nach etwa 3 Stunden erreichen wir den Steinmann am Gipfel.

Abstieg: Am einfachsten ist es, entlang der Aufstiegsroute abzusteigen. Die Skitourenabfahrt führt nordseitig über den Gletscher und

26 Piz Lagalb, 2959 Meter

Über die »Weißseespitze« ins »Kleine Tal«

*Tagestour.
Beste Jahreszeit: Juli bis Oktober.
Sehr leicht, Seilbahnauffahrt bis fast zum Gipfel ist möglich.*

In der Reihe der Bernina-Randberge nimmt der Piz Lagalb, der sich unmittelbar nördlich der Scheitelstrecke des Berninapasses über den Lago Bianco (= Weißer See) erhebt, eine besondere Stellung ein. Eine Seilbahn führt bis fast zum Gipfel hinauf und diese ist allgemein beliebt. Von der Bergbahngesellschaft werden sogar am frühen Morgen Fahrten zum Sonnenaufgang angeboten.

Vom Gipfel hat man erstaunlich schöne Rundblicke ins Puschlav, in die Languard-Gruppe, in die Berninaberge mit ihrer eindrucksvollen Eisarena und zum Lago Bianco, dem der Berg seinen Namen verdankt. Die Namensentstehung ist sehr einfach zu erklären: »Piz« bedeutet »Berg« oder »Spitze«, »Lag« oder »Lej« heißt »See« und »alv« oder »alb« steht für »weiß«. Piz Lagalb heißt also nichts anderes als »Weißseespitze«.

Der Berg selbst, der als dunkler felsiger Klotz zwischen dem Val Bügliet, dem Val Minor und dem Val Bernina in den Himmel ragt, ist keine besonders augenfällige Erscheinung. Was also mag einen Wanderer auf diesen seilbahnerschlossenen und im Gipfelbereich sehr überlaufenen Gipfel zu Fuß hinauflocken? Sind die weite Rundschau und die stille Einsamkeit am Aufstiegsweg ein Grund für die Tour, so bildet ein kleiner, klarer Bergsee auf der Route eine ganz besondere Attraktion. Er liegt etwa auf der Hälfte der Aufstiegsstrecke, in einer Höhe von rund 2500 Meter. Der See ist so winzig, daß er auf der eigentlich sehr präzisen Landeskarte gar nicht eingetragen ist. Wer dort zu Fuß vorbeikommt, denn nur dem Wanderer und nicht dem Seilbahnfahrer ist der Zugang zu dem stillen Wasser vorbehalten, sollte sich wirklich Zeit nehmen zum Staunen und Verweilen, selbst wenn er dadurch eine Viertelstun-

weiter unten über lange Geröllfelder hinab. Auch das wäre eine, wenn auch nicht sehr lohnende Abstiegsmöglichkeit.
Höhenunterschied: 802 Meter.
Gesamtgehzeit: 5 Stunden.
Karte: Wanderkarte Oberengadin, Maßstab 1 : 60 000, Verlag Kümmerly + Frey, oder Landeskarte der Schweiz, Maßstab 1 : 50 000, Blatt 5013 Oberengadin.
Kartenskizze siehe Seite 99.

de später am Gipfel ankommen sollte. Im kristallreinen Wasser, das von Wollgräsern und Sumpfpflanzen umgeben ist, spiegeln sich Piz Palü und Bellavista und wer auf die andere Seite blickt, sieht gleich zweimal den hell aufragenden Piz Alv, einmal im Original und einmal im Spiegelbild auf der Wasseroberfläche.

Wer empfänglich für die Schönheiten der Bergnatur ist, der wird sich an diesem schönen Fleckerl lange aufhalten, denn dort erlebt er Höhepunkte, wie er sie am Piz Lagalb sicher nicht vermutet hat. Fotografen sollten natürlich die Kamera nicht vergessen.

Routenverlauf

Talort: Pontresina, 1805 Meter.
Ausgangspunkt: Curtinatsch, Talstation der Seilbahn Bernina–Lagalb, 2105 Meter.
Aufstieg: Hinter den Gebäuden der Seilbahn-Talstation beginnt ein Wanderweg, der als »Arlas-Weg« ausgeschildert ist und einen weiten Weidegrund durchläuft. Südlich der Seilbahnstrecke steigt er gemächlich an, bis der Hang steiler wird. Dann schlängelt er sich immer in der Nähe der Skipiste gegen Südosten hinauf, an dem auf der Landeskarte eingetragenen Punkt 2315 Meter vorbei und zu dem eingangs erwähnten kleinen See. Nach der Pause an diesem See, auf die wir keinesfalls verzichten sollten, gehen wir in der gleichen Richtung weiter und kommen nahe an das Steilgelände »Giandas Lagalb« heran. Der Hang wird trister, die Vegetation spärlicher und die Route wendet sich über die für die Skifahrer gnadenlos planierte Hangseite nach links, also gegen Norden hinauf. Dort zweigt der Weg ab, den wir beim Abstieg in das Val Minor hinab nehmen wollen.

Der folgende Gipfelaufstieg verläuft gegen Norden auf den breiten Gipfelgrat zu. Am Gratfuß wendet er sich nach rechts, also gegen Osten, führt an der Seilbahn-Bergstation mit ihren vielen technischen Einrichtungen vorbei und in engen Kehren zum höchsten Punkt hinauf. Am Gipfel stehen ein paar Ruhebänke und wer sich an dem Rummel nicht stört, der kann dort oben nach rund 2 Stunden Aufstiegszeit eine Rast einlegen.

Abstieg: Vom Gipfel folgen wir bis zur Wegverzweigung in Giandas Lagalb der Aufstiegsroute. Bei den Wegtafeln gehen wir geradeaus gegen Süden weiter. Der steile Bergpfad schlängelt sich in vielen Kehren den stark abfallenden Hang hinab. Am Rande einer dunklen Felsenrippe wird er noch steiler und schwenkt oberhalb des Val Büglet nach Osten ab. Er überquert die Trasse des Skilifts und stößt zu einem kleinen See auf 2452 Meter. Dort halten wir uns links und steigen wieder leicht aufwärts gegen Norden, um oberhalb Plan dali Cüni in mehrmaligem leichten Auf und Ab zum Sattel am Punkt 2435 Meter zu kommen. Von dort gehen wir in das Val Minor hinab.

Dunkel liegt der Lej Minor auf 2361 Meter in dem tiefen, aber breiten U-förmigen Taleinschnitt. Die steilen Hänge zu beiden Seiten des Val Minor, am Piz Lagalb, am Piz dals Lejs und am Piz Minor sind im Winter ideale Bahnen für die Lawinen. Von beiden Seiten rauschen sie zur kalten Jahreszeit mit Macht in das Tal hinab und schütten es bis zum Frühjahr regelrecht zu. Die Reste des festgepreßten Schnees bleiben im Talgrund den Sommer über bis in den Herbst, manchmal sogar das ganze Jahr über liegen.

Der Rückweg, der nur leicht abfällt, führt an den Lawinenkegeln und einigen weiteren kleinen Seen vorbei, wendet sich in einer

Vom Aufstieg auf den Piz Lagalb sieht man schön zum Piz Alv.

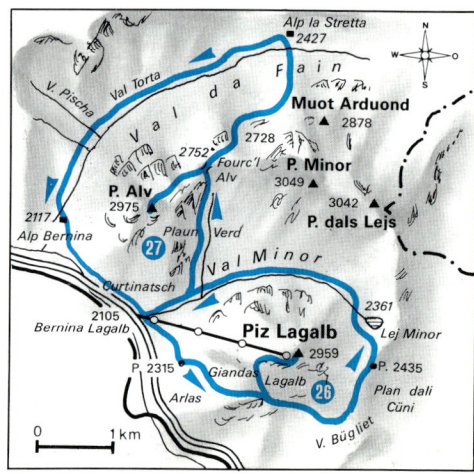

weit ausholenden Kehre nach Südwesten, führt an der Plaun Verd (grüne Ebene) unter dem Piz Alv vorbei und erreicht die Seilbahntrasse. Unter den Seilbahnkabeln gehen wir zum Ausgangspunkt zurück.
Höhenunterschied: Rund 800 Meter.
Gesamtgehzeit: 5 Stunden.
Karte: Wanderkarte Oberengadin, Maßstab 1:60000, Verlag Kümmerly + Frey, oder Landeskarte der Schweiz, Maßstab 1:50000, Blatt 5013 Oberengadin.

27 Piz Alv, 2975 Meter

Geologie am Rande der Bernina

Tagestour.
Beste Jahreszeit: Ende Juni bis September.
Bei schlechter Sicht ist im weglosen Gelände ein guter Orientierungssinn nötig, dann Kompaß und Höhenmesser mitnehmen!
Gute Kondition ist erforderlich.

Auch der Piz Alv ist ein »Bernina-Randberg« und als solcher erlaubt er einen nahezu idealen Überblick über dieses beeindruckende Gebirge, angefangen vom Piz Misaun, über den Piz Morteratsch, den Piz Bernina, den Piz Palü, bis zum Piz Cambrena. Den Namen verdankt der Berg seinem Aussehen. »Alv« heißt zu deutsch »weiß«. Helle Karbonatgesteine, für die Berninaberge ja nicht gerade typisch, sind für seine herausragende Erscheinung verantwortlich, und so fällt der weiße Klotz natürlich auf.
Das Gebiet um den Berninapaß gehört zu den interessantesten Teilen der Zentralalpen. Faszinierend sind nicht nur die unvergeßlichen landschaftlichen Schönheiten des Oberengadiner Hochgebirges, auf Schritt und Tritt stoßen wir auch auf geologische Besonderheiten. Sie zeigen den komplizierten Aufbau des Alpenkörpers auf. In der Bernina wird besonders deutlich, daß große Teile der Zentralalpen aus unterschiedlichen Gesteinskomplexen zusammengesetzt sind, die oft wie Decken übereinanderliegen. Sie bestehen hauptsächlich aus kristallinen Gesteinen wie Schiefern, Gneisen, aber auch Quarzporphyren und Diabasen. Sie können mehrere tausend Meter mächtig werden. Dünne Lagen von Sedimentgesteinen des Erdmittelalters liegen zwischen den einzelnen Gesteinsdecken und grenzen sie voneinander ab.
Eine dieser Sedimentserien, die tief in die kristallinen Gesteinskörper der sogenannte Berninadecke eingefaltet wurde, baut den Piz Alv auf. Schon von weitem springen die hellen Dolomitgesteine der Trias und die rötlichen Liasbrekzien ins Auge. Diese Brekzien sind wieder zusammengebackene Trümmergesteine, die in der Liaszeit (vor ca. 200 Millionen Jahren) entstanden sind. Sie heben sich deutlich von ihrer dunklen Unterlage, der Berninadecke, ab.
Das Massiv des Piz Alv besteht im großen und ganzen aus zwei verschiedenen Serien von Sedimentgesteinen. Die untere Abfolge aus Quarziten, Kalk- und Dolomitgesteinen sowie Brekzien (sog. Alv-Brekzie) liegt auf ihrer steilgestellten kristallinen Unterlage, die oberhalb der Hütten der Alp Bernina aufgeschlossen ist. Den Westfuß des Berges bilden ein mächtiger Klotz aus Hauptdolomit und Brekzien mit einem darübergeschobenen Keil aus Liasschiefern.
Die obere Serie setzt sich nahezu aus den gleichen Gesteinen zusammen wie die untere, jedoch liegt die gesamte Abfolge altersmäßig auf dem Kopf, das heißt, das jüngste Schichtglied unten, das älteste oben.
Die Gipfelpartie des Piz Alv schließlich bilden die weithin sichtbaren, hellen Partien von Raibler Dolomit und Hauptdolomit. Aber nicht nur die leuchtenden Farben der ehemals im Meer abgelagerten Gesteine sind es, die dem aufmerksamen Wanderer sofort auffallen. Vor allem in den bunten Liasbrekzien treten recht häufig Versteinerungen in Form von Belemniten und Korallen auf. Wer die Augen offenhält, wird leicht das eine oder andere Stück finden.
Dieser Gipfel ist also eine recht augenfällige Erscheinung, vor allem, wenn man ihn vom Berninapaß aus betrachtet. Um so erstaunlicher ist es, daß er nur wenig bestiegen wird, obwohl die Rundwanderung dort hinauf und wieder hinunter für jeden engagierten Wanderer leicht zu schaffen ist. Nur etwas höhengewöhnt sollte man sein und sich in weg-

losem Gelände zurechtfinden können, denn der Piz Alv verfehlt das Prädikat »Dreitausender« nur um 25 Meter und längere Abschnitte der Routen führen durch wegloses Gelände.

Routenverlauf

Talort: Pontresina, 1805 Meter.
Ausgangspunkt: Curtinatsch, 2105 Meter. Die Route beginnt genau bei der Talstation der Lagalb-Seilbahn.
Aufstieg: Zunächst einmal gehen wir nach Osten in das Val Minor hinein. Das Tal ist sehr breit und ein guter Weg bringt uns aufwärts. Noch bevor wir das Val Verd erreichen, von wo ein kleiner Bach herabfließt, halten wir uns links. Wenn er auch nicht besonders gekennzeichnet ist, so läßt sich der kleine Steig auf der linken Talseite doch deutlich erkennen. Wir folgen ihm und queren den Bach. Der Aufstieg wird ein wenig anspruchsvoller, denn die Trittspur bringt uns über steile, steinige Wiesen hinauf, bis die Hangneigung in der Hochebene »Plaun Verd« deutlich abnimmt. Schon wird der Aufstieg wieder einfacher. Wir wandern bequem nach Norden zur Fourc'l Alv, 2752 Meter, die wir oberhalb einer breiten Schuttrinne erreichen. Dort ist der tiefste Einschnitt zwischen Piz Minor und Piz Alv. In der breiten Einsenkung schwenken wir nach links. Die letzten Wegspuren verlieren sich nun endgültig. Wir bleiben auf dem breiten Höhenrücken und gehen in einem weiten Bogen gegen Südwesten. Einige Steinmänner weisen in dieser tristen »alpinen Mondlandschaft« in etwa die Route durch den hellen, fast vegetationslosen Schutt. Die richtige Strecke ist ohnehin kaum zu verfehlen und auf ein paar Meter Genauigkeit kommt es dort nicht an. Nach knapp 3 Stunden treffen

Der Gipfelanstieg zum Piz Alv führt über eine nahezu vegetationslose, eigentümlich anmutende Berglandschaft.

wir am Gipfel ein und haben ein spektakuläres Panorama auf die Berninaberge vor uns.
Abstieg: Vom Gipfel bis in die Fourc'l Alv folgen wir dem Verlauf der Aufstiegsroute. Für den weiteren Abstieg brauchen wir aber doch etwas Gespür für die beste Routenfindung und ein wenig Orientierungsgabe. Bei guter Sicht wird es allerdings kaum Probleme geben, denn das Gelände ist zwar weglos, aber sehr übersichtlich gegliedert. In der Fourc'l Alv biegen wir links ab und stoßen zu zwei schönen, kleinen Seen, die auf 2728 Meter Höhe liegen. Dort ist der ideale Rastplatz.
Von den Seeaugen steigen wir nach Nordosten ab und kommen in ein kleines, mit Schutt und Geröll gefülltes Tal. Dort ist das Gelände etwas unangenehm zu begehen und gelegentlich auch steil. Nördlich des Piz Minor steigen wir auf den markanten Muot Arduond zu und nach links in das tiefe Val da Fain hinab, das wir bei der Brücke unter der Alp la Stretta, 2427 Meter, erreichen. Wir folgen dem Fahrweg in leichtem Gefälle nach Südwesten durch das »Heutal« (Val da Fain). An der Stelle, wo der Weg nach rechts zur Forcula Pischa abzweigt, verlassen wir die Straße nach links und gehen über steiles Wiesengelände abwärts. Auf einer Brücke queren wir den Bach »Ova da la Val da Fain« und erreichen die Alp Bernina, 2117 Meter. Von den Almgebäuden führt uns eine Trittspur zur Berninapaßstraße hinunter. Das letzte Stück des Abstiegs gehen wir am Rand der stark befahrenen Paßstraße nach Südosten bis Curtinatsch.
Höhenunterschied: 875 Meter.
Gesamtgehzeit: 4½ Stunden.
Hinweis: Wer Lust hat, kann bei guter Sicht von der Fuorc'l Alv noch den Piz Minor, 3049 Meter, besteigen. Der Anstieg dort hinüber führt im wesentlichen auf dem Schuttrücken, ist nicht bezeichnet, stellenweise sehr steil, aber unschwierig. Es werden Firnhänge betreten. Man sollte deshalb Steigeisen oder Grödl dabei haben. Ab Fourc'l Alv etwa 1½ Stunden.
Karte: Wanderkarte Oberengadin, Maßstab 1:60000, Verlag Kümmerly + Frey, oder Landeskarte der Schweiz, Maßstab 1:50000, Blatt 5013 Oberengadin.
Kartenskizze siehe Seite 104.

28 Piz la Stretta, 2854 Meter, Piz Sagliaint, 2945 Meter, und Piz Tschüffer, 2916 Meter

Gipfelsammlung über dem Val da Fain

Tagestour.
Günstig von Juli bis Oktober.
Anspruchsvolle Wanderung z.T. auf markierten Wegen, weite Strecken in weglosem, aber übersichtlichem Berggelände.

Oberhalb des Val da Fain, das sich von Bernina-Suot nach Nordosten hinaufzieht und durch das der Bach »Ova da la Val da Fain« läuft, gibt es eine ganze Reihe von lohnenden Gipfelzielen. Auf der Südseite des weiten Tals sind dies Piz Alv und Piz Minor, auf der Nordseite Piz Albris, Piz dal Fain, Piz Tschüffer, Piz Sagliaint und Piz la Stretta. Bei der vorgeschlagenen Wanderung werden wir gleich einige davon besteigen. Trotzdem zählt diese Tour zu den »milderen« in diesem Gebiet, stellt jedoch an die Kondition einige Anforderungen. Vor allem der wunderbare Berninablick, aber auch die Übersicht über die Route auf den Piz Albris und den Abstiegsverlauf vom Piz Alv machen die Bergfahrt interessant und lohnend. Das erste Ziel dieser Tour, der Piz la Stretta, der sich nur unbedeutend über den Kammverlauf nördlich des Val da Fain erhebt, ist auf beiden Seiten von höheren Bergen umgeben. Östlich davon ist dies der dunkel in den Himmel ragende und von Felsbändern und Firnfeldern durchzogene Schuttrücken des Munt Breva, 3104 Meter. Im Westen des Piz la Stretta erhebt sich als zackiger, wild aufragender Felsengipfel der Piz Chatscheders, 2986 Meter.
Interessant ist die lange Tour auch wegen der Steinböcke, die in diesem Teil der Bündner Alpen, der als »Wildasyl« ausgewiesen ist, von der Jagd verschont bleiben. Die Tiere haben sich deshalb, seit sie dort wieder ausgesetzt worden sind, prächtig entwickelt und

Knapp unter dem wenig auffälligen Piz la Stretta. Sein höchster Punkt liegt auf der weiten Fläche vor dem dunklen Munt Breva im Hintergrund.

wer von der Fuorcla Chamuera gegen Norden nach Davous Dieu hinunterschaut, kann mit etwas Glück die Steinböcke im weiten Schuttgelände gut beobachten.
Die Wanderung auf den Piz la Stretta und die weiteren Gipfel der Tour ist also wieder einmal eine Unternehmung, bei der man (auch wegen des bereits erwähnten Berninablicks) das Fernglas nicht vergessen sollte.

Routenverlauf

Talort: Pontresina, 1805 Meter.
Ausgangspunkt: Talstation der Seilbahn zur Diavolezza, 2085 Meter, Parkplatz, Haltepunkt der Rhätischen Bahn.
Aufstieg: An sich gäbe es einen Weg, der von der Station Diavolezza unmittelbar zur Alp Bernina in das Val da Fain hineinführt. Dieser Weg, quert den Bach »Ova da Bernina« und als wir in das Val da Fain hineingehen wollten, war die Brücke weg. Vielleicht wird sie wieder einmal aufgebaut. Vorsichtshalber bleibt also nichts anderes übrig, als neben der Straße etwas abzusteigen bis nach rechts der Fahrweg in das Val da Fain beginnt. Er führt über die wilde Bachschlucht auf einer (noch vorhandenen) Brücke hinweg und in mäßiger Steigung in das breite Tal hinauf.
Begleitet von den schrillen Pfiffen der Murmeltiere gehen wir am Sträßchen gemütlich das Tal hinauf, das sich in leichtem Bogen um den Piz Alv herum nach Osten wendet. Haben wir die Alp la Stretta, 2427 Meter, erreicht, zeigt eine Wegtafel die weitere Route an. »Fuorcla Chamuera« ist auf ihr zu lesen und sie deutet nach links den steilen Hang hinauf. Wir sollten sehr weit nach links ge-

hen, nämlich in nordwestlicher Richtung, und am markierten Wanderweg die steilen Grashänge unter dem Piz Chatscheders hinaufsteigen. Sehr leicht ist der Weg anfangs nicht zu finden. Man muß also schon genau hinschauen, damit man nicht auf einer falschen Trittspur zu weit in das Gelände »Pascul da la Stretta Dadains« kommt. Erst oberhalb dem auf der Landeskarte eingetragenen Punkt 2598 Meter, wo sich der Steig noch in einigen Kehren den Hang hinaufplagt, wendet sich der Pfad etwas nach rechts und führt gegen Nordosten über die grünen Hänge in das triste Schottergelände unter der Fuorcla Chamuera hinein. Im nassen, von Firnfeldern durchzogenen Schutt ist der ideale Standort für den Gletscherhahnenfuß, der dort einen weißen Teppich bildet. Der Weg führt in den breiten Sattel auf 2790 Meter.

Man könnte von dort in einer endlosen Talwanderung nach Norden über Davous Dieu, Plaun da Vachas, Acla Veglia und weiter bis Chamues-ch im Inntal hinausgehen. Wir aber wollen ja einige Gipfel besteigen.

Zum ersten, dem Piz la Stretta, sind es von der Fuorcla nur noch 64 Höhenmeter hinauf. Aus dem Sattel gehen wir also nach rechts und gegen Osten über den breiten Rücken in leichtem Auf und Ab, bis oberhalb eines Firn- bzw. Geröllfeldes nach 3 Stunden der Gipfel des Piz la Stretta erreicht wird.

Dort oben finden sich viele schöne Rastplätze, und weil der Aufstieg nicht allzu lang war, werden wir auch viel Zeit zum Schauen und Rasten finden. Wollen wir allerdings noch die weiteren Gipfel dieser Tour besteigen, sollten wir nicht zu lange verweilen, denn dann liegt noch eine weite Strecke vor uns.

Abstieg: Egal, für welches touristische Programm wir uns entscheiden, in die Fuorcla Chamuera müssen wir in jedem Fall wieder hinunter. Von dort können wir der Aufstiegsroute folgen und durch das Val da Fain zum Ausgangspunkt zurückgehen.

Allerdings bieten sich einige weitere Gipfel an, und wer noch fit ist, sollte sich diese nicht entgehen lassen.

Die anschließende Route führt von der Fuorcla Chamuera auf den Piz Chatscheders zu und zwar auf einer Geländerampe, die sich südlich unter diesem Gipfel hinzieht.

Auf ihrem höchsten Rücken kommen wir auf einen Gratausläufer hinauf, von dem wir durch Firn, oder bei fortgeschrittener Jahreszeit durch Geröll steil in eine Mulde hinunterkommen, durch die sich ein Band mit Blockwerk hindurchzieht. Über dieses steigen wir hinweg und über einen weiteren Boden auf eine leicht ansteigende Mulde zu. An ihrem oberen Rand sehen wir zu einem kristallklaren Bergsee hinab und darüber die hellen Felsen des Piz Tschüffer. Rechts davon erhebt sich der Piz Sagliaint. Zu diesen interessanten Gipfeln können wir relativ einfach hinübergehen. Wir halten uns in dem kleinen Sattel, von dem wir zum See hinabblicken, rechts und steigen über das Blockwerk und gelegentliche Firnfelder auf den Piz Sagliaint hinauf. Vom Piz la Stretta erreichen wir ihn in etwa 1½ Stunden. Dieser herrliche Aussichtspunkt bietet wunderschöne, windgeschützte Ruheplätze und wir sollten uns, auch wenn der Übergang nicht besonders beschwerlich war, nochmals eine Pause gönnen, denn es steht noch ein weiteres Ziel auf dem Programm. Es heißt »Piz Tschüffer« und ist 2916 Meter hoch.

Vom Piz Sagliaint ist der dritte Gipfel in nur 10 Minuten erreichbar. Wir steigen genau nach Süden hinab, wobei wir ein kurzes Stück einmal etwas unbequem über die Felsen kraxeln müssen. Damit ist auch schon das schwierigste Stück der ganzen Tour geschafft. Im Schotter wird der Sattel gequert und in ein paar Minuten sind wir auf dem Gipfel des Piz Tschüffer. Das Gestein hat gewechselt; unmittelbar unter dem Gipfel wurde es plötzlich kalkig und sehr hell.

Vom Piz Tschüffer führt der Abstieg gegen Westen in eine Mulde hinein. Es ist leichter, auf dem dunklen, kristallinen Gestein abzusteigen, als auf dem scharfkantigen Kalk. Am schönsten ist der Abstieg natürlich dann, wenn in der Mulde noch Firn liegt. Dann kann man in einer zünftigen Abfahrt zu dem kleinen See auf 2752 Meter hinunterrutschen, wenn man sicher auf den Beinen steht. Von diesem See, wo sich der Gletscherhahnenfuß herrlich ausbreitet, bringt uns die Route gegen Westen und in den Sattel zwischen Piz dal Fain und Piz Pischa. Dort, auf 2834 Meter, könnte man links abbiegen und in einer knappen halben Stunde

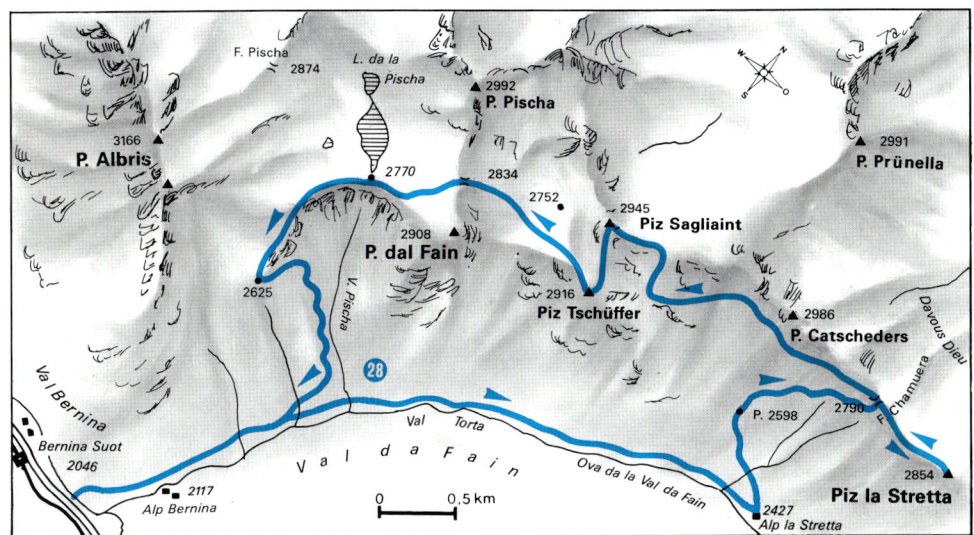

29 Piz dal Fain, 2908 Meter

Auf dem Heuberg

Kurze Tagestour.
Beste Jahreszeit: Juni bis Oktober.
Orientierungssinn ist erforderlich. Größtenteils weglos.
Schön mit Firngleitern im Frühsommer.
Wenn Schnee liegt, darf man nicht durch das Val Pischa aufsteigen.

Wer nicht unbedingt mit dem Auto die Ausgangspunkte seiner Touren erreichen will, ist im Engadin gut dran. Es gibt nämlich das bestens ausgebaute Eisenbahnnetz der Rhätischen Bahn. So führt auch über den Berninapaß eine Eisenbahnlinie mit mehreren Haltepunkten auf der Strecke. Allein schon die Reise mit dieser Bahn ist ein Erlebnis. In vielen Kehren windet sich der Zug von St. Moritz den Berninapaß hinauf und gibt nach jeder Kurve, jedem Tunnel neue, atemberaubende Blicke frei.

Doch bevor wir auf der Fahrt die eigentliche Bernina-Strecke erreichen, sollten wir ein paar Gedanken daran verlieren, auf welche abenteuerliche Weise diese Eisenbahnstrecke in den Jahren zwischen 1906 und 1910 entstanden ist.

noch den Piz dal Fain besteigen. Der Anstieg dort hinauf über Schotter wäre problemlos. Aber den Piz dal Fain haben wir uns als eigenes Ziel vorgenommen und können deshalb heute darauf verzichten, denn die Tour ist ohnehin schon lang genug. Vom Sattel steigen wir durch Blockwerk oder zu Saisonbeginn durch Firn leicht abwärts zum Lai da la Pischa, dessen südliches Ende wir auf 2770 Meter erreichen. Ein kleiner Bach läuft durch die Steine nach Süden hinab und stürzt sich hinter einer Geländekante in einem wilden Wasserfall in das Val Pischa hinein.

Unser Abstieg führt an der oberen Kante des Val Pischa über graues Schiefergestein hinweg und plagt sich wieder ein Stück bis etwa 2800 Meter hinauf. Von dort gehen wir in der gleichen Richtung, also gegen Südwesten, weiter und erreichen einen gut markierten Wanderweg. Er leitet neben den Südostabstürzen des Piz Albris in vielen Kehren in das Val da Fain hinab. Von dort gelangen wir zur Aufstiegsroute im Val Fain und zum Ausgangspunkt.

Höhenunterschied: Nur Piz la Stretta: 840 Meter, insgesamt rund 1300 Meter.
Gesamtgehzeit: Nur Piz la Stretta: 4½ bis 5 Stunden, insgesamt 8 bis 9 Stunden.
Karte: Wanderkarte Oberengadin, Maßstab 1:60000, Verlag Kümmerly + Frey, oder Landeskarte der Schweiz, Maßstab 1:50000, Blatt 5013 Oberengadin.

Ende Mai ist die beste Zeit für Firngleitertouren am Piz dal Fain. Beim Aufstieg durch das Val da Fain leuchten die verschneiten Berninaberge in der Sonne.

Rund 2500 zumeist italienische Arbeiter sind auf der Nord- und der Südseite der Strecke gleichzeitig ans Werk gegangen. Doch ihrem Arbeitseifer hat das Wetter immer wieder einen Strich durch die Rechnung gemacht. Die Eisenbahn erreicht schließlich die beachtliche Höhe von 2253 Meter. Oft ist während der Bauzeit sogar im Hochsommer Schnee gefallen. Wegen der schwierigen Verhältnisse auf dieser Höhe ist bei Sprengarbeiten das Dynamit mehrmals unkontrolliert explodiert und hat vier Menschen das Leben gekostet.

Neben den technischen Schwierigkeiten beim Bau sind auch Probleme mit der Unterkunft und der Versorgung der Arbeiter aufgetreten. Die vielen Arbeiter, die in beweglichen Holzbaracken untergebracht waren, mußten schließlich auch verpflegt werden. Mit Maultierkarawanen wurden zweimal am Tag Nahrungsmittel aus dem Puschlav heraufgebracht. Für heutige Verhältnisse ein unvorstellbares Unternehmen.

Allen Schwierigkeiten zum Trotz wurde die Bahn schon drei Jahre nachdem sie fertiggestellt war, auch im Winter betrieben. Der gewaltige Kampf mit dem Schnee hatte begonnen und er dauert bis heute an.

Wer mit der Berninabahn fährt, die im Jahr 1943 mit der Rhätischen Bahn vereinigt worden ist, merkt von diesen Schwierigkeiten nichts mehr. Er kann sich voll auf die landschaftliche Schönheit dieser einzigartigen Bahnfahrt konzentrieren.

Von St. Moritz kommend sieht man kurz in das Rosegtal und fährt durch schönen Bergwald nach Morteratsch. Ein hoher Wasserfall, die Aussichtsterrasse von Montebello, der atemberaubende Blick ins Morteratschtal

und zur Berninagruppe und schon sieht man in das Val da Fain gegenüber der Talstation der Diavolezzabahn hinein. Dort steigen wir aus, denn der Ausgangspunkt für die Tour ist erreicht.
Die Eisenbahn hat auf dieser Strecke viel Höhe überwunden und uns nahe zu den Gipfeln gebracht. Der Haltepunkt für die Tour auf den Piz dal Fain liegt über 2000 Meter. Von dort wird die Tour zu einem relativ kurzen Unternehmen, obwohl der Gipfel fast 3000 Meter hoch ist. Da bleibt viel Zeit zum Bummeln, Staunen und Faulenzen. Dafür eignet sich der Gipfel des Piz dal Fain ganz besonders, denn die Blicke zur Bernina hinüber, vor allem zu den drei strahlendweißen Gipfeln des Piz Palü, werden uns so begeistern, daß wir kaum zum Abstieg drängen. Zudem ist die Tour so unbekannt, daß sich nur selten ein Mensch dort hinauf verirrt, denn wer geht schon auf den »Heuberg«? Das ist die deutsche Bedeutung des Namens. Wir werden also mit größter Wahrscheinlichkeit allein sein. Dafür müssen wir in Kauf nehmen, daß es keinen markierten Weg gibt. Die beste Anstiegsroute müssen wir uns schon selbst austüfteln. Doch Schwierigkeiten werden wir im übersichtlichen Gelände bei guter Sicht sicher nicht bekommen und langweilig wird der Aufstieg auch nicht. Die munteren Munks (zu deutsch Murmeltiere), die herrliche Blütenpracht und die interessante Rundschau schon während des Aufstiegs sorgen allemal für Kurzweil.
Bleibt für wagemutige Bergfreunde noch ein besonderes Schmankerl zu erwähnen: Eine lange Lawinenrinne zieht sich in das Val da Fain hinab. Im Frühling, etwa bis Anfang Juni, wenn die großen Lawinen längst abgegangen sind, die Wiesen aper und von Pelzanemonen (Küchenschellen) übersät sind, dann ist diese Rinne noch voll Schnee. Die harte Lawine ist weich geworden, und da juckt es natürlich den Figl-Fan. Schwer sind die kurzen Flitzer ja nicht und für ein paar hundert Höhenmeter Abfahrt kann man sie schon einmal einen Tag lang spazierentragen. Zu spät im Jahr sollte man allerdings mit den Kurzskis auch nicht kommen. Dann ist die Schneedecke zu dünn und kann die Last eines Skifahrers nicht mehr tragen. Achtung! Darunter lauert der Bach...

Routenverlauf

Talort: Pontresina, 1805 Meter.
Ausgangspunkt: Talstation der Seilbahn auf die Diavolezza, 2085 Meter; Haltepunkt der Rhätischen Bahn.
Aufstieg: Wie auch auf der Route zum Piz Albris (Tour 30) queren wir den Bernina-Bach und wandern gegen Norden durchs Val da Fain. Der breite Weg führt an der Alpe Bernina, 2117 Meter, vorbei und über den Bach »Ova da la Val da Fain«. Etwa bei 2220 Meter kommt von links eine lange, steile Rinne herab. Wie gesagt, ist sie im Frühsommer mit Lawinenresten gefüllt. Neben dieser Rinne steigen wir weglos den steilen Grashang hinauf und versuchen möglichst geschickt auf die deutlich ausgeprägte Geländerippe auszuweichen. Auf ihr plagen wir uns mühsam nach Norden hinauf. Unter dem felsigen Ausläufer des Piz dal Fain, etwa bei 2500 Meter, flacht der Hang ein wenig ab. Ein Stück gehen wir über Schutt noch nach Norden weiter und kommen in den weiten Sattel zwischen dem Piz dal Fain und dem Piz Tschüffer. Oberhalb eines Sees gehen wir links und in die weite Senke zwischen Piz dal Fain und dem felsigen Piz Pischa. Das letzte Stück führt gegen Südosten über Schutt und Blockwerk zum Gipfel, den wir nach rund 3 Stunden erreichen.
Abstieg: Der Rückweg führt im wesentlichen entlang der Aufstiegsroute. Wer es sich zutraut und Firngleiter mitgenommen hat, fährt natürlich bei entsprechenden Verhältnissen in der Lawinenrinne ab. Dort kann's etwas verwegen hergehen, denn die Lawinenbahn ist stellenweise sehr steil und schmal. Vorsicht bei dünner Schneedecke wegen des am Grund fließenden Bachs!
Hinweis: Man kann alternativ zur beschriebenen Route auch durch das Val Pischa auf- oder absteigen. Der Streckenverlauf ist beim Abstieg vom Piz Albris (Tour 30) und Piz la Stretta (Tour 28) beschrieben.
Höhenunterschied: 823 Meter.
Gesamtgehzeit: 4 bis 5 Stunden.
Karte: Wanderkarte Oberengadin, Maßstab 1:60000, Verlag Kümmerly + Frey, oder Landeskarte der Schweiz, Maßstab 1:50000, Blatt 5013 Oberengadin.
Kartenskizze siehe Seite 117.

30 Piz Albris, 3166 Meter

Im Wildasyl am »Berg der Steinböcke«

Tagestour.
Beste Jahreszeit: August und September.
Am beschriebenen Aufstiegsweg zum einsamen Hauptgipfel sind absolute Trittsicherheit, Schwindelfreiheit und Erfahrung in Fels und Eis unerläßlich (II+). Steigeisen und Eispickel auf alle Fälle mitnehmen!
Einfacher ist die Abstiegsroute.

Es ist keine Neuigkeit, daß die stillen Berge am Rande großer Gebirgsgruppen, Gipfel deren Namen kaum jemand kennt, oft die schönsten Ausblicke zu den berühmten Bergzielen gewähren. Im Umkreis der Bernina gibt es viele dieser Aussichtswarten, die es alpinistisch durchaus in sich haben. So bietet auch der in der Languard-Gruppe gelegene Piz Albris eine hervorragende Schau auf die markanten Eisriesen der Bernina. Aber er hat noch eine weitere Attraktion parat.

Es sind die Steinböcke. Sie waren fast im gesamten Alpenraum ausgerottet. Die Schuld lag bei den Wilderern. Nur im Nationalpark am Gran Paradiso konnte dank der vom italienischen König Viktor Emmanuel verfügten Schutzmaßnahmen eine Kolonie Alpensteinböcke überleben. Von diesen Tieren wurden um 1920 am Piz Albris einige ausgesetzt, die sich prächtig eingelebt haben. So ist das Wappentier Graubündens wieder heimisch geworden. Die Steinböcke fühlen sich am Piz Albris wohl. Schließlich hatten sie jahrelang einen engagierten Natur- und Tierfreund zum Pfleger: Andreas Rauch aus Pontresina. Heute ist der Piz Albris dafür bekannt, daß er die größten Steinbockbestände der Schweiz beheimatet.

Das war der Grund für mich, diesem stolzen Dreitausender einen Besuch abzustatten. Natürlich hätte ich die bequeme Route wählen können, die über den einstigen Albrisgletscher von Norden her auf den Gipfel führt. Aber ich wollte ja Steinböcke zu Gesicht bekommen, und die, so glaubte ich damals, sind wesentlich leichter in stillen, unberühr-

ten Winkeln zu finden. Dies war ein Irrtum. Aber das hat sich erst nach der Tour herausgestellt. Alles was so kreucht und fleucht habe ich ausführlich und nah gesehen, nicht aber einen einzigen Steinbock.

Heute weiß ich, daß die Steinböcke in der besonnten, steilen Südflanke des Berges ihre Lieblingsplätze haben, was auch ihren Lebensgewohnheiten entspricht. Dort sind sie mit dem Fernglas am besten von Bernina-Suot aus zu beobachten. Vornehmlich im späten Winter, wenn die Hänge ausgeapert sind und den Böcken Nahrung bieten, kann man ihnen gut zuschauen.

Umsonst also habe ich mich zusammen mit meiner Frau die steile Nordwestrinne zum Hauptgipfel des Piz Albris hinaufgeplagt und hätte mich dabei mit den an den Rucksack geschnallten Skistöcken gleich mehrmals beinahe aus der Wand gehoben. Diese verwegene Route wird wenig begangen. Sie ist etwas für Individualisten, die in Fels und Eis erfahren sind. Und das auch nur bei besten Verhältnissen, denn die braucht man für diese Variante, und wenig Schnee. Also eine Tour für den Hoch- und Spätsommer. Zu schaffen hat uns vor allem das brüchige Gestein gemacht, in dem manchmal nur schwer ein Halt zu finden ist. Nun, ganz so erfolglos war diese Tour auch wieder nicht, denn schließlich vermittelt sie dem mutigen Bergwanderer schon ein wenig Abenteuer, vor allem für diejenigen, die solche etwas waghalsige Unternehmen nicht gewöhnt sind.

Leichter ist der Aufstieg zum südöstlichen Gipfel, den man erreicht, wenn man die beschriebene Abstiegsroute hinaufsteigt. Allerdings sollte man für diese Route die Steigeisen nicht zu Hause lassen.

Der dahinschmelzende Gletscherrest auf der Nordseite des Piz Albris zählt zwar nicht gerade zu den steilsten seiner Art, doch kann die kurze Überschreitung bei Vereisung zu einem wahren »Eiertanz« werden. Ein Seil braucht man für diesen Gletscherrest nicht, weil er bis auf ein paar winzige Überbleibsel abgeschmolzen ist. So sehr haben ihm viele heiße Sommer zugesetzt.

In einem solchen heißen Sommer, als vom Gletscher noch ordentliche Eisflächen vorhanden waren, sind wir, nachdem wir die schwierigsten Wegabschnitte geschafft hat-

Hinter den felsigen Erhebungen auf dem Bild verbergen sich die beiden Gipfel des Piz Albris.

ten und der Gipfelsieg bereits errungen war, friedlich am unteren Gletscherrand gesessen und haben den Herrgott einen guten Mann sein lassen. So richtig gemütlich war's dort in den Felsen oberhalb der Forcula Pischa. Ein wenig haben wir wohl schon geschlafen, als urplötzlich ein lauter Knall und schrilles Zischen uns jäh den Träumen entrissen haben. Wie ein naher Gewitterdonner hat sich das angehört. Aber es herrschte strahlender Sonnenschein und kein Wölkchen war am Himmel zu sehen. Wir haben sehr schnell die Erklärung für dieses Phänomen gefunden: Das spärliche Gletschereis ist, wie sich gezeigt hat, fast über die ganze Breite gerissen. Ein wohl seltenes aber sehr beeindruckendes Erlebnis der Spaltenbildung.

Routenverlauf

Talort: Pontresina, 1805 Meter, Bahnstation.
Ausgangspunkt: Parkplatz an der Berninapaßstraße bei den Bernina-Häusern (Bernina-Suot), 2046 Meter, oder an der Talstation der Diavolezza-Seilbahn, 2085 Meter.
Aufstieg: Zunächst müssen wir neben der Paßstraße zum Eingang in das Val da Fain gehen, weil der dortige Parkplatz gesperrt worden ist. Dort beginnt hinter der weiten Wiese ein breiter, viel begangener Wanderweg. Er führt auf einer Brücke, über den wilden Bernina-Bach und gegen Nordosten in das breite »Val da Fain« hinein. Wenn am Morgen die Sonne schon die weiten Matten erreicht, halten sich dort unzählige Murmeltiere auf, die mit ihren schrillen Alarm-Pfiffen die Artgenossen vor den herannahenden Wanderern warnen. Trotzdem haben sich diese munteren Gesellen längst an den Touristenrummel gewöhnt. Sie lassen den Menschen ziemlich nahe herankommen, ehe sie im Bau verschwinden. Wenn sie possierlich »Männchen machen« oder die Jungen verspielt herumhopsen, ist es entzückend, ihnen zuzuschauen.

Der gute Weg führt an der Alpe Bernina vorbei und im langen Talboden nach Norden weiter. Auf der Höhe von 2170 Meter, wenn wir etwa ½ Stunde gegangen sind, biegt vom breiten Weg nach links ein markierter Steig ab. Er führt über Weidewiesen, in denen sich immer noch die Murmeltiere tummeln, und

Tour 30 **117**

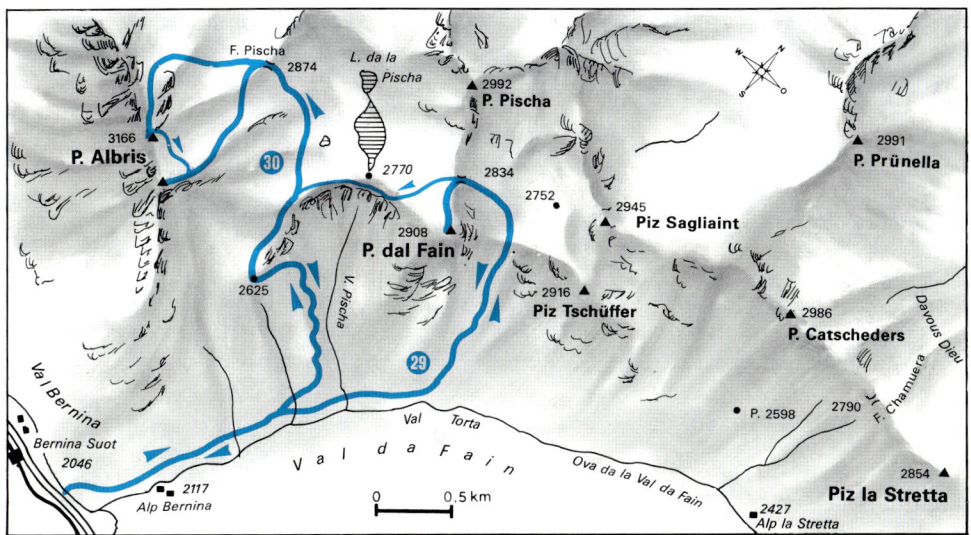

zieht sich südwestlich des Pischa-Bachs zu einer breiten Geländerippe hinauf. Über diese müssen wir in ziemlich starker Steigung aufsteigen, bis die Route kurz vor einem dunklen, markanten Felsen nach Süden abknickt. Der Pfad führt um das Felsenhindernis herum und wendet sich nach Norden. Dann wird der Anstieg flacher und wir erreichen einen breiten Sattel. Das folgende Wegstück ist fast eben. Es bringt uns, am Rande von Firnfeldern, fast in die Fuorcula Pischa, 2874 Meter. Dort endet für uns die markierte Aufstiegsroute.

Wir verlassen den markierten Weg nach links. Etwas unbequem, aber immer noch sehr flach, gehen wir über grobes Blockwerk nach Südwesten in Richtung Paun da Zücher weiter. Von links ragt ein dunkler, steiler Felssporn herein. An ihm gehen wir noch vorbei und halten uns etwas oberhalb eines Schmelzwasser-Sees, bei einem weiten Schneefeld, links, gegen Süden. Eine steile, vergletscherte Rinne zieht sich auf dieser Seite vom Piz Albris herab. Jetzt kommt es auf die Verhältnisse an. Ist der Firn gut und kann man darin einwandfrei »stapfen«, ist es vielleicht einfacher, auf dem Schnee (evtl. mit

Pickel und Steigeisen) aufzusteigen. Aber die Rinne ist schon sehr steil und erfordert einen im Eis erfahrenen Alpinisten. Bei weniger guten Verhältnissen, wenn das Eis blank ist, steigt man links neben der Rinne auf. Aber auch das ist nicht einfach, denn anfangs muß man über sehr loses Geröll hinauf und weiter oben kommt man in steilen, sehr brüchigen Fels hinein. Also aufpassen. Ein Spaziergang ist das nicht mehr!

Wenn der Berg endlich wieder flacher wird, biegen wir aus der Steilflanke links heraus und erreichen die Höhe des Felsensporns. Der Gipfelsieg ist nun sicher, weit ist es nämlich nicht mehr hinauf. Über schrofiges Gelände erreichen wir gegen Südosten – ziemlich leicht – nach etwa 4 Stunden den höchsten Punkt. Dort sollten wir lange rasten, denn die Schau in die benachbarte Bernina kann kaum schöner sein als von dort oben.

Was uns an alpinistischen Herausforderungen beim Abstieg erwartet, ist, gemessen an den auf dieser Tour bisher vollbrachten Leistungen, nicht mehr schwierig. Also können wir uns beruhigt am stillen Gipfel zu einer langen Pause niederlassen.

Abstieg: Das erste Stück des Rückwegs verläuft auf der Aufstiegsroute. Erst unter einem kleinen Firnfeld halten wir uns rechts und steigen gegen Osten auf das, was vom Vadret Albris noch da ist. Wir queren die Reste des Gletschers, erforderlichenfalls wieder mit

Aus dem Val Languard zeigt sich die imposante, steile Nordwestseite des Piz Albris, über die die beschriebene Aufstiegsroute führt.

Steigeisen und Pickel, und kommen in Schrofengelände hinein. Durch die Felsen erreichen wir einen Pfad, der über den Nordgrat geradewegs zum Kreuz am Südostgipfel hinaufweist. Wieder ist eine gemütliche Rast angesagt. Erst dann machen wir uns zum endgültigen Abstieg bereit.
Durch das Geröll am Nordgrat des Piz Albris folgen wir der deutlichen Trittspur, bis diese links abbiegt und über Firn und Geröll zur Forcula Pischa hinunterführt. Dort stoßen wir wieder zu unserer Aufstiegsroute, der wir zurück ins Berninatal folgen.
Gesamtgehzeit: Etwa 7 Stunden.
Höhenunterschied: 1116 Meter.
Karte: Wanderkarte Oberengadin, Maßstab 1:60000, Verlag Kümmerly + Frey, oder Landeskarte der Schweiz, Maßstab 1:50000, Blatt 5013 Oberengadin.

31 Piz Languard, 3262 Meter

Am »Berg der Morgenröte«

Tagestour (mit Übernachtung auf der Georgy's Hütte auch als Zweitagetour möglich).
Beste Jahreszeit: Juli bis September.
Trittsicherheit und gute Kondition sind erforderlich.

Berühmt ist der Piz Languard für seinen eindrucksvollen Sonnenaufgang, der angeblich nirgends schöner ist als auf diesem Gipfel. Heute braucht man nicht mehr um Mitternacht aufzubrechen, damit man bei Tagesbeginn am Gipfel ist, wie dies zu Zeiten unserer Väter noch üblich war. Knapp unter dem Gipfel, auf 3189 Meter, steht nämlich die Georgy's Hütte. Dort besteht Übernachtungsmöglichkeit, und zum Sonnenaufgang ist es nur noch eine knappe halbe Stunde bis zum Gipfel.
Der Piz Languard, der einer ganzen Berggruppe seinen Namen gegeben hat, ist der höchste Gipfel in der Kette zwischen Piz Albris und Piz Muragl, die sich entlang dem Val Bernina hinzieht. Er ragt wie ein dunkler Felsenzahn in den Himmel, kann aber kaum als besonders formvollendet bezeichnet werden. Trotzdem pilgern an schönen Wandertagen Bergsteigerkarawanen auf diesen Modeberg. Der Grund mag in der schönen Berninaschau und in der Möglichkeit liegen, die Tour um 400 Höhenmeter durch Seilbahnunterstützung zu verkürzen. Man kann also mit einigermaßen bescheidenem Aufwand einen stolzen Dreitausender besteigen. Allerdings sieht man, daß viele nahe der 2800-Meter-Marke, wo der Anstieg so richtig steil und die Luft allmählich dünn wird, ordentlich mit der dünnen Luft zu kämpfen haben. Und immer wieder sind einige darunter, die den Gipfel nicht schaffen, weil sie sich eben doch mit dem Piz Languard zuviel zumuten.
Wer die Steinböcke beobachten will, die es am Languard recht zahlreich gibt, der muß schon vor der ersten Seilbahn unterwegs sein, denn wenn die Massen kommen, dann suchen die Tiere das Weite. Also früh aufbrechen und ein Fernglas mitnehmen!
Die Route läßt sich in drei charakteristische Abschnitte einteilen. Zunächst geht man durch schönen Arvenwald (oder fährt mit der Seilbahn), dann zieht sich eine lange, etwas monotone Hangquerung oberhalb des Val Languard hin und zum Schluß folgt der steile, lange und kräftezehrende Gipfelaufstieg im Felsenbereich.

Routenverlauf

Talort: Pontresina, 1805 Meter.
Ausgangspunkt: Parkplatz am Friedhof bei der alten Kirche Santa Maria in Carlihof, rund 1850 Meter.
Aufstieg: Kurz unterhalb der Kirche Santa Maria gibt es einen kleinen Parkplatz, von dem man ein paar Meter bis zur Kirche hinaufgeht. Die Aufstiegsroute, die sich von der Kirche nach Nordosten, später Osten, in vielen Kehren hinaufwindet, ist stark steinschlaggefährdet und deshalb gesperrt. Der Sicherheit halber gehen wir bei der Kirche also rechts auf dem markierten Wanderweg. Er bringt uns an der Ruine einer alten Burg vor-

Der schönste Blick zum Piz Languard ist aus dem Val Languard zu genießen. Rechts unter dem Gipfel ist als dunkler Fleck die kleine Georgy's Hütte erkennbar.

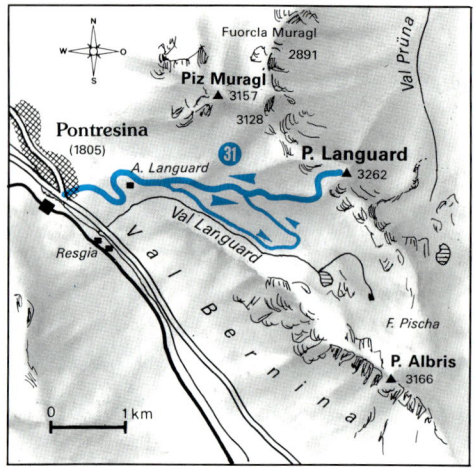

bei, führt in dichten Wald hinein und weit gegen Südosten. Immer wieder lassen sich ein paar Blicke auf die beeindruckenden Nobel-Hotelbauten Pontresinas erhaschen. Auf diesem Luxuswanderweg begleiten uns Ruhebänke (und Eichhörnchen). Bei der Raststelle, wo es eine klare Quelle gibt, biegen wir scharf links ab. Der Weg führt nun weiter durch den Wald, gegen Nordosten, und wendet sich kurz vor dem Bach, den man deutlich aus einem kühlen Grund rauschen hört, wieder gegen Südosten und verläßt auf der Höhe von 2180 Meter den Wald. In den Weiden der Alp Languard schwenkt der Weg nach Norden und führt an der Wirtschaft im Alpgebäude vorbei zur Bergstation der Seilbahn, 2320 Meter. Wer sich die erste Stunde des Aufstiegs hierher ersparen will, kann auch mit der Seilbahn zur Alp Languard heraufffahren.

Von der Bergstation der Seilbahn leitet der Wanderweg genau nach Osten weiter. Er quert die Hänge oberhalb des Val Languard in gleichmäßiger Steigung. Ziemlich eintönig führt das Weglein dahin, passiert einige Bachläufe, an denen man sich, wenn die Morgensonne gar zu sehr wärmt, angenehm erfrischen kann. An allen Wegverzweigungen finden sich deutliche Tafeln, auf denen die verbleibende Anstiegszeit angegeben ist. Der gute Pfad leitet etwas an die steilen Felsen des Piz Languard heran und verzweigt sich zum letzten Mal auf der Höhe von 2900 Meter. Dort halten wir uns links, gegen Nor-

den, und gehen auf dem Steig durch das steile Felsengelände bergwärts. Nun heißt es, mit den Kräften haushalten, denn der Aufstieg ist nun doch ziemlich mühsam, und wer die Höhe nicht gewöhnt ist, sollte lieber etwas langsam aufsteigen.

Von der bewirtschafteten Georgy's Hütte, die sich an die steilen Gipfelfelsen schmiegt, ist es noch eine knappe halbe Stunde zum Gipfel hinauf. Bei diesem Gipfelaufstieg, der stellenweise sehr eng ist, kann es bei starkem Andrang schon einmal zu Stauungen unter den vielen Bergsteigern kommen. Nach insgesamt 3½ bis 4 Stunden Gehzeit (bzw. 1 Stunde weniger mit Seilbahnunterstützung) wird der Gipfel erreicht.

Haben wir auf dem luftigen Gipfel, neben dem eigentümlichen Stahlbauwerk einen Rastplatz gefunden und uns ordentlich ausgeruht, können wir an den Abstieg denken.

Abstieg: Zur Wegverzweigung auf 2900 Meter gehen wir in jedem Fall der Aufstiegsroute entlang zurück. Wir können dort links abzweigen und unter dem Languardkamm (Crasta Languard) relativ eben zur Forcula Pischa gehen. Unter dem Piz Albris führt diese beliebte Variante in das Val da Fain und zu den Bernina-Häusern bzw. zur Talstation der Diavolezza-Bahn hinab. Mit der Rhätischen Bahn kann man dann nach Pontresina zurückfahren.

Schön ist aber auch der Abstieg durch das Val Languard entlang dem Bach »Ovel da Languard« über grüne Weiden zur Bergstation der Seilbahn. Es gibt auch die Variante die aus dem Val Languard zur Chamanna Paradis rund 40 Höhenmeter wieder hinaufführt. In der Chamanna Paradis kann man nochmals gut einkehren und dann auf dem Höhenrücken mit dem schönen Namen »Paradis« zur Alp Languard hinausgehen. Ab der Alp Languard fahren wir dann entweder mit der Seilbahn nach Pontresina zurück oder wir gehen auch jetzt wieder zu Fuß am Aufstiegsweg nach Carlihof hinaus.

Höhenunterschied: Rund 1400 Meter.
Gesamtgehzeit: Rund 7 Stunden (mit Abstieg ins Val Bernina rund 9 Stunden).
Karte: Wanderkarte Oberengadin, Maßstab 1:60000, Verlag Kümmerly + Frey, oder Landeskarte der Schweiz, Maßstab 1:50000, Blatt 5013 Oberengadin.

Auf dem Ostgipfel des Piz Palü. Deutlich sieht man die gefährlichen Wächten neben der Aufstiegsspur.

32 Piz Palü, 3905 Meter

Bernina-Dreigestirn

*Anspruchsvolle, hochalpine Tour.
Beste Jahreszeit: Juli bis Anfang September.
Hochtourenerfahrung ist notwendig. Volle Gletscherausrüstung (Seil, Steigeisen, Eispickel, Eisschrauben) ist erforderlich. Erhebliche Spaltengefahr!*

Palü heißt »Sumpf«. Was der Piz Palü mit einem Sumpf zu tun hat ist, ungeklärt und so auch die Frage, wie er zu seinem Namen gekommen ist. Vielleicht hat die Alp Palü, am Fuße des Berges, Pate gestanden. Erwiesen ist das nicht.
Oft wird der Piz Palü als schönster Gletscherberg der Alpen gerühmt. Da gibt es gar keine Zweifel, dieses Prädikat hat er verdient, denn kaum eine Berggestalt zeigt sich mit einer derartigen Wohlgestalt wie der Palü von der Nordseite. Mit seinen drei Gipfeln, 3882, 3905 und 3823 Meter, beherrscht er neben dem Piz Bernina die Berninagruppe. Walther Flaig hat die Berninagruppe »Festsaal der Alpen« genannt. Und in diesem Festsaal nimmt der Piz Palü einen Ehrenplatz ein. Alpinistisch zählt er zwar sicher nicht zu den schwierigsten Gipfeln der Bernina, auch ist er nicht der höchste in dieser Alpengruppe. Aber von ihm geht ein geheimnisvolles Flair aus, eine Stimmung, die schon Louis Trenker dazu bewogen hat, dort (1929) den Film »Die weiße Hölle vom Piz Palü« zu drehen.
Man muß ihn aus der Nähe sehen, die Blicke über seine Pfeiler auf die drei eis- und firngekrönten Gipfelhäupter hinaufwandern lassen, seinen zerrissenen Gletscher studieren, um sich einen Eindruck von diesem Berg zu

machen. Der schönste Platz dazu ist an der Diavolezza.
Ich hatte das Glück, dort einen Sonnenuntergang zu erleben, der den Piz Palü in eine Farbenpracht getaucht hat, die von Minute zu Minute gewechselt hat, vom zarten Rosa und Orange bis ins tiefe Violett. Wer so ein Lichtschauspiel erleben kann, der wird unweigerlich ins Schwärmen kommen. Trotz der Wildheit der bizarren Eisabbrüche, der scharfen Grate und der zerrissenen Gletscher bietet sich dem Betrachter ein Bild von eindrucksvoller Harmonie, eine Schau, die Respekt vor der erhabenen Schönheit der Berge fordert. Bei diesem Anblick wird dem Bergsteiger unweigerlich bewußt, daß er sich in dieser Aura nur als Gast bewegt, als kleiner Teil der Schöpfung, die eine Großartigkeit hervorgebracht hat, wie sie der Mensch nie zu schaffen vermag.
Die Hochtour auf den Palü wird oft durchgeführt und leider auch oft unterschätzt. Sie ist ein ernstes alpines Unternehmen, das absolut sichere Wetterverhältnisse, Erfahrung im Eis und beste Kondition voraussetzt. Keinesfalls darf sie bei schlechter Sicht durchgeführt werden. Wegen der großen Spaltengefahr auf dem Vadret Pers muß man auf jeden Fall am Seil gehen. Für den Gipfelanstieg kann man nicht auf Steigeisen verzichten. Wenn bei geringer Schneelage die Verhältnisse ungünstig sind, ist die Querung der großen Querspalte am oberen Eisbruch mitunter sehr heikel. Dann muß man eventuell sogar die Eisschrauben einsetzen, um überhaupt weiterzukommen. Ganz besondere Vorsicht ist bei Überwächtung auf den Gipfelgraten geboten.

Von der Diavolezza hat man den schönsten Überblick über den Piz Palü. Das Bild ist im Frühsommer entstanden, weshalb der Persgletscher noch tief verschneit ist.

Routenverlauf

Talort: Pontresina, 1805 Meter.
Ausgangspunkt: Talstation der Seilbahn zur Diavolezza, 2085 Meter, Haltepunkt der Rhätischen Bahn.
Stützpunkt: Bergrestaurant »Diavolezza«, 2973 Meter, Zimmer und Touristenlager (Tel. Pontresina 66 205).
Aufstieg: Wir fahren mit der Seilbahn oder gehen in 2½ Stunden zu Fuß zur Diavolezza. Von dort steigen wir am frühen Morgen die steilen, felsdurchsetzten Hänge rund 200

Höhenmeter zum Vadret Pers ab. Nach dem Anseilen betreten wir den flachen Gletscher, gehen fast eben nach Süden dahin und an einem markanten Felsgebilde (Punkt 2863 Meter) vorbei. Meist findet sich eine gute Spur, die in weitem Bogen auf die nordwestlichen Gratausläufer des Piz Cambrena zuführt. Der Gletscher wird steiler und schon bald finden wir uns neben einem gigantischen Eislaby-

rinth. Wir haben den unteren Eisbruch des Vadret Pers erreicht. Normalerweise wird dieser Eisbruch links (östlich) umgangen. Am besten halten wir uns an die vorgegebene Spur, die Schweizer Bergführer ausfindig gemacht haben und ohne die wir nicht weiterfinden würden. Vorsichtig steigen wir, gewissenhaft nach Spalten stochernd, durch das von Rissen durchzogene Gelände, vorbei an beeindruckenden Eistürmen, ehe wir wieder flachere, aber immer noch stark spaltengefährdete Gletscherhänge erreichen. Die Spur führt durch die östliche Gletschermulde und wird wieder steiler, bis sie in den oberen Eisbruch weist. Kirchturmhohe Eiswände erstrahlen in Farben, die je nach den Lichtverhältnissen von Grau bis strahlend Blau wechseln können, atmen Großartigkeit, gebieten Ehrfurcht. Auch hier müssen wir sehr sorgfältig auf Gletscherspalten achten, vor allem bei der riesigen Querspalte. Haben wir den oberen Eisbruch überwunden, weist die Route in weitem Bogen nach links zum Fuß des Gipfelgrats, 3731 Meter. Dort beginnt der »Gipfelsturm«. Das letzte Stück steigen wir am Rücken, der es auf stolze 35 Grad Hangneigung bringt und sich nach oben zusammenschnürt, ziemlich luftig zum Ostgipfel hinauf, den wir (ab Diavolezza) in rund 4½ Stunden erreichen. Bei sicheren Verhältnissen, wenn die Wächten nicht zu gefährlich sind, können wir in etwa 20 Minuten am scharfen Verbindungsgrat zum Hauptgipfel hinüberqueren.

Abstieg: Bis zum Gletscherboden unter der Diavolezza folgen wir der Aufstiegsspur. Von dort können wir über den Vadret Pers zum Morteratsch-Gletscher und nach Morteratsch hinausgehen. Zum Ausgangspunkt müßten wir dann mit der Rhätischen Bahn zurückfahren. Bequemer ist es allerdings, wieder zur Diavolezza aufzusteigen und von dort auf einem Weg zur Talstation abzusteigen oder mit der Seilbahn ins Berninatal zurückgondeln.

Höhenunterschied: Ab Berninapaßstraße 2020 Meter, ab Diavolezza 1130 Meter.

Gesamtgehzeit: Ab Berninapaß 11 bis 12 Stunden, ab Diavolezza 7 Stunden.

Karte: Landeskarte der Schweiz, Maßstab 1:50000, Blatt 5013 Oberengadin.

33 Munt Pers, 3207 Meter

Bernina-Aussichtskanzel über dem Vadret Pers

Tagestour.
Beste Jahreszeit: Juli bis September.
Unschwierig, es gibt eine deutlich markierte Route.

»Munt Pers« bedeutet »Verlorener Berg«. Er steht ja auch ziemlich verloren am Rande der Eisarena der Berninagruppe da. Damit es zu dem »Verlorenen Berg« ein Gegenstück gibt, haben Alpinisten scherzweise gleich nebenan einen »Piz Trovat«, die »Wiedergefundene Spitze« kreiert.

Für einen stolzen Dreitausender ist der Munt Pers eigentlich viel zu leicht zu erreichen. Wer sich die Diavolezza-Seilbahn zu Hilfe nimmt, kann nach einer Stunde bequem, ohne sich besonders plagen zu müssen, am Gipfel stehen. Diese Möglichkeit wird auch sehr oft in Anspruch genommen, und an schönen Tagen geht es dort oben zu wie auf einem Jahrmarkt. Es ist ja auch verständlich, denn der Munt Pers, der der Berninagruppe nördlich vorgelagert ist, ist die Aussichtswarte in den »Festsaal der Alpen« schlechthin.

Leider gibt es am Munt Pers, wegen der Seilbahn, auch viele »Pseudo-Bergsteiger«, die glauben, ihre Bergverbundenheit durch lautes Schreien dokumentieren zu müssen. Schade ist's um den Berg.

Mit so einer traumhaften Hochgebirgslandschaft läßt sich viel Geld verdienen. Vor allem die wenigen, die es sich leisten können, ein Flugzeug zu mieten oder einen Heli-Flug zu buchen, schwirren dann wie die Wespen um die Berninaberge herum. Deshalb ist der enge Luftraum auch manchmal ziemlich überfüllt.

Was an ruhigen Wegstrecken bleibt, und das sollten wir in jedem Fall ausnutzen, ist der Aufstieg am frühen Morgen vom Bernina-Tal zur Diavolezza hinauf, der im wesentlichen

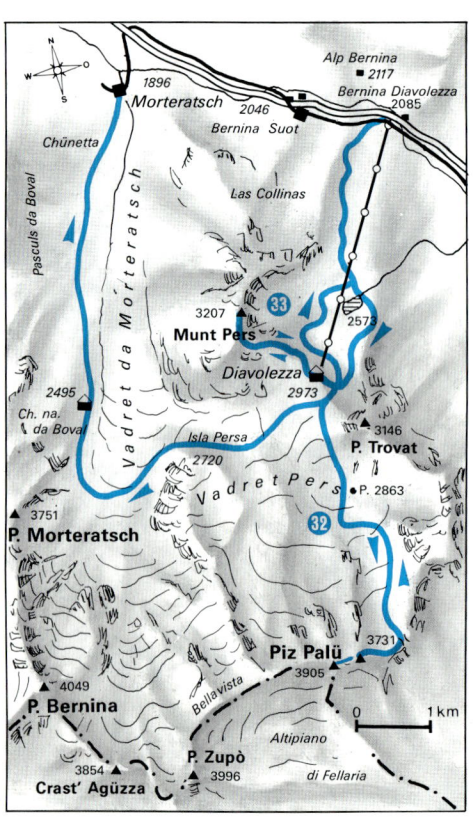

Nur wer zu Fuß zum Munt Pers aufsteigt, kann so schöne Ausblicke erleben, wie hier zum Piz Cambrena.

Der Munt Pers ist die Bernina-Aussichtswarte schlechthin. Am linken Bildrand der Piz Bernina mit dem berühmten Biancograt. Rechts der Piz Morteratsch.

unter der Seilbahn dahinführt. Ab dem See auf 2573 Meter verläuft er in einem landschaftlich beeindruckenden Berggelände. Vor allem vom Nordgrat des Sass Queder sind die Blicke zum Piz Cambrena mit seinem gewaltigen Gletscher sehr imponierend.

Routenverlauf

Talort: Pontresina, 1805 Meter.
Ausgangspunkt: Talstation der Seilbahn zur Diavolezza, 2085 Meter (Haltepunkt der Rhätischen Bahn).
Aufstieg: Unmittelbar bei den Seilbahngebäuden und dem kleinen Haltepunkt der Rhätischen Bahn in Bernina-Diavolezza, beginnt ein Fahrweg, der im wesentlichen gegen Süden den Hang hinaufführt. Einzelne Zirben begleiten uns noch zu Beginn des Weges, bis wir endgültig über die Baumgrenze hinausgehen. Der Weg führt an triste Felsen heran, wendet sich in einem Bogen um diese herum und mündet in die Ebene beim See auf 2573 Meter. Dort stehen Wegtafeln, die uns die beiden Aufstiegsvarianten zeigen. Es ist schöner, auf dem linken, dem als »Sommerweg« bezeichneten Pfad aufzusteigen, der auf den Nordrücken des Sass Queder hinaufführt. Der gute Steig schlängelt sich anfangs nach Osten, später gegen Süden hinauf, verläßt den Grat, leitet über ein paar Firnreste hinweg, die aber meist gut gespurt sind, und mündet in das Mini-Skigebiet von

Diavolezza. Am Vormittag sind dort selbst im Hochsommer Skifahrer unterwegs, die jedem vernünftigen Menschen zu dieser Jahreszeit schon sehr exotisch erscheinen mögen.
Wir überschreiten die Skipiste und erreichen auf einem breiten Schotterweg die Bergstation von Diavolezza. Dort öffnen sich die ersten phantastischen Blicke in die Berninagruppe.
Der Aufstieg zum Munt Pers führt an der Diavolezza-Bergstation vorbei und gegen Nordwesten über den breiten Schutt- und Blockwerkrücken zum weiträumigen Gipfel. Wir erreichen ihn ab dem Bernina-Tal in 3½ Stunden, ab Diavolezza in rund 1 Stunde.
Abstieg: Vom Gipfel gehen wir in jedem Fall auf der Aufstiegsroute zur Bergstation der Seilbahn zurück. Ab dort gibt es nun mehrere Abstiegsmöglichkeiten. Die eine führt zum Vadret Pers hinunter, der bei 2746 Meter erreicht wird. Man quert ihn gegen Südwesten zur Isla Persa, einer felsigen »Gletscherinsel« auf 2720 Meter. Über die Isla Persa und den Morteratschgletscher führt diese Abstiegsvariante auf das westseitige Ufer des Gletschers. Von dort führt der weitere Abstieg nach Norden zur Bovalhütte (2495 Meter) und hinaus bis Morteratsch, von wo man mit der Eisenbahn zum Ausgangspunkt zurückfahren kann. Für diesen Abstieg braucht man allerdings Hochtourenausrüstung, weil er über längere Gletscherstrecken führt. Schwierig ist diese Gletscherüberschreitung aber nicht.
Unproblematischer ist der Abstieg von der Diavolezza über die Skipiste, auf der man auch im Hochsommer (auf den Stiefelsohlen) gelegentlich gut abfahren kann, bis man wieder zum See auf 2573 Meter kommt, wo man die Aufstiegsroute erreicht. Natürlich kann man vom Gipfel zum See auch auf der Aufstiegsroute absteigen.
Den restlichen Weg geht man auf der Piste bzw. dem Fahrweg zum Ausgangspunkt zurück.
Höhenunterschied: 1220 Meter.
Gesamtgehzeit: Rund 5½ (über Vadret Pers und Vadret da Morteratsch 8) Stunden.
Karte: Wanderkarte Oberengadin, Maßstab 1:60000, Verlag Kümmerly + Frey, oder Landeskarte der Schweiz, Maßstab 1:50000, Blatt 5013 Oberengadin.

34 Piz Surlej, 3188 Meter

Rosatschkammüberschreitung

Tagestour.
Beste Jahreszeit: Juli bis September.
Lange und anstrengende, zum Großteil weglose Gewalttour.
Trittsicherheit, Schwindelfreiheit, Gespür für die beste Routenfindung und Ausdauer sind erforderlich. Stellen II. Leichtsteigeisen mitnehmen (kurze Gletscherberührung).

Zwischen dem Oberengadin und den eisgepanzerten Bergriesen der Bernina-Hauptgruppe gibt es ein mächtiges Bollwerk, das die Schau aus dem Inntal auf die gigantischen Berninaberge versperrt. Dieser lange Bergrücken ist der Rosatschkamm. Er wartet mit fünf Dreitausendern auf und ist deshalb das ideale Ziel für Gipfelsammler. Vier dieser stolzen Dreitausender werden auf unserer Route erreicht, der fünfte, der Munt Arlas, ist für den »Normalwanderer« etwas zu schwierig. Aber auch er ist durchaus eine Besteigung wert. Er muß ja nicht gleich bei der Rosatschkamm-Überschreitung mitgenommen werden, diese ist ohnehin lang und anstrengend genug. Einen ordentlichen »Knieschnackler« wird auch der durchtrainierte Bergwanderer bei dieser elend langen Tour kaum vermeiden können.

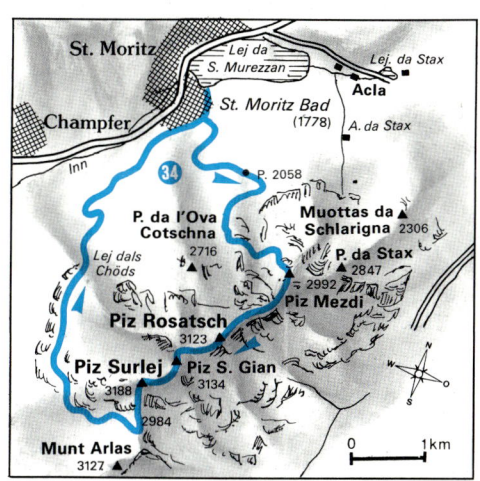

Wir beschränken uns auf Piz Mezdi, 2992 Meter, Cuolm d'Mez, 2983 Meter, Piz Rosatsch, 3123 Meter, Piz S. Gian, 3134 Meter, Piz Surlej Ostgipfel, 3185 Meter, und Westgipfel, 3188 Meter. Das ist doch ein Programm, das sich sehen lassen kann! Und alle Gipfel liegen in einer Reihe, sind schön hintereinander zu erreichen. Brauchen wir nur noch einen schönen Tag, vielleicht noch etwas Malojawind, damit die Sicht besonders klar ist, denn vom langen Gipfelkamm wird sich eine sehr schöne Schau auf die Bernina präsentieren. Dann kann es losgehen.

Routenverlauf

Talort: St. Moritz-Bad, 1778 Meter.
Aufstieg: Hinter dem Sportzentrum in St. Moritz gibt es an der Via Tegiatscha einen großen Kinderspielplatz. Dort beginnt ein markierter Wanderweg. Er führt durch dichten Wald nach Süden und wendet sich in seinem weiteren Verlauf gegen Osten. Die Waldgrenze wird erreicht und erste freie Blicke ins Oberengadin öffnen sich. Die oberen Hänge werden trister und wenig einladend. Auf der Höhe von rund 2200 Meter, kurz vor den Lej da l'Ova Cotschna, wendet sich der Steig nach Südwesten und gabelt sich. Wir gehen links über Blockwerk nach Osten. Am Rande von Firnfeldern und durch dunklen Schutt kommen wir zum ersten Ziel der langen Tour, dem weitläufigen Gipfel des Piz Mezdi. Mit den letzten Schritten zum Gipfel baut sich ein gewaltiges Panorama auf: die beeindruckende Schau auf den Bernina-Hauptkamm. Dieses Bild bleibt uns während der langen Überschreitung des Rosatschkamms erhalten.

Nachdem wir die Kammhöhe erreicht haben, dürfen wir natürlich erst einmal kräftig verschnaufen und ausrasten, ehe wir der Tritt-

Vom Piz Mezdi lassen sich weite Teile der Rosatschkammüberschreitung überblicken.

Mit dem Fernglas öffnen sich erhabene Blicke vom Rosatschkamm zu den Berninabergen. Links der Piz Bernina mit dem Biancograt, rechts der wilde Piz Roseg.

spur folgen, die über den breiten Rücken nach Süden, ein wenig abwärts zu einem scharfen Felsengrat führt. Dort verliert sich der Pfad.
Auf dem Grat kraxeln wir nun in leichter, aber luftiger Blockkletterei über den Cuolm d'Mez zum Piz Rosatsch. Wir bleiben auf der Grathöhe, weichen, wenn es gar zu luftig wird, nur ein paar Meter nach rechts aus und klettern nach Süden, später Westen, weiter. Auf ein paar Meter erreichen wir die obersten Firnfelder des kleinen Gletschers, der vom Piz San Gian nach Norden hinabfließt. Wenn er vereist ist, legen wir besser Steigeisen oder Grödl an. Bei weichem Stapfschnee gibt es aber auf dem fast ebenen Firnfeld sicher kein Problem. Bald darauf stehen wir auf dem Piz San Gian. Schon haben wir den vierten Gip-

fel bewältigt. Alle diese Gipfel waren nicht besonders markant. Fast sind sie im Gratverlauf ein wenig »untergegangen«. Nur die letzten beiden Höhepunkte stellen wieder etwas dar. Und doch sind sie leichter zu besteigen als die, die wir schon hinter uns haben.
Die weitere Route bringt uns am Grat recht einfach zu einer Schutt-Pyramide hinauf. Sie ist der Ostgipfel des Piz Surlej. Von dort steigen wir nach der Rast gegen Westen ab und zum Westgipfel des Piz Surlej wieder hinauf. Er ist das höchste Ziel der Rosatschkamm-Überschreitung, das wir nach immerhin 5½ Stunden erreichen.
Abstieg: Nach der Gipfelrast steigen wir vom Westgipfel des Piz Surlej am breiten Gratrücken nach Süden ab. Vor den dunklen Felsenzacken des Munt Arlas kommen wir in einen

kleinen Sattel hinein. Er liegt auf 2984 Meter. Dort biegen wir rechts ab und gehen am Rande eines steilen Firnfelds weglos in das triste Kar hinab. Vorsicht, die Firnhänge sind dort sehr steil und mitunter vereist! Wer abfahren will, sollte sich vorher den Schnee gut anschauen, sonst kann er sehr unsanft unten in den Felsen landen.

Der folgende Routenabschnitt wird wieder ziemlich unbequem. Er führt auf einem breiten Höhenzug über sehr grobes, aber trotzdem loses Blockwerk und wird immer steiler. Fast könnte es einem wie eine Erlösung anmuten, wenn im Wiesengelände der schöne Wanderweg erreicht wird. Er führt recht angenehm nach Norden dahin und bringt uns unter dem Schlepplift in das landschaftlich

Vom höchsten Punkt der Tour über den Rosatschkamm, dem Piz Surlej, hat man einen guten Überblick über die Oberengadiner Seen.

reizvolle Gelände am Hahnensee mit der dazugehörenden Wirtschaft. Der Rückweg am schönen Höhenweg nach St. Moritz ist dann nur noch ein Kleinigkeit.
Höhenunterschied: Rund 1600 Meter (einschl. Gegenanstiegen).
Gesamtgehzeit: Rund 9 Stunden.
Karte: Wanderkarte Oberengadin, Maßstab 1:60000, Verlag Kümmerly + Frey, oder Landeskarte der Schweiz, Maßstab 1:50000, Blatt 5013 Oberengadin.

35 Piz da l'Ova Cotschna, 2716 Meter

Auf der »Rotbachspitze«

Tagestour.
Beste Jahreszeit: Juli bis Oktober.
Leichte Wanderung auf gut markierten Pfaden.

Der Rosatschkamm kann im Rahmen einer langen Tour überschritten werden. Diese Bergfahrt ist anstrengend und führt an die Grenze Hochtour scharf heran. Sie ist in diesem Buch beschrieben (Tour 34).
Es gibt am Westrand des Rosatschkamms aber auch einen Gipfel, der geradezu spielerisch erreichbar ist und bei der Überschreitung des Rosatschkamms normalerweise nicht erreicht wird. Die ordentlichen Wege dort hinauf werden von Arbeitern der Gemeinde St. Moritz in mühsamer Kleinarbeit immer wieder gepflegt und instand gehalten. Obendrein bildet der Gipfel eine ins Oberengadin hinausgeschobene Aussichtskanzel, wie man sie sich schöner kaum wünschen kann. Dieser Berg, der Piz da l'Ova Cotschna, der von einigen Seen verziert ist, gehört ebenfalls zum Rosatschkamm und ist als Wanderziel annähernd genauso interessant wie die lange Überschreitung in Höhen über 3000 Meter. Nur die eindrucksvollen Blicke zur Bernina, die man vom Rosatschkamm hat, bleiben dem Wanderer, der sich den Piz da l'Ova Cotschna zum Ziel wählt, vorenthalten.
Es ist kaum zu glauben, daß so ein idyllischer Gipfel mit so herrlichen Ausblicken ein ausgesprochenes Schattendasein führt und nur selten Besuch erhält. Vielleicht ist dies ein Grund mehr, dort einmal hinaufzupilgern und sich einen schönen Überblick über die Oberengadiner Seenlandschaft zu verschaffen. Gerade für heiße Sommertage eignet sich dieser Berg besonders gut, denn der Anstieg ist nordseitig und führt im unteren Teil durch dichten, schattigen Wald. Und wenn man früh am Morgen aufbricht, wird man selbst oberhalb der Baumgrenze im Aufstieg nicht von der Sonne erreicht und der frische

Berninaberge

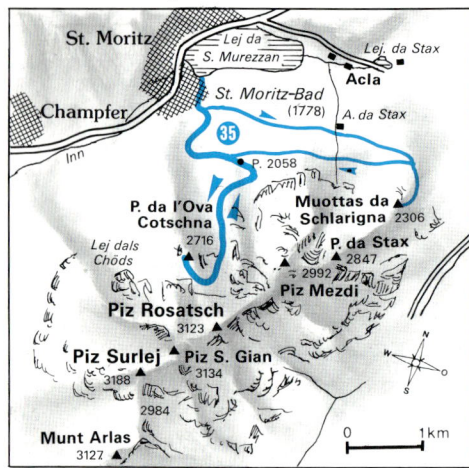

Routenverlauf

Talort: St. Moritz, 1778 Meter.
Ausgangspunkt: St. Moritz-Bad, 1778 Meter.
Aufstieg: Am südöstlichen Ortsrand von St. Moritz-Bad, hinter dem Sportzentrum, ist bei einer Kehre der Via Tegiatscha ein großer Kinderspielplatz angelegt. Dort stehen ein paar Wegtafeln, die auf alle Wanderrouten hinweisen, die in den dunklen Wald hineinführen. Wir folgen dem Weg und steigen in etlichen Kehren im wesentlichen gegen Süden hinauf. Bei jeder Wegverzweigung findet sich eine deutliche Tafel, die die Richtung angibt. In der Nähe des Punktes 2058 Meter der Landeskarte, wo eine Ruhebank steht, wird ein Bach gequert und bald darauf lichtet sich der Wald. Der Pfad wird steinig und felsig, steigt über die Waldgrenze an, wendet sich ziemlich weit gegen Osten, schlängelt sich in ein paar Kehren gegen Süden und schwenkt im weiteren Verlauf gegen Südwesten ab. Die Steigung nimmt ab und die gute Trittspur führt auf den steilen Hängen über einen Gratausläufer unmittelbar unter dem

Malojawind, der für eine reine Luft sorgt, wird uns auch eine ordentliche Kühlung bescheren.
Der romanische Name dieses Berges »Piz da l'Ova Cotschna« klingt recht salbungsvoll. Übersetzt bedeutet er nichts anderes als »Rotbachspitze«.

Vom Lej da l'Ova Cotschna schweifen die Blicke über das Oberengadin hinweg. Auffallend ist der dunkle Felsklotz des Piz Kesch, der so wirkt, als sei er oben abgeschnitten.

Kurz unter dem Gipfel des Piz da l'Ova Cotschna lädt ein kleiner See zum Verweilen und Staunen ein.

Cuolm d'Mez dahin, bis sie sich in die breite Mulde wendet, die unter dem Gletscherrest des Piz San Gian nach St. Moritz hinunterzieht. Am Nordostrand dieser Mulde schlängelt sich das Weglein ziemlich steil hinauf und gabelt sich vor einem dunklen Felsenrücken. Nach links würde es zum Piz Mezdi und damit zum Rosatschkamm weitergehen, aber das ist eine eigene Tour.

Wir halten uns rechts und erreichen nach wenigen Minuten den Lej da l'Ova Cotschna. Wenn wir etwas näher an das Wasser herankommen, stellt sich heraus, daß da oben nicht nur ein einziger See liegt, denn der milchig-türkise Gletschersee ist rundum von einer Handvoll glasklarer Seeaugen eingerahmt.

Von dem Seeboden ist es noch eine Viertelstunde zum Gipfel hinauf. Der Weg läßt sich vom See aus gut überblicken. Er führt über das Seenplateau nach Westen hinweg und auf den Südostrücken des Piz da l'Ova Cotschna zu. Über diesen Grat gehen wir die letzten Meter zum Steinmann am höchsten Punkt hinauf, wo wir nach insgesamt 2 bis 2½ Stunden ankommen.

Abstieg: Nach der großartigen Gipfelschau können wir ein paar Meter auf dem Gipfelgrat zurückgehen und uns gemütlich bei einem der kleinen Tümpel niederlassen, wo es wunderschöne Ruheplätze gibt. Beim Rückweg folgen wir bis zur Wegverzweigung auf 2058 Meter in jedem Fall der Aufstiegsroute. Dort haben wir die Möglichkeit, nach rechts abzuzweigen und die Muottas da Schlarigna, 2306 Meter, noch zu besteigen. Allerdings wird dieser Abstecher insgesamt etwa 2 Stunden Zeit kosten. Der Abstieg von diesem Aussichtspunkt erfolgt dann über die Alp da Staz gegen Westen bis nach St. Moritz-Bad.

Es ist auch möglich, am Punkt 2058 Meter noch ein Stück entlang der Aufstiegsroute im Wald abzusteigen, an beschilderter Stelle aber zum malerisch gelegenen Hahnensee mit der dazugehörenden Wirtschaft hinüberzugehen, was rund 1 Stunde Zeit kosten wird. Vom Hahnensee gibt es einen schönen Wanderweg nach St. Moritz-Bad zurück.

Höhenunterschied: Gut 1000 Meter.
Gesamtgehzeit: Rund 5 Stunden.
Karte: Wanderkarte Oberengadin, Maßstab 1:60000, Verlag Kümmerly + Frey, oder Landeskarte der Schweiz, Maßstab 1:50000, Blatt 5013 Oberengadin.

Sils Maria, Julierpaß

36 Piz da la Margna, 3159 Meter

Am Wächter des Engadins

Tagestour.
Beste Jahreszeit: Juli bis September.
Orientierungssinn im weglosen Gelände ist erforderlich. Kurze Gletscherquerung, für die evtl. Steigeisen erforderlich sind. Trittsicherheit und Schwindelfreiheit sind notwendig (Schwierigkeit I–II). Die Tour ist lang und anstrengend.

Er ist der Bilderbuchberg des Oberengadins. Es gibt kaum eine Veröffentlichung über das Engadin, wo er nicht schon auf der ersten Seite zu sehen ist, der Piz da la Margna. Mit dem Silser See im Vordergrund, etwas Firn am Gipfel, gibt dieser markante Berg am Eingang ins Engadin ein sehr fotogenes Motiv ab. Er steht hoch über der Siedlung Maloja, die durch ihren Paß bekannt ist.

Ganz genau genommen ist der Maloja kein Paß. Er hat nämlich keine Scheitelstrecke, weil er vom Oberengadin »nur« abwärts führt. 350 Höhenmeter sind es zur Ebene von Cassacia im Bergell hinunter. Benutzt wurde der Maloja, wie die meisten Pässe Graubündens schon zur Römerzeit. Wer sich heute die Mühe macht und am Wanderweg zu Fuß den Maloja überwindet, kann noch Radrinnen und Felsenlöcher sehen, die aus der Zeit der Römer stammen. In die Felsenlöcher wurden damals lange Stöcke gesteckt und als Hebel verwendet, die, zwischen die Radspeichen geklemmt, die stärksten Steigungen überwinden halfen.

Auch der heutige Straßenverlauf folgt im wesentlichen der mittelalterlichen Route. Er bildet die Fortsetzung der Julierstrecke und wurde deshalb sofort nach deren Fertigstellung ausgebaut.

Der beliebte Ausflugsort Maloja ist haarscharf am Ausbau zu einem Ferienort für die High Society vorbeigegangen. Mitte des 19. Jahrhunderts war in dem damals verschlafenen Nest ein belgischer Graf namens Camille de Renesse am Werk. Er wollte das schöne Maloja unbedingt zu einem Tummelplatz für die Schickeria umfunktionieren. Gottlob ist ihm beizeiten das Geld ausgegangen und nur ein Monumentalbau ist von seinem ehrgeizigen Vorhaben übriggeblieben: Das ehemalige Luxushotel »Maloja Palace«, das heute als Ferienlager für belgische Kinder verwendet wird. Und noch ein Überbleibsel von den Aktivitäten des Grafen können wir bewundern: Die vielen Gletschermühlen, die auf seine Anregungen hin freigelegt worden sind.

Zurück zu unserem Berg. Wenn auch der Name des Piz da la Margna nicht unbedingt jedem Touristen was sagt, so haben ihn wohl alle Oberengadin-Urlauber schon einmal gesehen. Aber nur aus der Ferne, denn bestiegen wird dieser berühmte Berg selten. Der Grund liegt auf der Hand: Die Tour ist beschwerlich. Es führt kein Weg hinauf und ein paarmal muß man schon recht kräftig hinlangen, bevor man sich auf der weiten Gipfelfläche niederlassen und die überwältigende Rundschau zur Berninagruppe und ins Bergell auskosten kann.

Wer auf den Berg steigt, könnte zunächst etwas enttäuscht werden. So stolz und markant, wie er sich aus der Ferne, als Hintergrundkulisse für die liebliche Landschaft des Oberengadins zeigt, so trist wirkt er aus der Nähe. Vor allem oberhalb des Almbereichs, wo man in dunkle, eisenhaltige Felsen hineinkommt. Sie sind so stark »verrostet«, daß man sich fast auf einen Schrottplatz versetzt fühlen könnte.

Eigentlich wollten wir durch das »Murtairac« auf den Berg steigen. Aber leider muß ich eingestehen, daß wir den Aufstiegsweg durch dieses Seitental nicht gefunden haben. Er würde noch vor dem Val Fedox durch lichten Wald und Buschwerk genau nach Süden auf den steilen Gletscher führen. Doch ist er so sehr zugewachsen, daß wir ihn nicht sehen konnten, weil wir mit dem Gelände nicht so gut vertraut waren. Das hat uns zunächst etwas geärgert, denn die Route, die wir

Tour 36 **135**

Die letzten Meter zum Gipfel des Piz da la Margna sind gleich geschafft. Tief unten im Tal liegt der Silser See.

schließlich genommen haben und die auch hier vorgestellt ist, ist doch um ein gutes Stück länger. Aber uns wäre ja noch immer der Abstieg durch das Murtairac geblieben. Schuld, daß wir dann doch wieder am weitaus längeren Weg abgestiegen sind, war nicht nur das schnell schlechter werdende Wetter, weshalb wir jedes Risiko vermeiden wollten, sondern auch der Blick von oben in das Murtairac hinunter. Uns wäre fast schwindlig geworden, obwohl wir ja einiges an Tiefblicken gewöhnt sind.

Im Sommer gibt sich dieser supersteile Gletscherhang meist blank und ohne Eisausrüstung, nur mit Grödl »bewaffnet« haben wir uns nicht hinuntergetraut. Also, wer sichergehen will, daß er den Berg auch schafft und sich einen leichten »Zweier« zumuten will, der sollte die vorgeschlagene Route auswählen.

Routenverlauf

Talort: Maloja, 1803 Meter.
Ausgangspunkt: Südwestende des Silser Sees, 1801 Meter.
Aufstieg: Ein Wanderweg und eine Schotterstraße beginnen am südwestlichen Ende des Silser Sees. Sie bringen uns dem Ufer entlang und in den Wald »Aira da la Palza« hinein. Im Wald liegt ein Campingplatz. An ihm gehen wir vorbei und zur Plan Brüsciabräga. Dort biegt ein schmaler Fahrweg nach rechts ab und zieht sich lang den bewaldeten Hang

Von der Muott' Ota lassen sich weite Teile der Route auf den Piz da la Margna überblicken.

hinauf. An einer Geländerippe beim Punkt 1951 Meter wendet sich die Route gegen Süden, also nach rechts, und führt in das schöne Val Fedox hinein. In diesem Tal liegt nach dem Waldende die Alpe Starnam, 2024 Meter. Dort verzweigt sich der Weg. Wir wählen den rechten, gut markierten Wegast. Er führt an einer kleinen Steinhütte, die gut als Unterstand geeignet ist, vorbei, und bringt uns in die steilen Hänge »Cavorga«. Der Pfad verläuft ziemlich genau nach Süden und ein wenig nach rechts (Westen) in ein steiles Kar hinein. Die Wegspuren enden dort. Riesige eisenhaltige Felsen liegen in der tristen Karmulde. Das Eisenoxid verleiht ihnen eine rostrote Farbe. Wie eingangs schon erwähnt, sieht es in der Mulde tatsächlich fast wie auf einem Schrottplatz aus. Sind die Gesteinsplatten etwas dünner ausgefallen, haben sie sehr viel Ähnlichkeit mit verrosteten Eisenblechen. Wir springen von Block zu Block und erreichen die ersten Firnfelder. Weiter oben, wo nur noch vereinzelt Felsblöcke herumliegen, kommen wir in feines Geröll hinein und finden wieder eine schmale Trittspur. Sie biegt am oberen Rand des steilen Kars gegen Nordwesten ab und bringt uns an den Nordostgrat des Piz da la Margna heran.

Dort brauchen wir eine gute Spürnase, denn

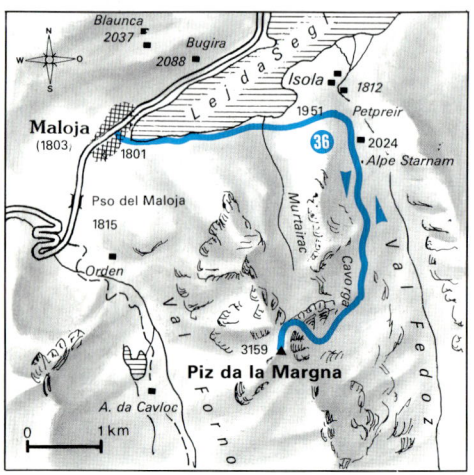

nun heißt es, einen geeigneten Durchschlupf zu finden, auf dem wir einigermaßen ordentlich den Grat überqueren können. Haben wir das geschafft, halten wir uns links und gehen hoch über dem Tal Murtairac weiter. Über den Firngrat, oberhalb der steilen Flanke des kleinen Murtairac-Gletschers, erreichen wir nach 4 bis 5 Stunden den Gipfel.
Abstieg: Am einfachsten folgen wir wieder der Aufstiegsroute. Wer sich's zutraut, kann bei guten Verhältnissen mit entsprechender Ausrüstung durch das steile Murtairac absteigen, unbedingt zu empfehlen ist das allerdings nicht.
Höhenunterschied: 1356 Meter.
Gesamtgehzeit: 8 Stunden.
Karte: Wanderkarte Oberengadin, Maßstab 1:60000, Verlag Kümmerly + Frey, oder Landeskarte der Schweiz, Maßstab 1:50000, Blatt 5013 Oberengadin.

37 Muott' Ota, 2449 Meter

Auf den Hügeln zwischen dem Val Fex und dem Val Fedox

Tagestour.
Beste Jahreszeit: Mitte Juni bis Oktober.
Leichte Bergwanderung. Gut markierte Wege. Anfangs gut besucht, am Ziel der Tour trifft man nur sehr wenig Wanderer an.

Ein langer, von Norden nach Süden verlaufender Höhenrücken trennt das Val Fex und das Val Fedox. Es ist der Höhenzug des Muott' Ota, der letztlich erst im Piz Fora in einer Höhe von 3363 Meter gipfelt. So stille und wenig bekannte Ziele wie Piz Güz, 3080 Meter, Piz Led, 3088 Meter, und Piz Sala-

Am Punkt 2644,6 Meter ist das Panorama auf die Berge hoch oberhalb dem Val Fex am schönsten. Das Bild umfaßt die Gipfelhöhen vom Piz Tremoggia bis zum Piz Salatischna.

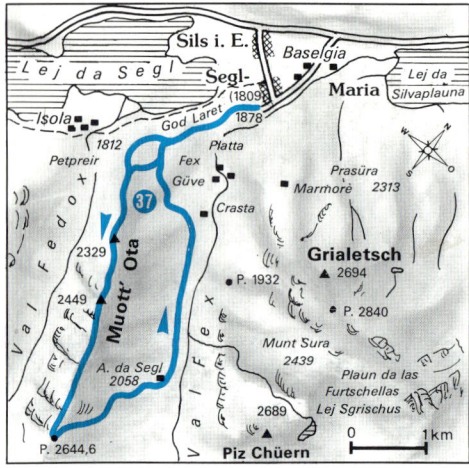

ern. Die Muott' Ota ist deshalb ein Wanderziel, das in unserem Gipfelpotpourri nicht fehlen darf. Interessant ist übrigens auch die Herkunft des Namens des Ausgangsortes, Sils. Im romanischen bedeutet »Sils« nichts anderes als »Schwelle«. Sils liegt ja auch auf

Schon während des Aufstiegs zur Muott' Ota hat man dank der klaren Luft immer wieder besonders schöne Blicke in das Oberengadin.

tschina, 2824 Meter, die auf relativ langen Zuwegen und teilweise nur über zerrissene Gletscher erreicht werden können, liegen in diesem Kamm. Davor gibt es noch einige unbenannte Erhebungen, die sich als Ziel einer Bergtour eignen, so daß jedem die Möglichkeit bleibt, dort mit der Wanderung aufzuhören, wo es ihm persönlich am besten gefällt. Die hier vorgestellte Route führt zum Punkt 2644,6 Meter der Landeskarte, der selbst keinen Namen hat und noch ein gutes Stück hinter der eigentlichen Muott' Ota liegt. Das ist der letzte Punkt, der auf einem Wanderweg bequem erreicht werden kann. Das daran anschließende Berggelände ist nicht mehr ganz einfach zu begehen und wegen der weiten Schutt- und Geröllfelder auch nicht besonders ansprechend. Möglich wären die Aufstiege zum Piz Salatschina oder gar zum Piz Led schon, aber die Routen sind weglos, nicht markiert und nicht leicht zu finden.
Alle Ziele auf der Wanderung gewähren eine großartige Schau auf die Engadiner Gipfelwelt und auf die westlichen Berge der Berninagruppe. Dort zeigen sich vor allem Piz Corvatsch, Il Chapütschin und Piz Tremoggia. Aber auch während des Aufstiegs, noch im Waldbereich, gibt es immer wieder so schöne Ausblicke auf den Silser See und den Silvaplana See (Lej da Silvaplauna), wie wir sie von den Postkarten her gewöhnt sind. Gut überblicken lassen sich die Anstiege auf den Piz Grevasalvas, den Piz da la Margna und die Rundtour über Grialetsch und Piz Chü-

Tour 37 **139**

der Schwelle zwischen dem Silser See und dem Silvaplana See. So einfach lassen sich Ortsnamen mitunter erklären.

Routenverlauf

Talort: Sils Maria, 1809 Meter.
Ausgangspunkt: Parkplatz auf 1878 Meter im Wald »God Laret«.
Zu erreichen ist dieser Parkplatz auf einer steilen Bergstraße, die mitten in Sils Maria beginnt und anfangs gegen Westen, später gegen Süden durch den Wald hinaufführt.
Aufstieg: Hinter dem Parkplatz ist die Fahrstraße für den allgemeinen Autoverkehr gesperrt. Parallel zur Straße verläuft ein Wanderweg, der noch vor den Häusern von Vaüglia nach rechts abbiegt. Er führt in lichtem Lärchenwald etwas talwärts und dann gegen Süden wieder hinauf nach Güvè, 1950 Meter. Wer bei der ersten Wegabzweigung in Güvè geradeaus weitergeht und gleich da-

hinter beim Brunnen rechts abzweigt, kann die Route etwas verkürzen. Ansonsten halten wir uns bei der ersten Wegverzweigung neben den Tafeln rechts in Richtung Muott Güvè. Auf diesem Aussichtspunkt steht eine Ruhebank. Unser Weglein schwenkt gegen Süden ab, fällt in eine Senke hinab und kommt dann ziemlich steil an den Fuß unseres langen Bergrückens heran. Relativ stark ansteigend schlängelt es sich durch felsdurchsetzten, lichten Arven- und Lärchenwald gegen Süden hinauf und vereinigt sich mit der alternativen Route, die in Güvè begonnen hatte. Mit jedem Schritt wird die Aussicht ins Engadin großartiger und nach etwa 1½ Stunden erreichen wir auf 2329 Meter das erste Ziel. Es ist als »Muott' Ota« beschildert und mit einer gemütlichen Bank ausgestattet.

Es ist keine Schande, schon dort die Wanderung zu beenden und sich den großartigen Ausblicken hinzugeben. Wer Lust hat, kann aber am breiten Rücken zur eigentlichen Muott' Ota auf 2449 Meter weitergehen, was noch etwa ½ Stunde bedeutet. Die Route führt im wesentlichen immer auf der höchsten Stelle des breiten Bergkamms gegen Süden dahin. Wer dort noch immer nicht genug hat, geht auf dem Bergrücken in der gleichen Richtung weiter. Ein markiertes Weglein führt über einige unbenannte Erhebungen bis zum Punkt 2644,6 Meter hinauf, der nach insgesamt rund 3½ Stunden erreicht wird.

Die schieferartigen Felsen auf diesem Gipfel sind so zerklüftet, daß sich am höchsten Punkt immer ein schattiges Fleckerl finden läßt, wenn man an einem heißen Hochsommertag eine kühle Rast dort oben sucht. Es gibt sogar einige überdachte Höhlen, die sich als Notbiwak eignen würden. Wenn es kühl ist, bieten die vielen Felsennischen natürlich auch vor dem Wind einen guten Schutz. Die weite Gipfelschau, hinaus in die Albulaberge, das Engadin entlang und ins Bergell, aber auch in die Bernina-Randberge, erfordert natürlich einen freien Logenplatz am Gipfel und da oben können wir es dann auch sicher stundenlang aushalten, wenn das Wetter paßt.

Bei der Wanderung zur Muott' Ota öffnen sich immer wieder eindrucksvolle Ausblicke zum benachbarten Piz da la Margna.

Abstieg: Von unserem Gipfelziel gehen wir am Rücken wieder nach Norden hinab, bis unter der »echten« Muott' Ota ein Wanderweg erreicht wird, der nach rechts über das Gelände »Plaun Grand« gegen Südosten zum Val Fex hinunterführt. Er bringt uns an eindrucksvollen Felsenblöcken vorbei und etwas gegen Osten zur Alp da Segl (2058 Meter) hinunter. Dort wird ein Fahrweg erreicht, der gegen Nordwesten, bis fast in den Grund des Fextales verfolgt wird. Vor der Wirtschaft Chalchais erreichen wir auf der Westseite des Fextales einen Wanderweg. Er bringt uns gegen Norden etwa 50 bis 80 Meter über dem Talgrund weiter, hoch über Crasta gegen Nordwesten und nach Güvè hinaus. Dort wird die Aufstiegsroute erreicht, der man bis zum Ausgangspunkt folgt.
Höhenunterschied: Rund 850 Meter.
Gesamtgehzeit: 6½ Stunden.
Karte: Wanderkarte Oberengadin, Maßstab 1 : 60 000, Verlag Kümmerly + Frey, oder Landeskarte der Schweiz, Maßstab 1 : 50 000, Blatt 5013 Oberengadin.

38 Grialetsch, 2694 Meter, und Piz Chüern, 2689 Meter

Bildberbuchberge über den Oberengadiner Seen

Tagestour.
Beste Jahreszeit: Juli bis Oktober.
Unschwierig. Seilbahnunterstützung ist möglich.

Die Wanderung auf die beiden Gipfelziele Grialetsch und Piz Chüern ist eine Tour, wie sie aus dem Oberengadiner Märchenbuch stammen könnte. Bis etwa 2000 Meter Höhe verläuft sie durch idyllischen Bergwald, der immer wieder Blicke zum Lej da Silvaplauna und zum Silser See freigibt. Schon im unteren Wegabschnitt zeigt sich der benachbarte Piz da la Margna besonders markant und immer wieder ergeben sich schöne Ausblicke über das lange Oberengadin hinweg.

Wer es bequem haben will, der fährt mit der Furtschellas-Seilbahn von Resgia nach Prasüra auf 2313 Meter hinauf und hat sich dadurch die Tour um ein wesentliches Stück verkürzt. Doch leider muß diese Bequemlichkeit mit dem Verzicht auf das eindrucksvolle Erlebnis eines Arven-Bergwalds im Morgenlicht (und natürlich auch mit dem stolzen Fahrpreis) erkauft werden. Ob man also wirklich mit der Bergbahn auffahren will, sollte man sich gut überlegen, denn so lange und anstrengend ist der Aufstieg vom Tal auch wieder nicht.

Vom Gipfel des Grialetsch, dem ersten Ziel dieser Wanderung, sieht man schön auf den südlichen Teil des Rosatschkamms mit den beiden Surlej-Gipfeln und dem Munt Arlas hinüber und gleich daneben zum Piz Corvatsch mit den Sendeanlagen auf dem nördlichen Vorgipfel des Piz Murtèl.

Die Schönheit der Berglandschaft nimmt in Gipfelnähe trotz der kleinen Seen, die es ein wenig auflockern, deutlich ab und kann durchaus ein wenig als trist bezeichnet werden. So ist das eben, wenn man sich weit oberhalb der Baumgrenze bewegt. Doch ein schöner Sonnentag läßt auch dort oben die Berge noch märchenhaft erscheinen. Wenn keine dunklen Wolken die Gipfel einhüllen, dann wird uns die Schau auf die steilen Felsenhänge und die Firn- und Eisfelder, die sich in den vielen, kristallklaren Seen widerspiegeln, sicherlich begeistern.

Routenverlauf

Talort: Sils Maria, 1809 Meter.
Ausgangspunkt: Talstation der Seilbahn »Furtschellas« in Resgia, 1804 Meter.
Aufstieg: Oberhalb des großen Parkplatzes bei der Seilbahn-Talstation verläuft ein Fahrweg durch den Wald. Wir folgen dem gut beschilderten Sträßchen gegen Südwesten, an einem Fachwerkhaus vorbei, bis es sich gegen Süden wendet und die Wegtafel »Marmorè« durch den Bergwald hinaufweist. Noch vor Vanchera gehen wir gegen Osten und an der nächsten Abzweigung wieder ge-

Der Übergang vom Grialetsch zum Piz Chüern führt unter dem Punkt 2840 Meter an einigen idyllischen Seen vorbei.

Der Abstieg vom Piz Chüern bringt uns hoch über dem Val Fex über saftige Blumenwiesen. Von dort kann man nochmals den Blick zurück zum Piz Chüern genießen.

gen Süden zu den Ruhebänken in Marmorè, 2199 Meter. Schön ist dort eine kleine Rast, denn wir werden eine eindrucksvolle Aussicht genießen können.
Der Aufstieg zum Grialetsch ist in diesem dicht gesponnenem Wegenetz gut beschildert. Er führt von Marmorè auf den oberen Wegen zunächst noch ein Stück gegen Osten, zweigt dann gegen Südosten ab und verläuft über einen Rücken ziemlich steil bergauf. Das Gelände flacht wieder ab und die markierte Trittspur zieht sich über einen ziemlich ebenen, grün bewachsenen Wegabschnitt, neben dem mitunter sehr scharfgeschnittene Felsenblöcke liegen. Der Übergang von der Seilbahn-Bergstation stößt zum Weg herüber und wir halten uns links, also gegen Osten, um dem beschilderten Wanderweg Richtung Lej Sgrischus wieder steil durch Felsen zu folgen. Der Gipfelanstieg selbst ist dann nur noch eine Kleinigkeit, denn er führt (zwar abseits des markierten Steigs) in nur 5 Minuten nach dem Verlassen den Wanderwegs zum Grialetsch hinauf. Dieser Gipfel sieht zwar vom Tal recht beeindruckend aus, ist aber genaugenommen nur eine etwas vorgeschobene Graterhebung von Furtschellas und nicht der höchste Punkt in diesem Bergkamm. Bei den Steinmännern und den dunklen Felsenblöcken am ersten Ziel dieser Bergtour werden wir nach etwa 2 bis 2½ Stunden ankommen.
Der Weiterweg führt entweder vom Gipfel zum markierten Wanderweg zurück oder

144 Sils Maria, Julierpaß

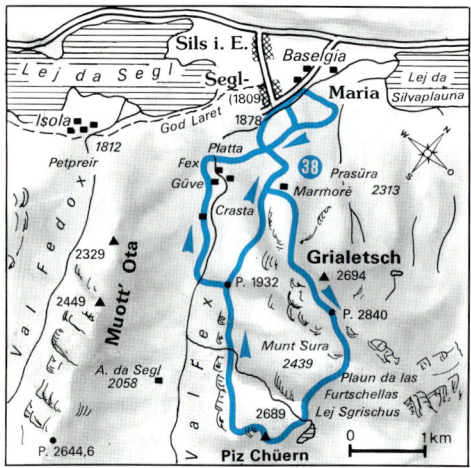

vom Grialetsch weglos nach Südosten über Blockwerk (evtl. auch noch Firnfelder) bis zur Gratschulter, die sich vom Punkt 2840 Meter der Landeskarte herabzieht. Spätestens dort kommen wir wieder am dem markierten und stark frequentierten Wanderweg an. Auf der Südostseite der Gratschulter zeigt sich schön das weite Berggelände von Plaun da las Furtschellas. Zahlreiche Seen zieren diese weite Hochebene und unser Weg führt nahe an einen langgestreckten See unter dem Punkt 2840 Meter heran. Wer Zeit hat, kann dort gemütlich rasten und die Blicke entlang den Furtschellas zum Piz Corvatsch und auf die Ausläufer des Chapütschin (= Kapuze) hinaufschweifen lassen. Dort ist der schönste Ruheplatz auf der ganzen Tour. Wir haben ihn genutzt, um mit einer kleinen Sektflasche unsere 600. Bergtour zu feiern. Dort, am kristallklaren Bergsee, erschien uns der Rahmen wahrhaft würdig.
Der Weiterweg zum Piz Chüern ist recht einfach. Vom See bringt er uns durch felsdurchsetztes Gelände gegen Süden leicht abwärts über eine Ebene hinweg, quert den Bach, der von Furtschellas herabläuft und stößt an die nördliche Spitze des Lej Sgrischus.
Zum Gipfel des Piz Chüern sind es vom Seeufer noch genau 71 Höhenmeter hinauf. Über den wenig ansteigenden Höhenrücken gehen wir gemütlich zum zweiten Gipfel der Wanderung hinauf und kommen nach etwa 1½ Stunden ab Grialetsch am Piz Chüern an. Dort oben zeigen sich schön die Gletscherberge, die das Val Fex einrahmen. Es sind dies neben Il Chapütschin die Berge Piz Tremoggia, Piz Fora, Piz Güz und Piz Led. Rechts neben dem Piz Led erstreckt sich über dem Val Fex der lange Bergrücken, den wir beim Gipfelziel »Muott' Ota« (Tour 37) ebenfalls in diesem Buch als Wanderung beschrieben finden. Gleich mehrere Gipfelchen laden auf diesem grünen Höhenzug zu einer schönen Tour ein und alle können wir sie vom Piz Chüern aus gut überblicken.
Von Ferne dringt gedämpft das Rauschen des Gletscherbachs »Fedacla« aus dem Val Fex herauf. Das beruhigende Klingen und Scheppern der Kuhglocken (der Piz Chüern wird bis zum Gipfel beweidet) und die herrliche Aussicht können uns gut zum langen Verweilen am weiten Gipfel verleiten. Vielleicht nutzen wir aber auch die Zeit, um eine weitere Route von dort oben zu studieren. Der Piz da la Margna würde sich zum Beispiel anbieten (Tour 36).
Abstieg: Wenn es uns vielleicht beim Aufstieg nicht aufgefallen sein sollte, spätestens dann, wenn wir die Abstiegsroute vom Gipfel suchen, wird uns auffallen, daß der Piz Chüern nach Norden senkrecht abbricht. Der Abstiegsweg verläuft deshalb vom Gipfel zuerst ein Stück nach Westen und dann gegen Südwesten dem Grat entlang. Erst weiter unten wendet er sich gegen Westen und nach Nordwesten, wo er entlang dem Crap da Chüern (Chüernkamm) zum Bach hinunterführt, der vom Lej Sgrischus herausfließt. Hoch oberhalb dem Hotel im Val Fex quert unser Weg den Bach und führt über bunte Blumenwiesen zu einem kleinen Bergvorsprung, auf dem eine Ruhebank steht. Die steilen Wiesen heißen »Alp Munt« und der Pfad quert sie nun ziemlich eben, über einige Bachgräben hinweg und an einer verfallenen Hütte vorbei. Die Hänge können wegen der darunterliegenden Abbrüche nicht beweidet werden, das wäre für das Vieh viel zu gefährlich. Es hat sich deshalb dort eine besonders schöne Blumenflora entwickelt.
Nach einem Weidezaun, wo die Abbrüche etwas abflachen, schlängelt sich der schmale Steig in etlichen Kehren ziemlich weit in das Val Fex hinab. Bei einem Bachgraben stehen wieder eine kleine Bank und Wegtafeln. Von dort können wir geradewegs in das Val Fex

absteigen, das am Punkt 1932 Meter der Landeskarte erreicht wird.
Es ist aber auch möglich, am langen Hang der Alp Munt wieder rund 100 Höhenmeter aufzusteigen und nach Marmorè zu gehen, wo der Aufstiegsweg erreicht wird, dem man bis zur Talstation der Seilbahn folgt.
Wer in das Val Fex abgestiegen ist, geht auf der Fahrstraße über Crasta nach Platta. Von dort führt ein guter Spazierweg durch eine wilde Schlucht nach Sils Maria. Wir gehen durch den Ort, am Nietzsche-Haus vorbei und zum Ausgangspunkt zurück.
Höhenunterschied: Ohne Seilbahnunterstützung rund 1000 Meter, mit Seilbahnunterstützung rund 500 Meter.
Gesamtgehzeit: 6 bis 7 Stunden.
Karte: Wanderkarte Oberengadin, Maßstab 1:60000, Verlag Kümmerly + Frey, oder Landeskarte der Schweiz, Maßstab 1:50000, Blatt 268 Julierpass.

39 Piz Lunghin, 2780 Meter

An den Quellen des Inn

Tagestour.
Beste Jahreszeit: Juni bis September.
Unschwierig auf markierten Wegen.

Die Tour auf den Piz Lunghin ist etwas Besonderes. Der Berg ist neben dem Piz da la Margna die Aussichtskanzel in das Bergell und das Oberengadin schlechthin. Am Piz Lunghin beginnt das Engadin, denn an seinen Hängen entspringt der Inn, der uns durch diesen ganzen Band begleitet. Noch ehe sich

Hinter dem Lunghinsee erhebt sich der Gipfel des Piz Lunghin.

der junge Inn zu einem richtigen Bach gemausert hat, sammelt sich sein Wasser erst einmal in einen See, dem idyllischen Lunghinsee. Allein schon dieser ist eine Wanderung wert. Sie ist auch bei alpinistisch weniger ambitionierten Wanderern sehr beliebt. Doch wir sollten uns den Gipfel gönnen, denn schließlich ist es vom See nicht mehr besonders weit hinauf und die Aussicht ins Bergell hinüber hat man eben nur vom höchsten Punkt. Schon während des Aufstiegs gewährt die Wanderung immerhin interessante Talblicke und eine pfundige Aussicht in die beeindruckende Berglandschaft des Oberengadins.

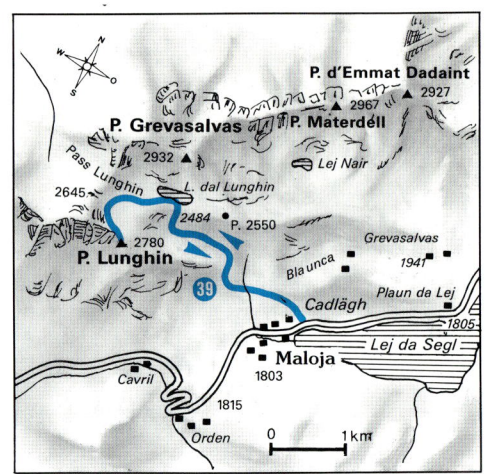

Das ist die Landschaft, die den Südtiroler Handwerkersohn aus Arco, den Maler Giovanni Segantini so angeregt hat, daß er dort eine neue Heimat gefunden hat. Er lebte im Oberengadin, bis er am 28. September 1899 in einer Alphütte am Schafberg bei Pontresina 41jährig an einer Blinddarmentzündung gestorben ist. Mit seinen Bildern, vor allem dem Hauptwerk, dem Triptychon »Werden – Sein – Vergehen«, hat er Weltruhm erlangt und wurde von Freunden als »Raffael der Berge« bezeichnet.

Die heile Landschaft des Oberengadins hat ihm den Hintergrund für seine eigenen, naiven Ansichten über die Welt gegeben. Die Natur war ihm ein Ganzes, in der ihm die Menschen und Tiere als Ideal des Lebens galten. In seinen Vorstellungen leben sie in der grenzenlosen Harmonie der Alpenwelt in friedlicher Eintracht miteinander. So hat der Künstler dieses schöne Fleckchen Erde gesehen, so hat er es gemalt. Sicher werden wir es mit unseren eigenen Augen sehen, mit den eigenen Sinnen erleben und vielleicht Segantini nachempfinden. Am Piz Lunghin finden wir den rechten Rahmen. Und wenn das Wetter schlecht ist, können wir die Welt des großen Malers im Segantini-Museum in St. Moritz nachempfinden.

Routenverlauf

Talort: Maloja, 1803 Meter.
Ausgangspunkt: Cadlägh, 1801 Meter, am Westende des Silser Sees.
Aufstieg: In Cadlägh gibt es, direkt an der stark befahrenen Straße, einen kleinen Parkplatz. Von ihm gehen wir einige Meter nach Nordosten zu den Lawinenverbauungen hinauf. Unter einer Felsenwand knickt der Steig scharf links ab und führt gegen Westen in weitläufige, felsdurchsetzte Hänge hinein. Eine bunte Blumenpracht säumt den Pfad zur Sommerszeit ein. Der Wanderweg bringt uns in angenehmer, nicht zu starker Steigung in das Tal des jungen Inn hinein. Weiter oben schwenkt er nach Nordwesten ab und folgt im wesentlichen dem Bachlauf. In dieser Richtung führt er ein gutes Stück dahin und stößt beim Punkt 2484 Meter zum schön gelegenen, tiefgrünen Lunghinsee. Dort ist der schönste Rastplatz, den wir auf der ganzen Tour finden können. Und den sollten wir auskosten. Vom See sehen wir auch schon zum Gipfel hinauf, der sich allerdings von dieser Seite nicht gerade besonders elegant zeigt.

Die Aufstiegsroute führt nicht direkt auf der uns zugewandten Seite des Berges weiter. Sie verläuft vom See noch ein Stück am markierten Wanderweg gegen Westen in Richtung Lunghinpaß, verläßt aber die markierte und viel begangene Route bald nach Süden.

Rechts unter uns liegen die Quellen des Inn. Man sieht sie nur schlecht, denn bis in den Spätsommer hinein kann in der weiten Mulde der Schnee liegen. Im engen Umkreis des Lunghinpasses entspringen noch einige weitere Bäche. Drei von ihnen fließen verschiedenen Meeren zu. Einer davon, der Inn, läuft nach Osten, mündet in Passau in die Donau und strebt dem Schwarzen Meer zu. Ein anderer, genannt »Ova dal Sett«, strömt gegen Norden zum Rhein und damit in die Nordsee. Ein kleiner, unbenannter Bach fließt nach Süden ins Bergell hinab und mit der Maira durch den Comer See, den Po bis in das Adriatische Meer. Der Lunghinpaß ist also eine dreifache Wasserscheide.

Nördlich des Gipfelaufbaus führt der Weg noch ein Weilchen dahin und in steile Geröllhänge hinein. Der Gipfelsturm wird steil und mühsam. Ein paar Meter bringt er uns sogar ziemlich ungemütlich über glatte Felsen hinweg und dann zum Gipfel hinauf, den wir nach knapp 3 Stunden erreichen. Dort oben gibt es wieder schöne Fleckerl, die zu einer langen Rast einladen.

Abstieg: Es gibt etliche alternative Abstiegs- und Weiterwege. Wer wieder zum Ausgangspunkt zurück will, hat aber keine andere Wahl, als wieder am Aufstiegsweg abzusteigen.

Höhenunterschied: 979 Meter.
Gesamtgehzeit: 4½ bis 5 Stunden.
Karte: Wanderkarte Oberengadin, Maßstab 1:60000, Verlag Kümmerly + Frey, oder Landeskarte der Schweiz, Maßstab 1:50000, Blatt 5013 Oberengadin.

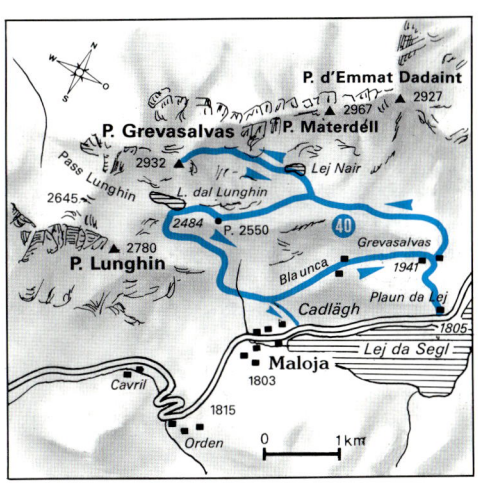

40 Piz Grevasalvas, 2932 Meter

Auf dem Gletscherschliff

Tagestour.
Beste Jahreszeit: Juli bis September.
Trittsicherheit ist erforderlich, Schwindelfreiheit von Vorteil. Ordentliches Schuhwerk mit griffiger Gummisohle ist in jedem Fall notwendig. Markierter Routenverlauf.

An der Nordseite des Piz Grevasalvas, wo der Berg nach Emmat abfällt, gibt es eine lange Rinne, in der sich ein Firnrest gehalten hat. Das ist alles, was an diesem Berg noch ein wenig nach Gletscher aussieht. Vom einstigen Gletscher auf der Ostseite des Piz Grevasalvas ist heute schon lange nichts mehr vorhanden. Aber dieser Gletscher hat deutliche Spuren hinterlassen. Das gesamte Felsengelände oberhalb dem Lej Nair (dem Schwarzsee) hat er so glatt geschliffen, daß sich mit Ausnahme von ein paar Pflänzchen, die sich in Felsenritzen festzuhalten vermögen, keine Vegetation ansiedeln konnte. Es muß ein mächtiger Gletscher gewesen sein, der vom Piz Grevasalvas in das Engadin hinuntergeflossen ist. Gewaltig sind auch die Eindrücke, die der Wanderer beim Anstieg auf diesen berühmten Engadiner Berg erleben kann. Die Rundschau in das Inntal und ins Bergell, aber auch hinunter zum benachbarten Piz Lunghin, der sich genau vor der Staumauer des Lej da l'Albigna erhebt, ist von beeindruckender Schönheit. Wer sich auf dem Gipfel etwas nahe an die senkrechten Südabstürze heranwagt, kann sogar zum Lej dal Lunghin hinunterschauen, in dem das Sonnenlicht glitzert und sich die Quellen des Inn sammeln. Gut sieht man auch zum Malojapaß, auf die Ortschaft Maloja und das ehemalige Maloja-Palace-Hotel hinab.

Routenverlauf

Talort: Maloja, 1803 Meter.
Ausgangspunkt: Plaun da Lej, 1805 Meter, beim Sasc da Corn am Nordwestufer des Silser Sees gelegen.
Aufstieg: Neben den Gasthäusern in Plaun da Lej beginnt ein Fahrweg, der im wesentlichen gegen Westen durch einen schönen Lärchenwald hinaufführt. Wenn am frühen

Morgen die Sonne noch tief steht und die Felsenausläufer des Piz Lagrev mit ihrem milden Licht streift, bilden die farbenkräftigen Lärchenbäume vor dieser wilden Kulisse einen belebenden, aufmunternden Kontrast.
Der Fahrweg wendet sich ein wenig gegen Norden und stößt zur Bergsiedlung Grevasalvas, 1941 Meter. Nach etwa 20 Minuten kommen wir dort an und gehen mitten durch den idyllischen Ort, der so aussieht als sei die moderne Zivilisation an ihm spurlos vorübergegangen. Wir verlassen ihn gegen Norden und folgen dem Weglein, das sich an schroffe Berghänge anlehnt. Es schwenkt in einer weiten Kehre gegen Westen und quert oberhalb einer Steinhütte den Bach »Lavatera«. Anschließend wendet es sich nach rechts. Der nun folgende Wegabschnitt ist etwas steiler, doch bald wird zum Verschnaufen wieder flacheres Gelände erreicht. Der Pfad mündet nämlich in den weiten, grünen Boden, durch den der Bach »Ova dal Mulin« (Mühlbach) fließt. Der Bauer, der dort oben seine Kühe sömmert, hat Sinn für Humor. Seinen Rindviechern hat er Glöckchen mit aufgemalter Schweizer Flagge umgehängt.
Am gegenüberliegenden Hang sehen wir den Pfad, der sich am steilen Hang zum Lej Nair hinaufschlängelt. Wir folgen ihm und kommen auf eine Geländerippe etwas oberhalb des dunklen Sees, der seinem Namen alle Ehre macht. Dort beginnt die seit dem Sommer 1991 neu markierte Route auf den Piz Grevasalvas. Seit diesem Zeitpunkt ist der Aufstieg zum Gipfel wesentlich einfacher geworden, denn die gut ausgewählte und ordentlich markierte Strecke läßt sich leicht finden. Man muß nicht wie früher nach den wenigen Steinmännern Ausschau halten, die von den Lawinen und Stürmen hier im Hochgebirge immer wieder zerstört worden sind. Wir folgen also diesen neuen Markierungszeichen dem Südufer des Bergsees entlang und erreichen die vom einstigen Grevasalvasgletscher glattgeschliffenen Felsen. Die deutlichen Markierungszeichen leiten uns teilweise über sehr glatte Felspartien in das weite Gletscherbecken hinein. Immer wieder ist die hell leuchtende Felsenlandschaft, die selbst fast noch wie ein Gletscher aussieht, von kleinen Seen geziert.
Vorsichtig steigen wir, immer in der Nähe der Markierungen, über nackte Felsen durch die eigentümliche Berglandschaft. Wir müssen gut aufpassen, um nicht auszurutschen, denn ein Halt läßt sich mitunter nur schwer oder gar nicht finden. Wir sollten uns also 100%ig auf die Schuhsohlen verlassen können. Gottlob ist das Gelände nicht allzu steil. Weiter oben berühren wir noch ein paar Firnfelder, ehe die Route auf den Nordgrat des Piz Grevasalvas führt. Nach rechts, also Nordwesten, blickt man eine enorm steil ab-

fallende Felsenflanke hinunter. An ihrem oberen Rand steigen wir in respektablem Abstand zu dem Abbruch, über Blockwerk und Firn zum Steinmann auf der weiten Gipfelhochfläche, wo wir nach 3½ bis 4 Stunden ankommen.

Abstieg: Bis kurz vor den Lej Nair folgt man in jedem Fall der Aufstiegsroute. Man kann über Grevasalvas, wo man auch heraufgekommen ist, wieder zurückgehen.

Lohnend ist es aber auch, unterhalb dem Lej Nair am Ova dal Mulin rechts abzubiegen und gegen Süden wieder aufzusteigen. Der Weg führt über eine Geländekante hinweg und unter dem Punkt 2550 Meter der Landes-

Liebliche Almen, die malerischen Bergdörfer Grevasalvas und Blaunca und im Hintergrund die steilen Felswände des Bergell, das ist der landschaftliche Rahmen im unteren Teil der Tour auf den Piz Grevasalvas.

karte über eine Rippe nach Westen, bis er leicht zum Lunghinsee, 2484 Meter, abfällt. Von der Südseite des Sees führt der Wanderweg anfangs gegen Süden hinab, wendet sich nach Osten und verläuft im wesentlichen am jungen Inn in Richtung Maloja hinab.

Man kann bis nach Maloja absteigen und mit dem Bus zum Ausgangspunkt zurückfahren. Es gibt darüber hinaus die Möglichkeit, was sehr lohnend ist, auf der Höhe von etwa 1950 Meter links abzubiegen und gegen Nordosten den weiten Hang leicht ansteigend zu queren. Bald nach der Wegverzweigung gabelt sich der Pfad nochmals. Dort wählt man die linke Route, die leicht ansteigend gegen Nordosten weiterführt und in die weite Ebene von Blaunca mündet. Am nördlichen Rand der Ebene steht die alte Ortschaft Blaunca, die heute als Feriensiedlung genutzt wird. Leider werden die Weiden rund um das einstige Bergdorf nicht mehr bewirtschaftet, weshalb sie vom Ampfer überwuchert sind und ziemlich ungepflegt aussehen. Wesentlich schöner wird das Bild, wenn wir uns wieder dem Ort Grevasalvas nähern, wo die Welt noch in Ordnung ist. Dort verbreiten die saftigen Wiesen einen Duft, wie wir ihn mit etwas Phantasie später im aromatischen Bergkäse wiederfinden...

In Grevasalvas erreichen wir die Aufstiegsroute und gehen auf der Fahrstraße nach Plaun da Lej zurück.

Höhenunterschied: Im Aufstieg 1127 Meter, im Abstieg rund 1300 Meter.
Gesamtgehzeit: Je nach Routenwahl 6 bis 9 Stunden.
Karte: Wanderkarte Oberengadin, Maßstab 1:60000, Verlag Kümmerly + Frey, oder Landeskarte der Schweiz, Maßstab 1:50000, Blatt 268 Julierpass.

Im oberen Teil kennzeichnen glattgeschliffene Felsen das landschaftliche Umfeld am Piz Grevasalvas.

Die Tour zum Piz da las Coluonnas führt am Lai da Bittabergh (oder Leg Grevasalvas) vorbei.

41 Piz da las Coluonnas, 2960 Meter

Hoch über dem Julierpaß

Tagestour.
Beste Jahreszeit: Ende Juni bis Oktober.
Bei guter Sicht nicht besonders schwierig, aber zum Großteil weglos. Trittsicherheit erforderlich.

Man gewöhnt sich sehr schnell an die dunklen, vegetationsarmen Berghänge rund um den Julierpaß. Um ihre bizarren Schönheiten und ihre Eigentümlichkeiten zu erkunden, muß man dieses Gebirge erwandern, hinaufsteigen auf die Grate und Gipfel. Dazu brauchen wir aber nicht gleich auf die allerhöchsten Gletscherberge zu steigen. Kleine Gipfel, soweit man die Fast-Dreitausender als solche bezeichnen darf, reichen völlig aus, um sich ein Bild von dieser Bergwelt machen zu können und vielleicht auch etwas Appetit auf größere Bergfahrten in diesem Gebiet zu bekommen.

Der Piz da las Coluonnas, ein wenig bekannter, kaum bestiegener Gipfel, eignet sich für eine solche Erkundungstour besonders gut. Er steht zwar ein wenig im Schatten der ihn umgebenden markanten Berge Piz Lagrev und Piz Güglia, aber die Wanderung ist trotzdem lohnend, vor allem wegen der interessanten Einblicke zum Piz Lagrev mit seinem breiten Gletscher. Die Bergfahrt führt auf einen fast 3000 Meter hohen Berg, und doch ist sie nicht schwierig. Aber Vorsicht: Die Route

Sils Maria, Julierpaß

Der Gipfelblick vom Piz Güglia zeigt die Berge um den Piz Lagrev besonders schön. Den Gipfel des Piz da las Coluonnas finden wir über dem breiten, dunklen Rücken, rechts neben dem Vadret Lagrev.

verläuft zu einem großen Teil durch wegloses Gelände. Etwas Orientierungsgabe ist deshalb, besonders bei schlechter Sicht, erforderlich. Wir sollten also lieber gutes Wetter abwarten, damit wir uns nicht verirren. Das kann nämlich in dem Felsenlabyrinth am Piz da las Coluonnas bei Nebel leicht passieren. Wenn auch die Route bei guter Sicht nicht schwer zu finden und wirklich harmlos zu begehen ist, so kann es genauso schnell kritisch werden, wenn man bei Schlechtwetter vom rechten Routenverlauf abkommt.
Interessant und schön ist der Leg Grevasalvas. An diesem See ist der richtige Platz für eine lange Pause. Dort kann man schön rasten, sich entspannen und regenerieren. Viele Wanderer küren ihn zum Ziel eines netten Spaziergangs vom Julierpaß herauf. Gelegenheitsbergsteigern mag dies genügen, wir aber wollen höher hinaus.

Routenverlauf

Talort: Silvaplana, 1815 Meter.
Ausgangspunkt: Hospiz am Julierpaß. »La Veduta«, 2233 Meter, etwas westlich der Paßhöhe; Bushaltestelle.
Aufstieg: Ein guter, markierter Wanderweg beginnt beim Parkplatz am Hospiz und bringt uns ziemlich genau nach Süden. Er führt über steinige Wiesen zum Punkt 2449 Meter, der auf der Landeskarte eingetragen ist. Am einfachsten ist es, von dort zum Lej da Bittabergh (auch Leg Grevasalvas genannt) hinabzusteigen und auf dessen westlichem Ufer zu seinem Südende weiterzugehen.
Wer es unbedingt wissen will, kann auch direkt die steilen Hänge unter dem Punkt 2808 Meter queren und zu einem Höhenrücken gehen, wo sich die beiden Aufstiegsvarianten

vereinen. Empfehlenswert ist dieser »Abkürzer« aber nicht. Die Strecke ist zwar von der Entfernung her wirklich etwas kürzer, aber sie ist unbequem zu begehen, kaum zu finden und zeitlich gewinnt man überhaupt nichts. Im Gegenteil, man wird wohl länger brauchen, wenn man nicht gerade mit artistischer Geschicklichkeit von einem Felsblock zum anderen springen kann.

An der Stelle, wo sich die beiden Aufstiegsvarianten vereinen, folgen wir dem deutlich ausgeprägten Höhenzug. Er führt fast genau gegen Norden zum Punkt 2808 Meter hinauf. Man sucht sich die beste Strecke raus. Es bleibt jedem selbst überlassen, direkt auf dem Höhenrücken aufzusteigen, wo es halt stellenweise doch ziemlich steil hergeht, oder sich ein wenig rechts davon zu halten. Dort läuft unter den großen Felsenblöcken ein kleiner Bach.

Am einfachsten wird es wohl sein, anfangs im Bachgraben und später am Grat aufzusteigen. Weiter oben vereinigen sich die beiden Routen, wir müssen steil durch loses Geröll hinauf und kommen in eine weite, ebene Schuttmulde. Dort biegen wir rechts ab und gehen über Firnfelder den Westrücken hinauf. Auf ihm übersteigen wir einige felsige Gratspitzen, bis wir nach 2½ bis 3 Stunden den Steinmann am breiten, behäbigen Gipfel erreichen.

Bei schönem Wetter ist es dort oben sehr gemütlich. Der Tiefblick auf den Vadret Lagrev mit seinem milchig-blaugrünen See, darüber die Berninaberge, der scharfgeschnittene, dunkle Zahn des Piz Polaschin im Vordergrund, die Schau zum Piz Güglia hinüber, der scharfe Grat zum Piz Lagrev und die endlose Einsamkeit, all das sollte man in Ruhe betrachten. Dort oben kann man sich Zeit nehmen und neue Pläne schmieden, faulenzen und sich, so wie ich, einen gehörigen Sonnenbrand einhandeln. Mancher lernt's halt nie.

Abstieg: Der Rückweg verläuft auf der Aufstiegsroute. Wer gut und sicher auf den Beinen steht, kann, wenn noch ausreichend Schnee liegt, auf langen Firnfeldern unter dem Piz Lagrev zum Leg Grevasalvas hinunterrutschen. Vorsicht aber, wenn die Schneeauflage im Spätsommer so dünn ist, daß auf den oberen Hängen nur noch blankes Eis zu

finden ist. Dann spitzen auch die Felsen hervor. Eine Rutschpartie sollte man sich bei solch widrigen Verhältnissen vorsichtshalber verkneifen.

Höhenunterschied: 727 Meter.
Gesamtgehzeit: 4 bis 5 Stunden.
Karte: Wanderkarte Oberengadin, Maßstab 1:60000, Verlag Kümmerly + Frey, oder Landeskarte der Schweiz, Maßstab 1:50000, Blatt 5013 Oberengadin.
Kartenskizze siehe Seite 159.

42 Piz Güglia, 3380 Meter

Wilder Felsenberg mit gutem Weg

Tagestour.
Beste Jahreszeit: Juli bis September.
Unschwierige Hochtour. Bis zum Gipfel führt ein gut gesicherter Steig. Bei Schneelage Vorsicht in den Steilhängen!

Es war im Jahr 1907, als die Fassung der Heilquelle im Kulmpark von St. Moritz erneuert werden sollte. Dabei stieß man auf einen seltsamen Fund: einem Druidenstein (Hexenstein) aus der Bronzezeit. Durch diesen Stein, in Lehm eingelassene Lärchenholzröhren, bronzezeitliche Waffen, das ganze umgeben von einem Blockbauwerk, war der Beweis geliefert, daß das Oberengadin schon 1500 vor Christus bewohnt gewesen war. Die Heilquelle ist allerdings erst im späten Mittelalter von Paracelsus urkundlich erwähnt worden.

Besonders beliebt muß sie bei italienischen Ärzten gewesen sein, die ihre Patienten in Scharen nach St. Moritz schickten. War auch die Kuranwendung selbst nichts für zart besaitete Wesen, denn man hatte bis zu 10 Liter Quellwasser am Tag zu trinken, so verfehlte sie doch ihre Wirkung nicht. Es wird über großartige Heilerfolge berichtet: »Das Bad ist gesund, schwanger wurden Frau, Magd und Hund.«

Neben der Heilwirkung des Quellwassers leistet aber auch das Klima seinen Beitrag zum Wohlbefinden der Kurgäste. Der berühmte »Malojawind«, der eine besonders

reine, trockene Luft durch das Tal bläst, sorgt für ein alpines Reizklima, das die Funktionen des Organismus anregt. Zudem bewirkt dieser Wind auch eine klare Sicht und die ist für unsere Tour besonders günstig.

Von allen Seiten gibt sich der Piz Güglia (oder Piz Julier) als wilder, fast senkrecht aufragender Felsenzahn, der dem Wanderer als Gipfelziel zunächst einmal gar nicht in den Sinn kommen mag. Erst wer sich etwas näher mit diesem markanten Gipfel befaßt, wird ein wenig Appetit auf diesen stolzen Berg bekommen. Er hat nämlich eine schwache Seite und die ist obendrein noch mit Geländern, Seilen und Ketten fast ein wenig zuviel gesichert, so daß man schon Anlauf nehmen muß, um dort hinunterfallen zu können.

Die Tour ist also nicht schwierig und wer ein wenig Erfahrung und Höhengewöhnung mitbringt, darf sich den Piz Güglia zutrauen. Dank der etwas übertriebenen Sicherungsanlagen erreicht die Tour mit Müh und Not gerade noch den Schwierigkeitsgrad I. Zudem sind die rauhen Granitfelsen recht griffig, was allerdings zu unangenehmen Hautabschürfungen führen kann, wenn man ihnen gar zu heftig nahekommt. Etwas rutschiger sind, vor allem bei Nässe, die grünlich schimmernden Serpentin-Felsen. Auch die gibt es am Piz Güglia. Das einzige wirkliche Problem, das Untrainierte haben könnten, sind die große Höhe und natürlich die Kondition. Auf- und Abstieg sind lang, und wer keine Dreitausender gewöhnt ist, wird schon etwas nach Luft schnappen müssen.

Da der Piz Güglia im weiten Umkreis der höchste Gipfel ist, sind die Ausblicke von dort oben, wie nicht anders zu erwarten, ungewöhnlich interessant. Man sieht schön zu vielen Gipfelzielen aus diesem Buch, kann deren Routenverlauf gut studieren. So blickt man zum Beispiel auf die Schutthalden am Piz Surgonda (Tour 44) oder zum Piz Lagrev mit dem vorgelagerten breiten Rücken des Piz da las Coluonnas (Tour 41), der keinen besonders markanten Gipfel ausbildet. Der Corn Alv (Tour 44), ebenfalls in der unmittelbaren Nähe, verschwindet fast im weiten

Aus dem Suvrettatal ist der Piz Güglia noch nicht zu sehen. Er versteckt sich hinter dem auffälligen, felsigen Vorgipfel.

Rund der hohen Berge. An klaren Tagen sieht man auch zu den Albulabergen hinaus, mit dem dunklen Zahn des Piz Ot (Tour 48) und dem breiten Gipfelkamm am Piz Kesch (Tour 46).

Einst haben den Piz Güglia an der Nordseite zwei kleine Gletscher geziert. Nur einer davon konnte in den vielen zurückliegenden heißen Sommern überleben. Der nördliche ist stärker der Sonne ausgesetzt und bis auf einen kleinen Firnrest abgeschmolzen. Der südliche, der etwas näher am Berg und damit im Schatten liegt, ist noch ziemlich mächtig, zerklüftet und von großen Spalten durchzogen. Den unteren Abbruch sieht man schon vom Tal aus und wer sich am Gipfelgrat etwas hinauswagt, kann sich von den Blicken zum (wie lange noch?) »ewigen Eis« hinab sehr beeindrucken lassen. Vor allem im Hochsommer, wenn der Gletscher blank ist, sieht er ziemlich chaotisch aus.

So ein hoher und obendrein leicht zu erreichender Gipfel führt natürlich kein Schattendasein. Er ist sehr begehrt und bei gutem Bergwetter oft überlaufen. Da aber der Felsengipfel ziemlich breit ausgefallen ist, bietet er vielen Bergsteigern ausreichend Platz. Man muß ja nicht gleich mit einer 37köpfigen, laut um sich schreienden Jugendgruppe zusammentreffen, wie wir das zweifelhafte Vergnügen hatten.

Routenverlauf

Talort: St. Moritz (S. Murezzan), 1822 Meter.
Ausgangspunkt: Suvretta, Talstation der Seilbahn in der Nähe des Suvretta-Hauses, Parkplatz, ca. 1850 Meter.
Aufstieg: Wir folgen dem für den allgemeinen Verkehr gesperrten Fahrweg zwischen exklusiven Villen hindurch in Richtung Suvretta da S. Murezzan. Gute Wegzeiger bringen uns durch den mondänen Ortsteil von St. Moritz in das Suvrettatal hinein. Bei jeder Verzweigung wird auf den Wegweisern die verbleibende Aufstiegszeit zum Piz Güglia fünfminutenweise neu abgerechnet.

Der Weg läuft auf der nördlichen Seite des Bachs »Ova da Suvretta« in mäßiger Steigung dahin und gabelt sich bei einer Brücke. Wir gehen geradeaus weiter und an der Einmündung des Wanderwegs, der von St. Moritz

Wenn auch die Felslandschaft am Piz Güglia recht wild aussieht, so ist der Weg doch relativ einfach.

über die Alp Suvretta heraufkommt, vorbei. Links des Weges zwingt sich der Bach auf ein kurzes Stück etwas wild durch die Felsen und bildet einen kleinen Wasserfall. Weiter oben ist sein Lauf wieder ruhiger.

Auf der Höhe von 2311 Meter schwenken wir links ab und gehen auf der kleinen Holzbrücke gegen Westen über den Bach hinweg. Vor einem Geröllhaufen staut sich das Wasser. Wenn viel herabläuft, bildet sich dort ein kleiner See, ehe der Bach durch den Schutt versickert.

Wir verlassen das breite Tal und steigen in steile Schutthänge. Nachdem sich die Route in vielen Kehren mühsam den Hang hinaufgewunden hat, dreht sie sich nach Süden und führt immer näher an die Felsen heran. Dann biegt sie nach links ab und schickt uns in der Höhe von etwa 2600 Meter ein längeres Stück gegen Südosten leicht auf und ab, bis sie scharf nach rechts abknickt. Der gute Weg bringt uns nun wesentlich flacher durch grobes Granitblockwerk gegen Südwesten und weiter oben in steile Schutthänge hinein. In mehreren Kehren schlängelt er sich zur Scharte auf 2870 Meter hinauf. Dort steht, für Wetterstürze als Unterstand geeignet, eine winzige Hütte. In dieser Scharte zwischen Piz Albana und dem Vorgipfel des Piz Güglia läßt es sich gut rasten. Vielleicht nutzen wir die Gelegenheit und sehen uns den restlichen Routenverlauf an. Von dort ist er weitgehend zu überblicken.

Nach der Unterstandshütte steigt der Weg

43 Piz Surgonda, 3197 Meter

Unbekannte Aussichtsloge

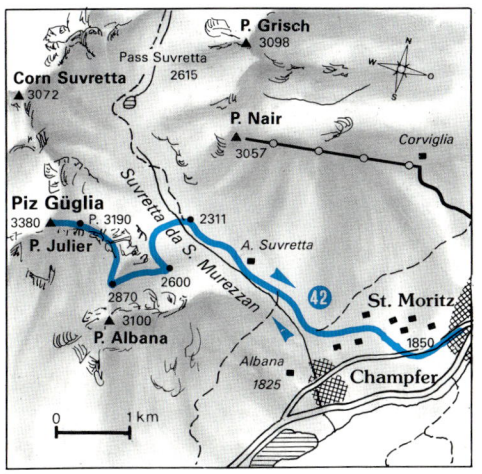

Tagestour.
Beste Jahreszeit: Juli bis September.
Lange Bergtour, die auf eine beachtliche Höhe führt. Auf- und Abstieg führen zum großen Teil durch wegloses Gelände. Bei guter Sicht dürften kaum Orientierungsschwierigkeiten auftreten.

Sitzt man bei schönem Wetter auf dem Gipfel des Piz Surgonda und versucht, die Berge aufzuzählen, die man im weiten Rund sieht, so muß man sich schon sehr gut auskennen, um sie alle benennen zu können. An klaren Tagen reicht die Schau von den Ötztaler Alpen und der Ortlergruppe bis in die Mischabelgruppe. Aber auch in der Nachbarschaft gibt es interessante Berge zu betrachten. Vor allem der dunkle Piz Güglia zeigt sich von dieser Seite besonders markant. Gleich dahinter stehen die im Sonnenlicht glitzernden Eisriesen der Bernina. Verfolgt man das weite Rund gegen Süden, fallen der scharfgeschnittene Monte Disgrazia und die dunkelgrauen Berge des Bergells, vor allem der Piz Badile mit seiner berühmten Ostwand auf. Davor steht der Piz Lagrev, dem wiederum der Piz da las Coluonnas vorgelagert ist. Noch näher bei uns steht der Corn Alv, zu dem wir fast schon ein wenig hinabschauen können. Etwas weiter draußen wieder zeigt sich wild und schroff der Piz d'Err. Die Blicke schweifen weiter zum Piz d'Agnel und zu den zinnoberrot leuchtenden Bergen Cima da Flix und Piz Traunter Ovas. Rechts dahinter ragen die Albulaberge auf, wo uns der breite Piz Kesch besonders auffallen wird. Nach dem Piz Ot mit seinen Trabanten schließt sich der Kreis wieder.

Man könnte glauben, daß so ein traumhafter Aussichtsgipfel häufig besucht wird. Weit gefehlt. Im Winter, wenn Skitourengeher unterwegs sind, dann ist der Piz Surgonda, gemessen an der Stille und Einsamkeit der benachbarten Gipfel, in der Tat ziemlich gut besucht. Im Sommer jedoch verirrt sich kaum ein Mensch auf diesen Berg. Auf- und Ab-

gegen Norden an, führt in die Felsen hinein und ist gelegentlich mit roter Farbe markiert. Der Anstieg wird deutlich steiler und verläuft in einem weiten Bogen von Norden nach Westen. Wer nicht ganz schwindelfrei ist, wird gerne das Angebot der vielen Geländer und Ketten in Anspruch nehmen, die den Anstieg »entschärfen«. Ein wenig Konzentration ist aber doch noch vonnöten, um die richtige Trittspur nicht zu verlieren. Man kann sich nämlich sehr leicht versteigen, wenn man nicht aufpaßt. Einige Pfadspuren führen geradewegs in die Irre, ein Zeichen dafür, daß sich schon viele Bergsteiger vertan haben.

Auf dem langen Felsengrat kommen wir über den Punkt 3190 Meter nahe an den Vorgipfel heran und steigen dann endlich zum breiten Hauptgipfel des Piz Güglia hinauf, den wir nach etwa 4½ bis 5 Stunden erreichen.

Abstieg: Leider gibt es keine Alternative. Wir müssen wieder am Aufstiegsweg zurück. Erst beim Rückweg ist uns aufgefallen, daß der Weg unter dem Sattel bis zum Bach »Ova da Suvretta« durch feinen Sand und loses Geröll führt, beides wirkt wie Kugellager unter den Sohlen. Wer nicht sauber geht, kann schon einmal etwas unsanft auf dem Gesäß landen.

Höhenunterschied: Rund 1500 Meter.
Gesamtgehzeit: Rund 7½ Stunden.
Karte: Wanderkarte Oberengadin, Maßstab 1:60000, Verlag Kümmerly + Frey, oder Landeskarte der Schweiz, Maßstab 1:50000, Blatt 5013 Oberengadin.

Ein weiter grüner Boden im Val d'Agnel lädt zu angenehmer Rast auf der Tour zum Piz Surgonda ein.

stieg führen ja auch durch ziemlich tristes, fast vegetationsloses Schottergelände, an dem nicht jeder Gefallen finden kann. Das ist eben, zusammen mit dem weiten, anstrengenden Weg, der Preis für die herrliche Gipfelschau. Kurz ist die Tour also nicht und wenn man die Höhe nicht gewöhnt ist, kann man schon ziemlich ins Schnaufen kommen.

Der Berg ist etwas für Individualisten, für Bergwanderer, die sich auch im weglosen Gelände zurechtfinden. Allzugroße Orientierungsprobleme dürfte es bei klarer Sicht trotzdem nicht geben, denn eindeutig vorgegebene Geländeformationen lassen bei der Routenwahl kaum Zweifel aufkommen, wenn man eine gute Karte dabei hat und damit umgehen kann.

Interessant ist für den aufmerksamen Beobachter das Gestein an diesem Berg. Die Steine wechseln in allen erdenklichen Farben,

über den Höhenrücken hinweg und schwindelt sich, möglichst ohne Höhe zu verlieren, zu dem Wanderweg hinüber, der in das Val d'Agnel hineinführt. In geringer Steigung verläuft der schöne, markierte Weg gegen Norden dem Bachlauf entlang in das lange Tal. Von rechts ragen die weißen, schroffen Felsen des Corn Alv (Weißhorn) herein und bilden einen kräftigen Kontrast zur grünen, eher lieblichen Tallandschaft, durch die wir aufsteigen.

Unmittelbar unter den Felsausläufern des Corn Alv führt das Weglein in einen weiten, grünen Boden hinein. Am gegenüberliegenden Ende der Ebene gabelt sich der Pfad. Wegtafeln zeigen die verschiedenen Richtungen an. Der linke Weg führt in die Forcula digl Leget, wo man gegen den blauen Himmel ein eigentümliches Felsengebilde mit einem großen Loch bestaunen kann. Unsere Route weist gegen Norden weiter und unter dem Piz Campagnung über die 2600-Meter-Linie. Dort läuft der Wildbach in einem tiefen Taleinschnitt weit unter uns, und erst im weiteren Verlauf des Aufstiegs weitet sich der Bachgraben wieder. Wir verlassen den Wanderweg nach rechts, gegen Osten.

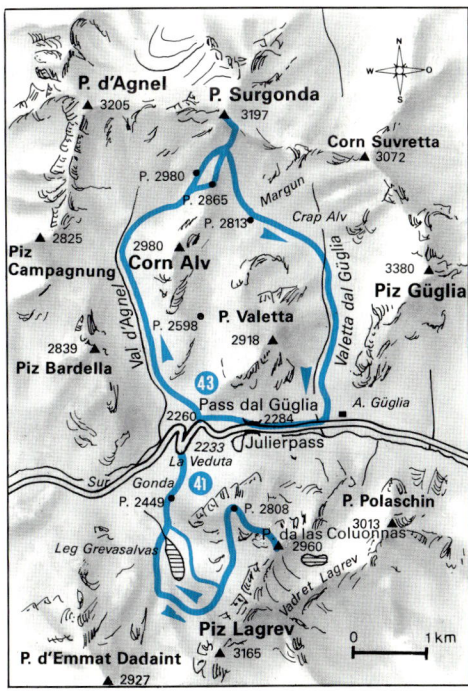

von Schwarz über Gelb, Rot, Grün und Weiß. Geologisch interessierten Bergfreunden wird das Herz höher schlagen.

Routenverlauf

Talort: Silvaplana, 1815 Meter.
Ausgangspunkt: Straßenkehre, etwas westlich der Paßhöhe des Julierpasses, 2260 Meter, Parkplatz.
Aufstieg: Vom Ausgangspunkt geht man auf Pfadspuren ein Stück gegen Nordwesten

In wechselndem Farbenspiel gibt sich das Gestein am Piz Surgonda. Die Aufnahme ist am Vorgipfel entstanden und zeigt den grünen Hauptgipfel.

Nun müssen wir uns die Aufstiegsroute selber suchen. Aber keine Sorge, dies ist nicht schwierig, denn das Gelände ist übersichtlich und gibt die richtige Strecke klar vor. Im breiten Tal steigen wir gegen Nordosten unter dem Felsen (Punkt 2980 Meter der Landeskarte) weiter. Der Piz Surgonda schickt uns dort einen eiskalten Bach entgegen. Wir können nun nach rechts zum Schuttrücken zwischen Corn Alv und Piz Surgonda aufsteigen, den wir etwas oberhalb der Scharte auf 2865 Meter erreichen. Es ist aber auch möglich, in der weiten Talmulde dem Bach gegen Nordosten zu folgen, bis an geeigneter Stelle nicht zu steil, rechts haltend, der Südrücken des Piz Surgonda erreicht werden kann.

Der folgende Wegabschnitt führt auf der Grathöhe des Südrückens weiter. Gelegentlich findet sich eine schwach ausgeprägte Trittspur und einzelne Steinmänner zeigen die Aufstiegsrichtung. Der Rücken schwingt sich weiter oben deutlich zu einem steilen Grat auf, aus dem bizarre Felsentürmchen herausragen, und flacht erst unmittelbar vor dem kleinen Kreuz auf 3160 Meter ab.

Doch der Gipfel des Piz Surgonda ist noch nicht erreicht. Er liegt nordwestlich davon. Wir sehen ihn deutlich als die höchste Erhebung am langen Grat, der sich gegen Westen zum Piz d'Agnel hinüberzieht. Grün leuchtet uns der Hauptgipfel entgegen, während auf dem Ostgipfel das Gestein eher einen rötlichen Schimmer hat.

Vom Kreuz geht man ein paar Meter hinab, umrundet den Gipfelfelsen auf dessen südwestlicher Seite und steigt auf den Grat hinauf. Der anfangs breite Gratverlauf weist durch einen Sattel, an einem Felsenzacken links, also südwestlich, vorbei und auf einer Trittspur zum Steinmann am Gipfel, der ab dem Ausgangspunkt in etwa 4 Stunden erreicht wird.

Abstieg: Vom Gipfel geht man zunächst auf der Aufstiegsroute dem Grat entlang hinab. Vor dem Felsenaufbau des Vorgipfels hält man sich rechts und quert das steile Geröllfeld direkt zum Südrücken des Surgonda hinüber. Ein Stück folgen wir dem breiten Rücken hinunter und biegen in eine weite, aber steile Mulde nach Südosten (links) ab. Im Ge-

44 Corn Alv, 2980 Meter

Gipfel der Einsamkeit

Tagestour.
Beste Jahreszeit: Juli bis September.
Trittsicherheit und Gespür für die beste Routenfindung im weglosen Gelände sind erforderlich.

röll kommen wir rasch hinunter, halten uns an einem weißen Kalk-Felsenabsatz links und gehen links des steilen, dunklen Grabens in das Gelände »Margun« hinab. Der Graben läuft bei einer kleinen Schotterebene aus. In dieser Ebene findet sich stark eisenhaltiges und deshalb rostbraun gefärbtes Gestein. Wer dort ein wenig herumschnüffelt, kann interessante Pyritkristalle (Schwefeleisen oder Katzengold) finden.

Der weitere Rückweg bringt uns ein wenig gegen Süden und durch eine Lawinenrinne mit einem kurzen, felsigen Abschnitt wieder in eine Ebene hinein. Wir bummeln über diese Ebene hinweg und ein paar Meter auf den jenseitigen Höhenrücken zum weithin sichtbaren, großen Steinmann hinauf. Gehen wir nun in der gleichen Richtung weiter und in den vor uns liegenden Sattel hinab, in dem zwei kleine Steinmänner stehen, müssen wir uns unter dem Crap Alv links (gegen Osten) halten, um durch braunen Schieferschutt in das Valletta dal Güglia hinauszukommen. Unter dem dunkel aufragenden, gewaltigen Piz Güglia folgen wir dem Tal nach Süden und erreichen Pfadspuren, die dem munteren Bach entlangführen.

Schön sind die feuerroten Radiolaritsteine (Tiefseesedimente) anzusehen, die vom Piz Valletta herabgefallen sind. Wir wechseln auf die östliche Bachseite, der Pfad wird immer breiter und der Bach verschwindet in einer tiefen Schlucht. Dort sehen wir schon zur Paßstraße hinaus. Nach einer Geländekante fällt der Weg wieder etwas steiler ab und bringt uns in der Nähe der Alp Güglia zur Paßstraße hinunter. Wir folgen der Fahrstraße zur Paßhöhe zurück.

Wer sich den Gegenanstieg auf der stark befahrenen Straße ersparen will, kann noch hoch über der Alp Güglia gegen Südwesten (rechts) abbiegen, den Bach überschreiten und auf den steilen Wiesenhängen »Colouonnas« zur Paßhöhe hinüberqueren. Von der Paßhöhe führt ein Weg abseits der Straße zum Ausgangspunkt zurück.

Höhenunterschied: Knapp 1000 Meter.
Gesamtgehzeit: 7 Stunden.
Karte: Wanderkarte Oberengadin, Maßstab 1:60000, Verlag Kümmerly + Frey, oder Landeskarte der Schweiz, Maßstab 1:50000, Blatt 268 Julierpass.

Die Wanderung auf den Corn Alv beginnt am Julierpaß. Bevor wir zu dem stillen Gipfelziel losziehen, sollten wir uns vielleicht ein wenig über diesen Paßübergang informieren. Er hat nämlich eine interessante Geschichte. Wie auch der benachbarte Septimerpaß wurde er schon in römischer Zeit benutzt. Der Septimerpaß kann bis heute nur zu Fuß überwunden werden, während über den Julier Anfang des 19. Jahrhunderts eine Straße gebaut worden ist. Diese gut befahrbare Paßstraße wird auch im Winter offen gehalten. Sie ist damit die wichtigste Verbindung aus Nordbünden ins Oberengadin. Von Bivio windet sie sich in relativ wenig Kehren bis auf 2284 Meter und nach Silvaplana hinab. Es gab auch Pläne, über den Julier eine Eisenbahn zu bauen, doch hat man diese Absicht zugunsten der Albulastrecke wieder verworfen.

Auf der Paßhöhe sind Reste einer römischen Kultstätte gefunden worden. Zu diesem Heiligtum gehörten 2 römische Säulen, über deren Inschriften man immer noch rätselt. Angeblich wurden die Säulen von Julius Caesar errichtet. Damit liegt natürlich die Vermutung nahe, daß der Name des Passes »Julier« von Julius Caesar kommt. Aber die Sprachforscher belehren uns eines anderen. Nach der herrschenden Auffassung hat der Paßname seinen Ursprung in dem gallischen Wort »julio«. Das heißt soviel wie »Joch« oder »Paß«. Der Verlauf des alten römischen Handelsweges ist übrigens stellenweise noch zu erkennen.

Braust man mit dem Auto über den Julierpaß, so kann man die landschaftlichen Eindrücke schon erahnen, die man auf Bergtouren in dieser Alpengegend zu erwarten hat. Die Täler und Berghöhen sind von einer herben Schönheit geprägt. Von vegetationsarmen, dunklen Felsenhängen, von Blockwerk, Firn- und Gletscherfeldern. Eine Bergwelt also, die ihren eigenen Zauber atmet, sich aufs Gemüt schlagen kann und zu Touren nicht unbedingt einlädt. Vielleicht ist dies aber auch für den einen oder anderen gerade ein Anreiz, dort oben am Julier loszugehen, in einer weiten Einsamkeit ein paar beschauliche Stunden allein mit sich und der erhabenen Bergwelt zu verbringen. Es läßt sich dort oben oft stundenlang wandern, ohne einem Menschen zu begegnen. Nur gelegentlich sind ein paar Soldaten unterwegs.

Vom Paß aus kann man eine ganze Reihe »schneller Gipfel« besteigen. Die meisten sind knapp unter 3000 Meter und stellen durchaus interessante Bergfahrten dar.

Einer davon ist der Corn Alv. Sein Name bedeutet »Weißhorn«. Er verdankt ihn dem hellen Dolomitgestein, das den Gipfelstock ausbildet. In dieser Berggegend ist das nicht gerade typisch, denn dunkles, kristallines Gestein, vorwiegend Gneis und Granit, bestimmen die finstere Landschaft. Da bildet der Corn Alv eben eine freundliche Ausnahme und allein schon deshalb ist er einen Besuch wert. Natürlich dürfen wir uns von dieser Bergfahrt nicht gerade die allertollsten Landschaftseindrücke erwarten. Die Tour ist in der Tat schon ein wenig monoton und sie wird sehr selten durchgeführt. Aber im Frühsommer finden wir am Wegesrand eine erstaunliche Blumenpracht, und die Gipfelschau ist natürlich ein weiterer Pluspunkt. Vor allem der markante Piz Güglia, der Schaumagnet in diesem Gebiet, zieht die Blicke auf seine wilde Westseite. Aber auch die Aussicht zum benachbarten Piz Lagrev ist sehr beeindruckend, und der Aufstieg zum Gipfel des Piz Surgonda (Tour 43) läßt sich vom Corn Alv gut überblicken.

Routenverlauf

Talort: Silvaplana, 1815 Meter.
Ausgangspunkt: Straßenkehre unterhalb La Veduta, auf der Westseite des Julierpasses, 2205 Meter.
Aufstieg: Ein wenig unterhalb der Straßenkehre gibt es einen kleinen Parkplatz. Dort beginnt der Weg. Er ist anfangs gut markiert und führt in das Val d'Agnel hinein. Wir folgen ihm ein Stück bis zum Ende dieses weiten, fast ebenen Talbodens und verlassen beim Zusammenfluß der beiden Bäche den Wanderweg. Wir gehen vom markierten Weg nach rechts und folgen dem östlichen der beiden Bäche steil durch Wiesengelände hinauf. Die Route führt im wesentlichen auf unmarkierten Trittspuren dahin.

Bitte nicht erschrecken, wenn plötzlich etwas im Gras springt. Wir haben auf diesem Wegabschnitt eine Menge munterer Grasfrösche angetroffen. Sie sind Störungen durch Bergsteiger offenbar nicht gewöhnt. Ein Zeichen dafür, daß das Tal nicht sehr stark begangen ist.

Bald erreichen wir wieder flachere Hänge und einen deutlich ausgeprägten Höhenrücken. Auf ihm gehen wir zwischen zwei Bächen unter dem Piz Valletta in schönes, grünes Gelände hinein. Die Route führt am Punkt 2598 Meter vorbei und nach Norden weiter. Die Gegend wird immer trister. Wer ein geübtes Auge dafür hat, kann im Schotter eine interessante Blumenflora entdecken.

Etwas unter dem auf der Karte eingezeichne-

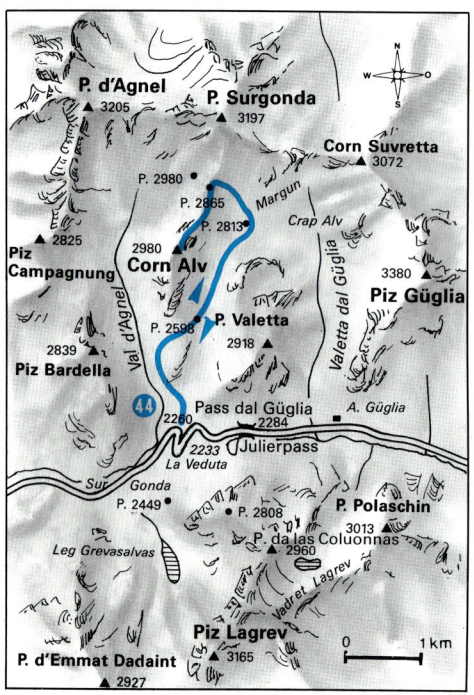

Nur im Gegenlicht gibt sich der Corn Alv (Weißhorn) als dunkler Felsenzacken.

ten Punkt 2813 Meter endet in einer kleinen Scharte das lange Tal. Dort ist auch die Trittspur zu Ende. Wir halten uns gegen Nordwesten (links), gehen weglos am großen Steinmann und einem schroffen Felsengebilde nördlich vorbei und steigen durch eine trostlose Landschaft. Vor allem im Spätsommer, wenn auch die letzten Schneereste abgeschmolzen sind, sieht es hier fast wie auf dem Mond aus.
Dann erreichen wir wieder einen Sattel auf 2865 Meter. Dort beginnt der Gipfelsturm. Eine halbe Stunde plagen wir uns über den steilen Schuttgrat, zum Schluß über unbe-quemes, fast ein wenig »luftiges« Blockwerk, bis wir nach insgesamt rund 2½ Stunden den Steinmann am höchsten Punkt des Corn Alv erreichen.
Abstieg: Entlang der Aufstiegsroute.
Höhenunterschied: 975 Meter.
Gesamtgehzeit: 5 Stunden.
Hinweis: Am Steinmann auf 2813 Meter berührt die Route den in Tour 43 beschriebenen Abstiegsweg vom Piz Surgonda. Man kann an dieser Stelle also umdisponieren und auf diesen deutlich höheren Gipfel steigen oder auch eine der unter Tour 43 erwähnten Abstiegsvarianten wählen.
Karte: Wanderkarte Oberengadin, Maßstab 1:60000, Verlag Kümmerly + Frey, oder Landeskarte der Schweiz, Maßstab 1:50000, Blatt 268 Julierpass.

Albulaberge

45 Piz Albula, 3117 Meter, und Igl Compass, 3016 Meter

Zwei interessante Gipfel über dem Albulapaß

Tagestour.
Beste Jahreszeit: Juli bis Ende September.
Auf- und Abstieg führen zum Großteil durch wegloses Gelände, weshalb die Tour nur bei guter Sicht durchgeführt werden darf. Es sind unangenehm steile Schotterrinnen zu gehen, für die Trittsicherheit zwingend erforderlich ist. Auf- und Abstieg zum Igl Compass sind ziemlich einfach.

Auch der Albulapaß wurde schon in prähistorischer Zeit benutzt. Funde aus der Bronzezeit bestätigen dies. So richtig aufwärts mit dem Paß ging es aber erst im Mittelalter. Damals wurde die Strecke hauptsächlich für den Transport von Salz und Veltliner Wein genutzt.

Zwischen Filisur und Bergün wurde zum ersten Mal im heutigen Graubünden Sprengstoff für den Straßenbau eingesetzt. Es war im Jahr 1696, als das Pulver für ein neues Straßenstück am »Bergüner Stein« verwendet worden ist. Durch die »moderne Technik« konnte die Wegstrecke verkürzt und vor allem die Steigung wesentlich reduziert werden.

Trotzdem erfolgte der aktuelle Straßenausbau erst ziemlich spät. Die Scheitelstrecke zwischen Bergün und La Punt ist nämlich erst im Jahr 1866 fertiggestellt worden.

Der Albula war und ist auch heute noch für seine Lawinengefahr bekannt. Man braucht sich die steilen Schutthänge nur anzusehen um sich vorstellen zu können, wie im Winter und im Frühjahr die Lawinen mit Urgewalt zur Straße hinunterdonnern. Der Paß wurde deshalb, vor allem wegen seiner Lawinenhänge südlich der Paßhöhe, unterhalb des Piz Blaisun und des Dschimels, »Teufelspaß« genannt.

Das Hospiz auf der Paßhöhe ist erst im Jahr 1871 gebaut worden. Es war eine willkommene Raststätte bei den Fuhrleuten. Der Mitte des 19. Jahrhunderts eingerichtete Postdienst wird nicht mehr mit Pferdekutschen betrieben, seit am 1. Juli 1903 die Albulabahn eröffnet worden ist. Doch wer Lust verspürt, es sich leisten kann und viel Zeit hat, kann heute noch wie zu Urgroßvaters Zeiten mit einer historischen Postkutsche über den Albula fahren und dabei selbstverständlich im Hospiz einkehren.

Am Hospiz ist auch der Ausgangspunkt für die Tour zum Piz Albula.

Der Piz Albula, eigentlich eine ziemlich unscheinbare Graterhebung westlich des markanten Piz Üertsch, ist wieder einer jener Berge, deren Besteigung sich nur wegen der schönen Gipfelaussicht lohnt. Vor allem die Berggestalten rund um den Albulapaß und die Eisriesen der Bernina, der dunkle, steil aufragende Zahn des Piz Ot und der dahinterliegende, ebenfalls dunkle Piz Güglia sind gut einzusehen. In dieser Aufzählung darf der Piz Kesch nicht fehlen, der sich von seiner weniger attraktiven, gletscherlosen Südwestseite zeigt.

Beeindruckend sind die Tiefblicke vom Gipfel nach Norden, wo die Reste des Vadret da Tisch den Kampf gegen die Sonne und die warme Sommerluft längst aufgegeben haben und ihre letzten Jahre fristen.

Bedenkt man, daß der Ausgangspunkt für die Bergtour schon auf 2312 Meter liegt und der Höhenunterschied zum Gipfel also gar nicht mehr so gewaltig ist, so ist die Tour doch ziemlich anstrengend und lang. Der Aufstieg ist nämlich, vor allem zum Sattel zwischen Piz Üertsch und Piz Albula hinauf, unbequem und steil. Man plagt sich durch losen Schutt und manchmal wird man das Gefühl nicht los, einen Schritt vorwärtszugehen und zwei zurückzurutschen. Solche Mühsal bringt aber auch Vorteile mit sich: Individualisten werden wahrscheinlich allein sein.

Tour 45

Nur im untersten Bereich führt die Route zum Piz Albula und zum Igl Compass durch grüne Weidewiesen.

Die Steilhänge der Berge um den Albulapaß gewähren den Segelfliegern, die von Samedan heraufkommen, gute Aufwinde, so daß sie hier oft in Höhen von über 4000 Meter aufsteigen können. Hauptsächlich am Nachmittag kann man am Piz Üertsch bei guter Thermik diese Fluggeräte beobachten.

Routenverlauf

Talort: La Punt, 1697 Meter.
Ausgangspunkt: Hospiz am Albulapaß, 2312 Meter. Parkplatz, Postauto-Haltestelle.
Aufstieg: Vom Hospiz führt eine Trittspur gegen Nordwesten in die Weidewiesen hinein. Vorsicht! Schon im ersten, steil nach rechts aufragenden Hang, noch vor dem breiten Geröllfeld, muß man vom Weglein rechts (gegen Norden) abbiegen und der Trittspur nach oben folgen. Wer diese Abzweigung übersieht, kommt zu weit nach Westen hinauf. Viel ist damit allerdings nicht verloren, denn es müssen schon viele andere Wanderer falsch gelaufen sein. Sie haben gleich mehrere Trampelpfade durch das Geröllfeld zurück zum richtigen Weg eingetreten.
Spätestens auf einer der Geländestufen mit dem treffenden Namen »Terrassas« wird in jedem Fall die richtige Aufstiegsroute erreicht. Steinmänner markieren den Routenverlauf, der im wesentlichen gegen Norden hinaufführt. Zunächst ist die Hangneigung noch gering.
Für den geologisch interessierten Wanderer

Der Gipfel des Igl Compass ist von vielen Steinmännern gekrönt.

hat dieses Gelände einige Extras parat. Etliche Gesteinsarten wechseln sich in buntem Durcheinander ab und wer mit den geologischen Verhältnissen hier am Albula nicht sehr vertraut ist, wird Mühe haben, diese richtig einzuordnen.

Die Trittspur führt auf eine weiße Felsenbarriere aus Kalkgestein zu. Wir klettern, was nicht schwierig ist, über sie hinweg und halten uns etwas rechts. Dort geht es dann auf der östlichen Seite einer Felsenrippe wieder gemütlicher bergwärts. Ein Radiolaritfelsen leuchtet uns blutrot entgegen. Der Anstieg wird immer steiler und mühsamer. Allmählich wird es dann sehr anstrengend, durch losen Schotter und Geröll weiter aufzusteigen, bis man über ein paar Felsenpassagen hinweg in etwas besser zu begehendes Schiefergestein hineinkommt. Aber der Hang bleibt enorm steil, bis die Scharte zwischen Piz Üertsch und Piz Albula erreicht ist.

Wer wirklich noch nicht genug hat, kann versuchen, nach rechts (gegen Osten) auf den Piz Üertsch aufzusteigen. Aber dieser Anstieg ist nicht ganz ohne Probleme. Dort muß man schon mit mäßig schwieriger Kletterei fertig werden und ordentlich schwindelfrei sein. Er führt auf dem steilen Grat hinauf und wird erst im obersten Bereich flacher. Wenn's gar nicht mehr geht, kann man kurz vom Grat ausweichen, sollte aber gleich wieder auf die Schneide zurückkehren.

Normalerweise wird man sich aber mit dem Piz Albula begnügen, der aus der Scharte in nur 5 Minuten erreicht ist. Wir gehen aus dem Sattel nach links dem Grat entlang, also gegen Westen, manchmal etwas luftig, aber leicht, zum höchsten Punkt am Grat empor. Ab Albulapaß sind es dort hinauf rund 2½ bis 3 Stunden.

Abstieg: Vom Gipfel geht man wieder in den Sattel unter dem Piz Üertsch zurück und die steile Rinne nach Süden hinunter. Vor allem im oberen Bereich der Reiße muß man schon sehr vorsichtig absteigen, damit man nicht ins Rutschen kommt. Erst wenn die Hangneigung etwas abnimmt, kann, wer sicher auf den Beinen steht, sogar über längere Strecken im Geröll abfahren. Doch sollte man nicht zu weit abrutschen, denn auf dem heutigen Tourenprogramm steht noch ein weiterer Gipfel. Es ist der Igl Compass, 3016 Meter, ein vielbesuchtes Gipfelziel. Wir erreichen es, wenn wir uns im Geröll unter dem Piz Albula möglichst weit rechts (südwestlich) halten und über ein Firnfeld auf den langen Rücken steigen, dessen tiefste Stelle in der Karte mit 2890 Meter angegeben ist. Auf der Westseite dieses Höhenzugs steht etwas versteckt eine kleine Hütte. Genau an der tiefsten Stelle dieses breiten Rückens zieht sich wieder ein Band mit feuerrotem Radiolaritgestein durch. Auf dem Rücken verläuft auch die Grenze des Pflanzenschutzgebiets. Wir folgen nun den Steinmännern und der Trittspur durch hellen Kalkfels in weitem Bogen nach Westen. Das Weglein führt in brüchiges Schiefergestein hinein und der Grat, über den die gute Spur verläuft, bricht nach Südosten, zum Albulapaß hin, sehr steil ab. Doch keine Bange, der Weg ist wirklich sehr leicht zu begehen, und in etwa 1½ Stunden vom Piz Albula hat man den Gipfel des Igl Compass sicher erreicht.

Von dort sollten wir einmal einen Blick zurück zum Piz Albula wagen. Es zeigt sich die steile Rinne, die wir hinauf und hinunter gegangen sind, in ihrer vollen Länge. Sie schaut wirklich enorm steil aus; vor allem das oberste Stück, kurz unter dem Sattel am Grat, erscheint aus dieser Perspektive fast senkrecht.

Aus dem losen Schiefergestein auf dem Igl Compass lassen sich sehr schön Steinmänner bauen. Es steht deshalb auch gleich eine ganze Versammlung am Gipfel. Vielleicht sieht man sich aber auch noch einmal in der Gegend um. Schön sieht man zum Beispiel die Aufstiegsroute auf die Dschimels, die in diesem Buch beschrieben ist (Tour 47).

Bei unserem Besuch saßen auf dem Gipfel drei hübsche, junge Mädchen, die sich die Zeit mit Kartenspielen vertrieben haben. Auch das ist eine Möglichkeit, Gipfelziele zu genießen.

Der Rückweg vom Igl Compass zum Albulapaß ist einfach. Wir folgen bis in den Sattel auf 2890 Meter der Aufstiegsroute und halten uns dort rechts (gegen Südosten), gehen über die Hänge »Albula« anfangs durch grobes Kalkgeröll und weiter unten etwas rechts (südlich) im Schieferschutt zurück, bis wir auf grüne Weidewiesen kommen und den Aufstiegsweg erreichen. Auf ihm erreichen wir auch den Ausgangspunkt wieder.

Höhenunterschied: 931 Meter (Piz Albula und Igl Compass ohne Piz Üertsch).
Gesamtgehzeit: 6 bis 7 Stunden.
Karte: Wanderkarte Oberengadin, Maßstab 1:60000, Verlag Kümmerly + Frey, oder Landeskarte der Schweiz, Maßstab 1:50000, Blatt 258 Bergün.
Kartenskizze siehe Seite 175.

46 Piz Kesch, 3418 Meter

Beliebte Hochtour hinter dem Albulapaß

Als Tagestour oder Zweitagetour mit Übernachtung auf der Chamanna d'Es-cha, 2594 Meter, möglich.
Beste Jahreszeit: Juli bis September.
Relativ kurze, aber anspruchsvolle, hochalpine Tour. Erfahrung in Fels und Eis erforderlich (II). Gletscherüberschreitung, Spaltengefahr! Steinschlaggefahr.

Der Piz Kesch ist eins der populärsten, aber leider auch oft verharmlosten Hochtourenziele im Engadin. Von Norden zeigt er sich, geschmückt mit dem stattlichen Vadret da Porchabella, von der attraktivsten Seite. Mit dem Firn- und Eisschild leuchtet er weit ins Engadin hinaus und dieser Berg zieht die Blicke und die Bergsteiger wie ein Magnet an. Dort geben sich dann auch echte Bergsteiger und solche, die es gerne wären, ein fröhliches Stelldichein. Man kann Seilschaften beobachten, die mehr oder weniger routiniert den Gipfel hinaufkraxeln, einen Strick nur um den Bauch Gebunden haben und glauben, damit gesichert zu sein. Es braucht nur einer der vermeintlich Gesicherten auszurutschen, was dann alles geschehen kann, ist dann in den Unfallberichten der Lokalzeitungen nachzulesen. Andere wieder bringen es fertig, nach nahezu jedem Schritt das Seil um einen losen Stein zu legen, ebenfalls in dem zweifelhaften Glauben an eine Sicherung. Unheilbringend aber sind diejenigen, die im brüchigen Schutt am Gipfelaufbau nicht sauber gehen. Sie gefährden nicht nur sich selbst, sondern auch andere. Ein kräftiger Steinschlag ist dort unversehens ausgelöst und für den, der sich weiter unten aufhält, gibt es kein Entrinnen.

Aber auch am Gletscher dirigiert Gevatter Leichtsinn mitunter ein recht saloppes Regiment. Die Trittspur quert den oberen Vadret da Porchabella oft genau dem Verlauf der Querspalten folgend. Es kommt vor, daß sie auf gut 30 oder 40 Meter der Länge nach über die Spalten führt. Dort ohne Seil, allein, und sogar in der Hitze der hochstehenden Mittagssonne im Schneesumpf auf- und abzusteigen erfordert eine gehörige Portion Gottvertrauen und strenge Arbeit für den Schutzengel. Aber es gibt sie immer wieder, die Leute, die nicht einmal einen Gedanken an diese alpinen Gefahren verschwenden. Am Piz Kesch kann man sie studieren. Der Berg eignet sich also gut dazu, die Qualitäten der Bergsteiger zu beobachten.

Zwar ist der Piz Kesch eins der höchsten Gipfelziele in diesem Band, aber dank der Albulapaßstraße kann er angenehm an einem Tag geschafft werden. Wer trotzdem die Tour auf zwei Tage aufteilen will, kann aber auch, wie eingangs erwähnt, auf der Chamanna d'Es-cha übernachten.

Auf der hier vorgestellten Route ist der Gipfel selbst erst ab der Porta d'Es-cha zu sehen. Die landschaftlichen Eindrücke bis dorthin sind, gemessen an der Großartigkeit des Berges, eher bescheiden.

Ein so hoher Gipfel, der weithin alle überragt, ist selbstverständlich eine großartige Aussichtswarte. Doch ist der Piz Kesch leider auch ein Berg, für den man sicheres Wetter unbedingt braucht, das ist aber meist mit Dunst verbunden, und dann ist es mit der Fernsicht oft nicht weit her. Trotzdem wird uns der Berninablick mit dem weißen Band des Biancograts begeistern, auch wenn er ein wenig getrübt ist.

Routenverlauf

Talort: La Punt, 1697 Meter.
Ausgangspunkt: Parkplatz an der Albulapaßstraße, ungefähr auf der Hälfte der Strecke zwischen der Alp Nova und dem Hospiz, rund 2250 Meter.
Aufstieg: Eine hübsche, in Holz geschnitzte Markierungstafel weist vom Parkplatz aus dem Val d'Alvra nach Norden. Gleich nach ein paar Schritten biegt das Wanderweglein gegen Nordosten (rechts) ab, führt durch einen Weidezaun und den steilen Hängen des Piz Blaisun entlang. Der ausgetretene und markierte Weg bringt uns nach etwa 1 Stunde in den Sattel »Gualdauna«, 2490 Meter. Von dort erkennen wir auch schon die Chamanna d'Es-cha, die auf der gegenüberliegenden Seite des Val d'Es-cha auf einem Höhenrücken steht. Der Weg zu dieser Hütte wendet sich im Sattel Gualdauna nach links und verläuft oberhalb des ungebändigten Baches »Ova Pischa« nach Nordwesten. Geschickt ist der Steig durch die steilen Schuttrinnen angelegt und führt nahezu eben, das letzte Stück sogar leicht abfallend zum munteren Bach, der gleich rechts neben uns einen Abhang hinunterfällt. Oberhalb des laut rauschenden Wasserfalls überqueren wir den Bach auf einer guten Brücke. Der Weg dreht sich in weitem Bogen gegen Nordosten und zur Unterkunftshütte empor. Die schmucke, im Jahr 1989 erweiterte Hütte steht auf 2594 Meter. Dort endet der angenehme Wanderweg.

Der weitere Anstieg zum Piz Kesch knickt bei der Hütte links ab und führt auf dem deutlich ausgeprägten Höhenzug gegen Nordwesten weiter. Wir haben die senkrecht aufragende Keschnadel vor Augen. Anfangs versperrt uns die steile Endmoräne des dahinschmelzenden Vadret d'Es-cha den Blick auf den Gletscher. Erst unter dem Punkt 2808 Meter wird aber dann die Schau auf das, was vom Vadret übriggeblieben ist, freigegeben und ein tief türkisgrüner See leuchtet uns entgegen. Die Route wendet sich auf der rechten Seite um den See und stößt in einen kleinen Sattel. Wir queren ihn, gehen über einen steilen und bei

Dank einer fest verankerten Eisenkette ist die Felsenpassage unter der Porta d'Es-cha einigermaßen leicht zu überwinden.

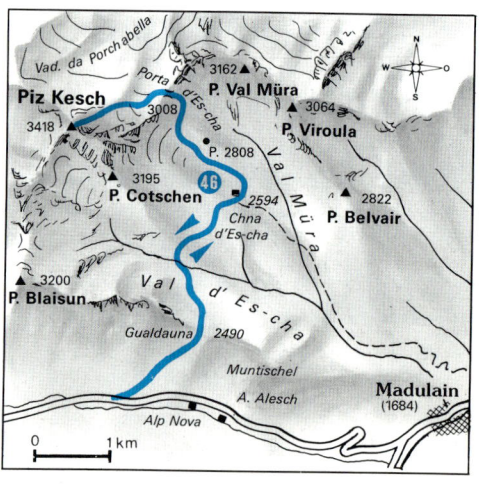

Von der Porta d'Es-cha verläuft die Route auf den Piz Kesch über den spaltenreichen Vadret da Porchabella. Links im Bild erhebt sich die Keschnadel, die anders als es im Bild aussieht, niedriger ist als der Piz Kesch selbst (rechts).

Vereisung gar nicht so harmlosen Gletscherrest (evtl. Steigeisen!) und folgen den Markierungszeichen unter die Porta d'Es-cha.
Dort wird der Anstieg zum ersten Mal anspruchsvoll. Eine fast senkrechte Rinne führt durch glatte Felsen hinauf. Ohne die lange Eisenkette, die dort angebracht ist, wäre die Tour für viele Bergsteiger schon zu Ende. Dank der festen Haltekette läßt sich dieses etwas kritische Wegstück aber doch einigermaßen ordentlich meistern.
Wer unseren Fehler wiederholt, sich vor dem Durchstieg einschmiert und Reste der Sonnencreme an den Händen hat, kann in Schwierigkeiten kommen. Dann ist die gut gemeinte Eisenkette nämlich nicht viel wert, weil man mit den frisch geschmierten Händen fortwährend abrutscht. Also mit der Sonnencreme bis zur Porta d'Es-cha warten. Dort oben ist sowieso der viel bessere Platz für eine kleine Rast. Von dem schönen Fleckerl zeigen sich auf der Tour erstmals der Vadret da Porchabella und der Piz Kesch selbst. Und sie sehen repekteinflößend aus, die scharfen Felsengipfel.
Wir steigen ein paar Meter steil durch Schutt bzw. Firn zum Gletscherrand auf 3008 Meter ab. Dort wird angeseilt. Wenn der Schnee hart oder gar der Gletscher blank ist, wird man Steigeisen dringend brauchen. Die ersten Meter am Vadret da Porchabella sind sehr steil. Kaum ist man auf der Höhe der weiten Gletscherfläche angekommen, steht man auch schon bei der ersten Spalte. Meist findet sich aber eine harte, tragfähige Spaltenbrücke. Wir halten uns leicht links auf den schwach ausgeprägten Gletscherrücken zu, der gegen Westen an der Keschnadel vorbeiführt.
Wenn es auch oft untertrieben und verharmlost wird: Der Vadret da Porchabella hat hier oben seine Tücken. Die Spalten verlaufen in

der Richtung des Aufstiegswegs, und da ist besondere Vorsicht angebracht. In leichten Bogen schwingt sich die Trittspur entlang, aber nicht zu steil hinauf, über eine Randkluft hinweg und an eine steile Firnflanke heran. Dort wird der felsige Gipfelfuß erreicht.

Der nun folgende Gipfelaufstieg hat's in sich. Es erwartet uns eine pfiffige Felspassage, die deutlich in den II. Schwierigkeitsgrad hineingeht. Da es hier längst keine Markierungszeichen mehr gibt, muß man sich die besten Durchschlupfe schon selber suchen. Zwar sind die vielen Besteigungen des Piz Kesch nicht ohne Spuren geblieben und es findet sich auch immer wieder in Schutt und Geröll so etwas wie ein Pfad, aber verlassen sollte man sich darauf nicht. Jetzt heißt es, vor allem auf den Steinschlag, den weiter oben gehende Bergsteiger auslösen können, aufzupassen. Oftmals wird der Gipfelanstieg etwas links der Grathöhe durchgeführt. Doch ist dort das Gestein stellenweise arg lose und gute Griffe sind mitunter nur schwer zu finden. Bergführer empfehlen deshalb, möglichst direkt auf dem steilen Grat aufzusteigen, wo der Fels fester ist.

Hat man Glück und trifft auf keine Vereisung, dann wird der Gipfel nach 5 Stunden erreicht.

Abstieg: Entlang der Aufstiegsroute.
Höhenunterschied: Rund 1200 Meter.
Gesamtgehzeit: 8 bis 9 Stunden.
Hinweis: Man kann den Piz Kesch als Zweitagesunternehmung auch von Norden über die Keschhütte, 2632 Meter, und den Vadret da Porchabella besteigen. Ab der Hütte sind es etwa 3 Stunden zum Gipfel. Ausgangspunkte sind Chants, Sertig-Dörfli, Dürrboden oder Susauna.
Karte: Wanderkarte Oberengadin, Maßstab 1:60000, Verlag Kümmerly + Frey, oder Landeskarte der Schweiz, Maßstab 1:50000, Blatt 5013 Oberengadin.

Vor der kleinen Chamanna d'Es-cha am Piz Kesch.

47 Dschimels, 2782 Meter

Die Zwillinge

Anspruchsvolle Tagestour.
Beste Jahreszeit: Juli bis Ende September.
Weglos. Stellenweise arg steile und ausgesetzte Geröll- und Schutthänge. Schwierigkeit II, Steinschlaggefahr!

Die Berge um den Albulapaß haben etwas Tristes, Monotones, fast Unfreundliches an sich. Sie erreichen Höhen von 3000 Meter und mehr, führen also an die Vegetationsgrenze heran und wegen der hohen Lage des Passes beginnen die Wanderungen erst weit oberhalb der Baumgrenze. Landschaftliche Höhepunkte darf man bei diesen Touren also nicht erwarten. Da machen die Dschimels auf den ersten Blick keine Ausnahme. Wer aber die hier vorgestellte lange Rundtour geht, der wird sich in einer anderen Welt wiederfinden, in einer wahrhaften Idylle, die in besonderem Gegensatz zu den dunklen Schutthalden auf der Nordseite des Berges steht.

Der Gipfel ist schnell erreicht, darf aber keinesfalls unterschätzt werden. An- und Abstieg führen zum Großteil durch steile, lose Schuttreißen und erfordern ein sehr sauberes Gehen. Vor allem bei regnerischem Wetter besteht auf weiten Strecken eine nicht zu unterschätzende Steinschlaggefahr.

Wer die Straße genau beachtet, wird bemerken, daß genau unter dem Aufstiegsweg zu den Dschimels die Paßstraße nur sehr schmal ausgebaut ist. Sie wird an dieser Stelle wohl immer wieder von Lawinen beschädigt. Bei Schneelage darf man also nicht auf den Berg steigen, deshalb sollte die Tour erst angegangen werden, wenn der Winterschnee abgeschmolzen ist, etwa ab Ende Juli.

Erstaunlich schön ist die Gipfelaussicht. Und die ist neben dem Schmankerl, das aber erst beim Abstieg kommt, letztlich der Grund, daß sich die Tour überhaupt lohnt. Schon ab der Fourcula Melnetta, 2632 Meter, werden uns die Ausblicke begeistern. Wie fast überall aus den Albulabergen sind sie zu den Berninabergen besonders schön. Gut sieht man auch zum benachbarten, dunkel in den Himmel aufragenden Felsenzahn des Piz Ot hinüber. Der Ausgangspunkt sowie das erste und das letzte Stück des Aufstiegs zum Piz Ot (Tour 48) lassen sich von den Dschimels gut einsehen.

Dschimels heißt »Zwillinge«. Man braucht den Berg nur anzuschauen, dann weiß man auch warum er so heißt. Er hat nämlich einen doppelten Gipfel, 2782 Meter und 2777 Meter hoch. Wir steigen auf den Ostgipfel, den höheren von den beiden. Genau zwischen den beiden Gipfeln fährt weit unten im Berg die Albulabahn hindurch. Vom höchsten Punkt sieht man auf beide Tunneleinfahrten, die eine in Spinas und die andere in Preda.

Routenverlauf

Talort: La Punt, 1697 Meter.
Ausgangspunkt: Parkplatz an der Albulapaßstraße, westlich des Hospizes, beim 3. Strommasten unter der Paßhöhe auf der nördlichen Straßenseite, rund 2210 Meter.
Aufstieg: Vom Parkplatz quert man die Straße nach Süden und sucht sich im Blockwerk angelegte Steigspuren. Sie führen in vielen Kehren den steilen Nordhang geradewegs hinauf. Immer wieder ist die Wegspur durch Steinschlag und Lawinen unterbrochen, doch mit etwas Geschick wird man den Pfad meistens wieder finden. Im weiteren Verlauf wird der Aufstieg ziemlich unangenehm steil, bis man auf ein bewachsenes Hangstück gelangt. Dort ist der Steig wieder deutlich zu erkennen. Er schlängelt sich in einigen Kehren hinauf, wendet sich etwas gegen Osten, also nach links, und endet bei einer Militärstellung. Dort führt ein Stollen knapp 10 Meter in den Berg hinein. Bei Wetterstürzen ist er ein guter Unterstand. Die Aufstiegsroute führt am Stollen vorbei und nach rechts steil in feinem Grieß und Schotter gegen Nordosten hinauf. Stellenweise muß man im losen Geröll schon sehr vorsichtig aufsteigen, damit man nicht abrutscht und keinen Steinschlag auslöst. Mit Gespür für die beste Aufstiegsroute kommen wir durch diese Auf-

Bei der Rundtour um die Dschimels ist der Gegenanstieg aus dem Val Bever, hinauf zur Fourcula Crap Alv etwas mühsam.

Vom Igl Compass sieht man schön über die Albulapaßstraße zu den dunklen Dschimels mit ihren steilen Geröllhängen, über die der Anstieg hinaufführt. Darüber der Piz Ot.

stiegspassage sicher und einigermaßen ordentlich hindurch und erreichen eine etwas flachere Mulde, in der wieder groberes Blockwerk liegt. Etwa in der Mitte dieser Senke, in der auch im Hochsommer noch ein größeres Schneefeld liegen kann, gehen wir nun wesentlich gemütlicher weiter und erreichen den grünen Sattel »Fourcula Melnetta«, 2632 Meter. Gleich ist das Gelände wieder freundlicher und wir könnten noch umdisponieren.

Wer mutig ist, kann nämlich von der Fourcula nach links auf den Piz da las Blais aufsteigen. Dazu wird die steile Felsenflanke rechts umgangen und dann im wesentlichen immer am Grat aufgestiegen. Nach einem Vorgipfel geht es dann relativ einfach zum Hauptgipfel hinauf. Ganz leicht ist dieser Gipfel allerdings nicht zu erreichen.

Da ist die restliche Route gegen Westen auf die Dschimels schon wesentlich einfacher. Dieser Aufstieg führt über felsdurchsetzte Wiesenhänge anfangs recht bequem, dann aber doch etwas steiler und zum Schluß über einen stellenweise etwas scharfen Grat durch Blockwerk zum Steinmann am Ostgipfel hinauf. Ab Ausgangspunkt braucht man rund 2 Stunden.

Abstieg: Vom Gipfel folgen wir der Aufstiegsroute wieder zurück in die Fourcula Melnetta. Dort halten wir uns rechts (gegen Süden). Wir queren den oberen Bereich einer steilen Rinne und gehen auf deren östlicher Seite durch sehr steile, felsdurchsetzte Grashänge vorsichtig abwärts. Sobald es das Gelände zuläßt, steigen wir in oder knapp neben der Felsenrinne ab. Enorm steil zieht sich die Rinne »Blais Melnetta« gegen Südwesten hinab. Dieser rassige Abstieg geht schon ein wenig in die Knie und wer es gewöhnt ist, mit Skistöcken unterwegs zu sein, ist fein heraus. Damit läßt sich halt doch einiges an Gewicht abfangen und die Knie- und Hüftgelenke bleiben geschont.

Von den unteren, immer noch steilen Grashängen sieht man sehr schön in das Val Bever mit dem Bach »Beverin« hinab. Wie ein Silberband fließt er durch das liebliche Tal hinaus.

Dort unten erreichen wir einen beliebten Wanderweg und finden uns in einer anderen Welt wieder. Kräftige Lärchen und Arven bilden einen lichten Wald. Von den Baumwipfeln lacht der Häher herab, die Eichhörnchen tun sich an den Zapfen gütlich und munter rauscht der Beverin durch diese Idylle.

Wir wandern ein Stück im Val Bever, das auch längst die Mountainbike-Fahrer für sich entdeckt haben, gegen Westen und verlassen

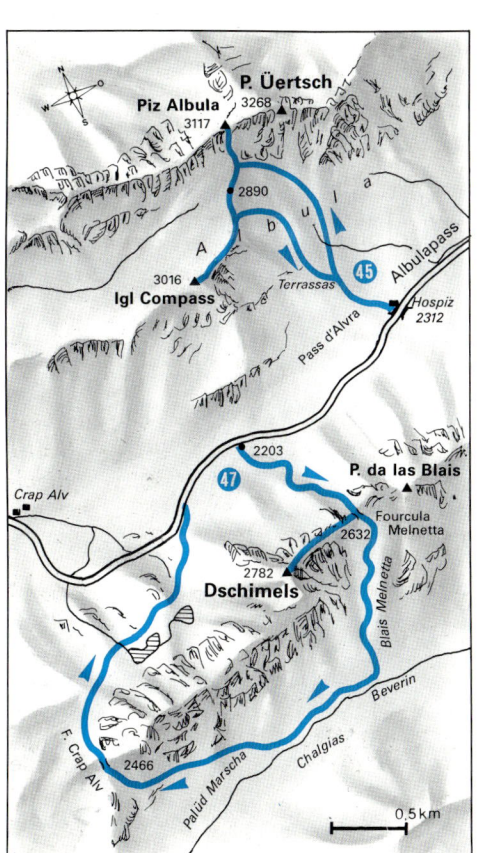

es bei Palüd Marscha. An der Wegverzweigung stehen ein paar Hinweistafeln. Wir gehen nach rechts in Richtung Fourcula Crap Alv. Der schmale, aber gute Wanderweg führt nahe an die steil aufragenden Felsen heran und in gleichmäßiger Steigung in die breite Fourcula auf 2466 Meter hinauf.

Der Aufstieg zu diesem Sattel ist kein kurzer Gegenanstieg mehr, das sind mehr als 400 Höhenmeter, die man wieder hinauf muß, obwohl man doch eigentlich mit dem Aufstieg schon längst abgeschlossen hatte. Aber das ist der Preis für das schöne Landschaftserlebnis, das wir im Val Bever erleben durften.

Hinter der breiten Fourcula Crap Alv halten wir uns ein wenig links und folgen dem markierten Weg zu einem Militärbauwerk. Der gute Weg fällt nun leicht ab, an einem kleinen See vorbei und zu einem großen, dunkelblauen See, in den eine Halbinsel hereinragt. Von dort müssen wir wieder ein kurzes Stück zu einem breiten Rücken aufsteigen und kommen durch Wiesengelände zur Paßstraße hinab. Auf ihr gehen wir das letzte Stück zum Ausgangspunkt zurück.

Höhenunterschied: Rund 1000 Meter.
Gesamtgehzeit: 6½ bis 7 Stunden.
Karte: Wanderkarte Oberengadin, Maßstab 1:60000, Verlag Kümmerly + Frey, oder Landeskarte der Schweiz, Maßstab 1:50000, Blatt 5013 Oberengadin.

48 Piz Ot, 3246 Meter

Auf der »Hohen Spitze«

Tagestour.
Beste Jahreszeit: Juli bis Oktober.
Trittsicherheit und Schwindelfreiheit sind zwingend erforderlich.

Ja, er ist schon ein stattlicher Dreitausender, der markante, weithin auffallende Piz Ot. Und doch zählt er zu den wenigen Engadiner Gipfeln, auf die vom Tal bis zum höchsten Punkt hinauf ein markierter Steig führt. So ein Berg bleibt natürlich kein Geheimtip. An schönen Sommer- und Herbsttagen ist die

Tour sehr beliebt. Das liegt neben der einigermaßen guten Erreichbarkeit auch an der freien Gipfelschau. Seinen Namen, übersetzt mit »Hohe Spitze«, trägt der stolze, hoch aufragende Berggipfel zurecht. Der Piz Ot ist weit und breit die höchste Erhebung und nichts hemmt die Blicke, die an klaren Tagen von den Ötztaler Alpen bis ins Wallis reichen.

Der gut angelegte Steig, der zum luftigen Gipfel hinaufführt, ist an einigen Stellen ordentlich gesichert und doch sollte man für den Gipfelanstieg trittsicher und schwindelfrei sein. Ganz ohne Gefahren, wie das gern dargestellt wird, ist der Piz Ot nicht. Wichtig ist aber vor allem eine gute Kondition, denn wer die hier vorgestellte Wanderung in voller Länge gehen will, muß schon gut zu Fuß sein. Auf- und Abstieg sind lang und anstrengend.

Von dem Gletscher, der auf der Nordostseite des Berges noch in der Landeskarte eingezeichnet ist, ist nicht mehr viel übriggeblieben. Nur ein paar Eisreste fristen dort ein kümmerliches Dasein, aber auch ihre Jahre sind wohl gezählt.

Wer es ganz bequem haben will, fährt von Celerina mit der Bergbahn nach Marguns hinauf und schon ist er auf 2279 Meter. Der Aufstieg durch das Val Saluver, über die Fourcula Valletta und dann ein Stück hinab ins Valletta, bis der hier vorgestellte Routenverlauf erreicht wird, ist eben doch deutlich kürzer und weniger anstrengend als die Route, die im Tal beginnt. Aber diese weitaus bequemere Variante ist lange nicht so schön, denn die grünen Lärchen- und Arvenwälder, die uns Wanderer am unteren Stück des Auf- und Abstiegs begleiten, wird man bei der Seilbahnfahrt nicht erleben können.

Routenverlauf

Talort: Bever, 1708 Meter, Bahnstation.
Ausgangspunkt: Parkplatz am Fahrweg von Bever in das Val Bever, bei der kleinen Brücke über den Beverin am Sperrschild, 1733 Meter.

Nebelschwaden steigen aus dem Val Bever auf. Zwischen den Arven erkennt man deutlich die beiden Dschimels.

Ein kurzes Stück des Aufstiegs zum Piz Ot ist mit einem stabilen Eisengeländer gesichert.

Aufstieg: Am frühen Morgen queren wir auf der Brücke den kanalisierten Beverin und gleich darauf die Albula-Eisenbahn-Strecke. Ein Sträßchen bringt uns durch die Wälder »God da Cuas« und »God Frasüroulas« in das breite Val Beverin hinein. Der Fahrweg, der immer der Eisenbahnstrecke entlang verläuft, steigt kaum merklich an. Nach etwa einer halben Stunde erreichen wir bei Spinas eine Wegabzweigung.

Man könnte auch mit der Eisenbahn nach Spinas fahren, doch der erste Triebwagen, der dort hält, kommt so spät am Vormittag an, daß die Zeit für die lange Tour knapp wird.

Kurz vor Spinas steigen wir nach links, den weiß-roten Markierungstafeln folgend, nach Süden hinauf. Sie bringen uns durch steilen Wald am Wasserlauf entlang bergwärts. Wir dürfen uns nicht von den gelb-roten Markierungszeichen ablenken lassen, die mit dem Wegverlauf nichts zu tun haben.

Oberhalb der Waldgrenze nimmt die Hangneigung gottlob deutlich ab und wir sind im stillen Valletta da Bever angekommen.

Wer das Pech hat, daß es im schattigen Talgrund »Valletta da Bever« so kalt ist, wie es bei uns damals Mitte August war, wird Probleme haben, am Punkt 2211 Meter den westlichen Bachast zu queren. Die Steine im

Der Abstieg vom Piz Ot bringt uns nach Samedan. Im Hintergrund der breite Rosatschkamm.

Wasser waren bei unserem Besuch von dikkem Eis überzogen und nur mit viel Mühe und waghalsigen Balanceakten konnten wir einem unfreiwilligen Bad entgehen.
Die Trittspur führt zwischen den beiden Bachläufen die breite Talmulde hinauf, wendet sich etwa in der Höhe von 2350 Meter nach links und weist gegen Osten auf den Kammverlauf zwischen Cho da'Valletta und Piz Padella hinauf. Oberhalb einer kleinen Alphütte stoßen wir auf den breiten Wanderweg, der von Samedan heraufkommt. Wir folgen ihm nach rechts, also gegen Südwesten, in das Valletta hinein. Das nun vor uns liegende, lange Wegstück ist so richtig schön zum Ausrasten. Es führt in sehr leichter Steigung unter dem Piz Padella durch eine bezaubernde Landschaft dahin. Die wilden Felsenzacken der Las Trais Fluors und des Piz Padella bilden einen bizarren Kontrast zum lieblichen Talgrund. Wer ein Auge für die Schönheiten der Berge hat, wird hier immer wieder einmal stehenbleiben, nur um zu staunen.
Auf der Höhe von 2620 Meter gabelt sich unser Weg. Bei dieser Wegverzweigung stößt auch der Aufstiegsweg von Marguns über die Fourcula Valletta zu uns. Wir folgen dem rechten Weg gegen Nordwesten und sehen zum ersten Mal auf der Tour zum Gipfel hinauf.
Der Pfad führt an der »Funtauna Fraida«, der kalten Quelle, vorbei. Das grimmig kalte Wasser macht ihrem Namen alle Ehre. Ein großer Steinmann und deutliche Markierungszeichen auf einem großen Felsen zeigen dort deutlich die weitere Route an.
Blicken wir zurück, sehen wir, daß sich zwischen Piz Padella und den Trais Fluors wie in einem Bilderrahmen die Berninagruppe erhebt. Mit jedem Schritt nimmt dieser Blick an Großartigkeit zu.
Auf ein längeres Stück bringt uns der Steig nun durch sehr grobes Granitblockwerk, ehe wir wieder eine schöne Trittspur erreichen. Sie weist nicht besonders steil immer gegen Nordwesten bergwärts. Auf der Höhe von etwa 3000 Meter erreichen wir einen großen, ebenen Felsvorsprung. Dort ist die letzte Gelegenheit für eine Rast, bevor der Gipfel in Angriff genommen wird. Wer also schon etwas ins Schwitzen gekommen ist, braucht

sich nicht zu genieren, den schönen Ruheplatz für eine kleine Verschnaufpause zu nutzen. Der Weiterweg wird anstrengend genug und auch ein wenig pfiffig.
Er führt noch ein Stück in der gleichen Richtung dahin und wendet sich in den Felsen gegen Norden in die steile Gipfelflanke hinein. Die Tiefblicke vom gut angelegten Steig in die steile, fast senkrecht abfallende Bergflanke und auf den dahinschmelzenden Gletscher sind sehr beeindruckend und wer nicht ganz schwindelfrei ist, sollte da besser nicht hinunterschauen.
Die Route selbst ist technisch nicht besonders schwierig. Dort, wo es nötig ist, ist ein gutes Geländer angebracht, ein kurzes Stück geht man am Drahtseil und zum Schluß wird der Aufstieg wieder einfacher. Nach 5 Stunden kommt man am breiten Gipfel an.
Abstieg: Das erste, lange Stück folgen wir der Aufstiegsroute zurück. Wir sehen jetzt auch schön zu dem kleinen See oberhalb der Funtauna Fraida hinüber, der uns beim Aufstieg sicher nicht aufgefallen ist. In dem Sattel unter dem Piz Padella, genannt »Margunin«, wo wir von links aus dem Valletta da Bever heraufgekommen sind, gehen wir jetzt geradeaus weiter. Nach ein paar Metern Abstieg sehen wir schön nach Samedan und zum dahinterliegenden Flugplatz hinaus. Schauen wir durch den Taleinschnitt hinab, sehen wir genau an der tiefsten Stelle das kleine Kirchlein St. Peter.
Weiter unten erblicken wir dann auch noch

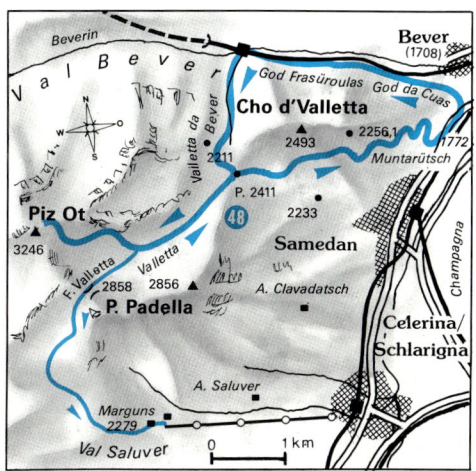

Pontresina, das untere Berninatal und die ersten Häuser von St. Moritz.

Der Weg führt an einem Brunnen vorbei und gabelt sich bei der Alp Munt. Wir gehen links, den Wegweisern entlang, die nach Bever zeigen. Allmählich kommen wir wieder in lichten Arvenwald hinein. Der breite Almweg steigt im weiten Bogen ganz leicht an und führt dann eben, das letzte Stück ein wenig abfallend, zur Alp Muntatsch. Dort wendet er sich nach Süden. Wir verlassen ihn und gehen am Weidezaun nach links um einem schmalen Wanderweglein durch schönen Lärchenwald zu folgen. Bald schon verzweigt sich auch dieser Weg. Wir nehmen die rechte Variante, die gleich darauf steiler durch etwas dichteren Wald dahinführt. Dort, wo sich die ersten Blicke in das Val Bever hinunter öffnen, knickt der Pfad scharf rechts ab und wir gehen ein kurzes Stück steil zu einer kleinen Lichtung hinab. Bei den großen Felsenblöcken in dieser Lichtung halten wir uns links und stoßen kurz vor Alpetta auf einen breiten Fahrweg. Wir folgen ihm an der kleinen Alphütte vorbei und kommen in Kehren nach Muntarütsch.

Die Straße quert ein steiles Geröllfeld. Noch vor den ersten Häusern biegen wir links ab und gehen gegen Nordosten, am Schießplatz vorbei, nach Acla hinaus. Von dort bringt uns der Waldweg durch den God da Cuas in das Val Bever hinab, wo wir den Ausgangspunkt wieder erreichen.

Höhenunterschied: 1513 Meter.
Gesamtgehzeit: 9 bis 10 Stunden.
Karte: Wanderkarte Oberengadin, Maßstab 1 : 60 000, Verlag Kümmerly + Frey, oder Landeskarte der Schweiz, Maßstab 1 : 50 000, Blatt 268 Julierpass.

49 Cho d'Valletta, 2493 Meter

Durch stille Wälder und über bunte Wiesen an den Rand der Albulaberge

Halbtagestour.
Beste Jahreszeit: Juni bis Oktober.
Sehr leichte, ruhige und wenig durchgeführte Bergwanderung.

Der langgezogene Bergkamm, der nach Norden in unwegsamen Felsabstürzen zum Val Bever abbricht und sich gegen Süden fast lieblich in die würzigen Weiden der Alp Muntatsch neigt, gipfelt im Cho d'Valletta. Dieser Kopf (»Cho« steht im Romanischen für »Kopf«) gewährt eine schöne Übersicht über die Berninagruppe, den südlichen Kamm der Albulaberge mit den Dschimels, Piz da las Blais, Piz Mez und Crasta Mora, eindrucksvolle Blicke zu den benachbarten Gipfeln Piz Ot und Piz Padella und eine weite Schau auf Teile des Oberengadins. Außerdem sieht man gut in die Languardgruppe hinein.

Zwischen den Dschimels und dem Piz Spinas zeigt sich über der Fourcula Crap Alv der scharfgeschnittene Piz d'Err und tief unten im Val Bever erblickt man bei Spinas die Einfahrt der Bahnstrecke in den Albulatunnel. Hinter dem Südkamm der Albulaberge sieht man den weißen Piz Üertsch, die bräunlich-roten Geröllhalden des Piz Blaisun und Teile des felsig-dunklen Piz Kesch.

Die Wanderung zum Cho d'Valletta ist etwas für Bergfreunde, die mit Kindern unterwegs sind, sich einfach an den Schönheiten eines intakten Bergwalds und saftigen Almweiden erfreuen wollen oder einfach nicht länger als zwei Stunden aufsteigen möchten. Es eilt nicht dort hinauf zum Cho d'Valletta, und so bleibt viel Zeit zum Staunen und zum Schauen. Im Frühsommer sorgen rote Primeln, später der gelbe Augentrost, die lila-orange leuchtenden Bergastern und dunkelblaue

Vor dem grünen Gipfelrücken des Cho d'Valletta liegt ein kleiner Froschweiher. Hinten steigen die dunklen Kämme des Crasta Mora an.

Scheuchzers Glockenblumen für einen bunten Blütenteppich.
Am Gipfel haben wir einen Schwalbenschwanz-Schmetterling beobachtet, der stundenlang um den Gipfel geflattert ist.
Wer will, kann bis zur Alp Muntatsch auch mit dem Mountainbike hinaufstrampeln, denn die Straße ist dafür freigegeben. Mühsam ist das Bergradeln allerdings schon und viel Zeit ist damit nicht gewonnen. Erst beim Abstieg ist der Radfahrer natürlich eindeutig im Vorteil.

Routenverlauf

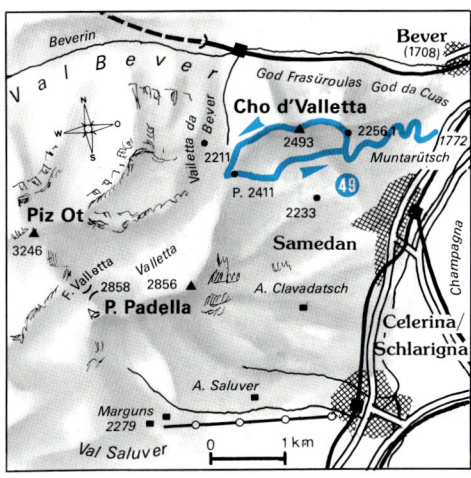

Talort: Samedan, 1705 Meter.
Ausgangspunkt: Waldparkplatz Muntarütsch, 1772 Meter.
Aufstieg: Vom Waldparkplatz in Muntarütsch geht man auf dem Fahrweg am Schießstand vorbei und gegen Norden weiter. Gleich zu Beginn quert der Weg ein steiles Geröllfeld. Im Hochsommer wird es bei starkem Sonnenschein in den Steinen sehr warm, und deshalb gefällt es auch den Kreuzottern dort sehr gut. Also mit offenen Augen wandern, dann kann nichts passieren.
In etlichen, weit ausholenden Kehren führt das Sträßchen nach Alpetta, 1965 Meter. Hinter Alpetta verläuft der Fahrweg ein gutes Stück gegen Süden, steigt nicht zu steil an und schlängelt sich in weiteren Kehren durch den Wald dahin. Hinter der Serpentine am Crap Sassella, 2159 Meter, von wo man das erste Mal zum Gipfel sieht, verläßt der Fahrweg den Wald und quert die Weiden der Alp Muntatsch. Auf der Höhe von 2186 Meter wird das Almgebäude erreicht. Die Route verläßt nun die Straße und führt an der Hütte vorbei gegen Norden weiter, auf den Gratrücken zu, der sich vom Cho d'Valletta bis Bever hinunterzieht. Am Punkt 2256,1 Meter der Landeskarte wird der breite Rücken erreicht. Die Trittspur schwenkt links ab und führt, vorbei an den letzten, kümmerlichen Arven, auf der Höhe des breiten Grats im wesentlichen gegen Westen weiter. Oberhalb von nicht besonders schön wirkenden Lawinenverbauungen leitet sie in der gleichen

Vom Gipfel des Cho d'Valletta sieht man schön zum Piz Ot hinüber.

Richtung dahin. Bereits dort kann man sich an der großartigen Rundschau erfreuen, aber sie wird weiter oben noch umfassender.
Die felsigen Gipfel vor Augen, folgt man dem Weglein, das sich in der Nähe einiger Felsen links hält und zu einem Steinmann auf 2493 Meter Höhe führt. Gleich mehrere Erhebungen lassen sich zwar weglos aber leicht erreichen und irgendwo dort oben sucht man sich dann einen schönen Ruheplatz für die lange Gipfelrast nach 2 Stunden Aufstieg.
Abstieg: Vom Gipfel steigt man zunächst einmal nach Südwesten ab. Dort hinunter gibt es zwar keinen Weg, aber die Übersicht ist so gut, daß man sich bei klarem Wetter wirklich nicht verlaufen kann. Außerdem gibt es hin und wieder ein paar Trittspuren. Man kommt zu einem kleinen See und weiter zum Punkt 2411 Meter der Landeskarte. Dort stehen eine kleine Hütte und ein Brunnen mit erfrischend klarem Wasser. Ein Stück darunter stößt man in dem weiten Sattel zu einem Wanderweg, der zur Alp Munt führt. Bei der Almhütte der Alp Munt erreicht man einen Fahrweg, der den Wanderer fast eben zur Alp Muntatsch und damit zum Aufstiegsweg geleitet. Auf der Aufstiegsroute geht man dann zum Ausgangspunkt zurück.
Höhenunterschied: Rund 700 Meter.
Gesamtgehzeit: 3½–4 Stunden.
Karte: Wanderkarte Oberengadin, Maßstab 1:60000, Verlag Kümmerly + Frey, oder Landeskarte der Schweiz, Maßstab 1:50000, Blatt 5013 Oberengadin.

50 Piz Padella, 2856 Meter

Am Hausberg von Samaden

Tagestour.
Beste Jahreszeit: Juli bis Oktober.
Der Aufstieg ist unschwierig. Die vorgestellte Abstiegsvariante ist wesentlich anspruchsvoller, erfordert Trittsicherheit und ein sehr gutes Gespür für die beste Routenfindung in unübersichtlichem, weglosen Steilgelände (Kompaß mitnehmen).

Hoch über Samedan, das von Einheimischen noch immer (wie früher) »Samaden« genannt wird, erhebt sich der breitgestreckte Felsklotz des Piz Padella und leuchtet mit seinem hellen Gestein über das Oberengadin hinweg. Genau richtig ist diese Aussichtswarte plaziert, für weite Blicke über das Oberengadin, aber auch hinüber zum Piz Ot, der in unmittelbarer Nachbarschaft steht. So läßt sich auch ein weiter Teil der Anstiegsroute zum Piz Ot (Tour 48) vom Piz Padella aus gut überblicken. Aber auch zum markanten Piz Güglia, der ebenfalls in diesem Band vorgestellt ist (Tour 42), hat man eine schöne Schau und mit dem Fernglas läßt sich auch dort drüben die Aufstiegsroute wenigstens teilweise ausmachen.

Es ist erstaunlich, welche Mühe sich die Gemeinde Samedan für die Unterhaltung und Pflege der Wanderwege gibt. Bei unserem Besuch ist ein Gemeindearbeiter von der Alp Muntatsch mit dem Laubrechen heruntergekommen und hat fein säuberlich den Bergpfad gereinigt. Im Laufe des Tages ist dann eine Kuhherde über den Weg hinweg gezogen und hat die hingebungsvolle Arbeit des Gemeindebediensteten wieder zunichte gemacht.

Der Aufstieg beginnt beim Kirchlein San Peter in Samedan. Diese kleine Kirche war einstmals die Pfarrkirche des schmucken Engadiner Dorfes. Jetzt ist sie nur noch eine Begräbniskirche. Das Bauwerk geht auf das 11. Jahrhundert zurück. Allerdings ist aus dieser Zeit nur noch der romanische Turm mit drei Stockwerken und Rundumfenstern erhalten. Der übrige Bau stammt aus dem 15. Jahrhundert.

Routenverlauf

Talort: Samedan, 1705 Meter.
Ausgangspunkt: Kirchlein und Friedhof San Peter, 1795 Meter, westlich von Samedan gelegen.
Aufstieg: Vom Kirchlein folgen wir dem Fahrweg gegen Nordwesten. Über die Weiden wird er immer steiler und mühsamer zu begehen. Er gabelt sich am Waldrand bei Foura da Tuff, 1895 Meter. Wir folgen den Wegweisern nach links und kommen bald wieder zu einem Fahrweg. Auf ihm gehen wir ein paar Meter links und gleich darauf rechts in den Wald hinein. Ein Weglein schlängelt sich in vielen Kehren gegen Nordwesten hinauf, verläßt den Wald und stößt bei 2233 Meter zur Alp Munt. Vom Almgebäude steigt man über die Weiden weiter in den Sattel »Margunin«, zwischen Piz Padella und Cho'd Valletta. Im Sattel folgen wir dem Wegweiser nach links, also gegen Süden, und kommen an den Nordrücken des Piz Padella heran. Der Weg führt in helles Kalkgestein und wendet sich beim Sass Alv (Weißer Stein) nach rechts auf den Grat hinauf. Im wesentlichen verläuft er nun im trister werdenden Gelände gegen Süden aufwärts und in eine steile, aber breite felsige Rinne hinein. Durch sie steigen wir auf Trittspuren etwas mühsam hinauf und südöstlich des Gratverlaufs weiter, bis wir am schmalen Steig

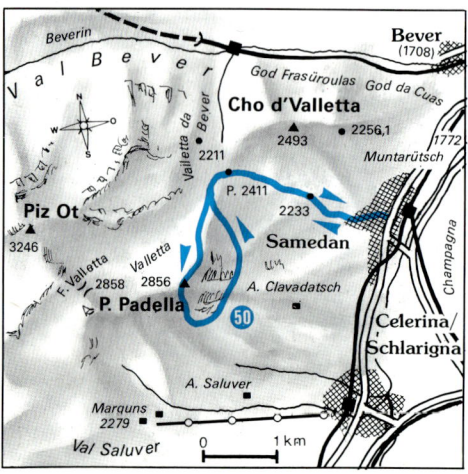

die Gratschulter erreichen. Die Trittspur schwenkt nach rechts und führt auf den Gipfel des Piz Padella hinauf, der nach insgesamt 2½ bis 3 Stunden erreicht wird. Dort oben sehen wir wieder das dunkelrote Radiolarit-Gestein, das nur unmittelbar um den Gipfel herum zu finden ist.

Abstieg: Einfach ist es, zurück nach Samedan der Aufstiegsroute zu folgen.
Es gibt aber auch die Möglichkeit, von der Trittspur kurz unter dem Gipfel nach Süden (rechts) abzuzweigen und durch eine steile, etwas unbequem zu begehende Rinne vorsichtig abzusteigen, bis am Munt da la Bescha (dem Schafberg) der Weg erreicht wird, der von der Fourcula Valletta herüberkommt. Diese Abstiegsvariante, die auf einigen flacheren Passagen über schöne Blumenwiesen führt, gewährt herrliche Blicke auf den Silser See und nach St. Moritz. Sie ist aber nur erfahrenen Bergsteigern zu empfehlen, weil sie ein sehr gutes Gespür für die richtige Routenfindung im teilweise sehr unübersichtlichen Steilgelände voraussetzt und auch eine gehörige Portion Trittsicherheit verlangt. Hat man kurz vor dem Munt da la Bescha den Wanderweg erreicht, hält man sich auf diesem links und geht, das Berninatal mit Pontresina vor Augen, zu einer Wegabzweigung weiter.
Bei der Wegabzweigung gehen wir auf der gleichen Höhe unter den Südostabstürzen des Piz Padella, bis wir kurz vor einer kleinen Hütte, etwas rechts unterhalb der Trittspur, zu Wegweisern stoßen. Dort folgen wir dem »Panoramaweg« nach links (Norden), Richtung Alp Muntatsch und erreichen den Aufstiegsweg, dem wir bis zum Kirchlein San Peter zurück folgen.

Höhenunterschied: 1061 Meter.
Gesamtgehzeit: 5 bis 6 Stunden.
Karte: Wanderkarte Oberengadin, Maßstab 1:60000, Verlag Kümmerly + Frey, oder Landeskarte der Schweiz, Maßstab 1:50000, Blatt 268 Julierpass.

Hinter der Kirche San Gian, zwischen Celerina und Samedan, erhebt sich der breite, weiße Rücken des Piz Padella. Am rechten Bildrand ist der Cho d'Valletta zu sehen.

Anhang

Die Touren nach Schwierigkeit

Leichte Bergwanderungen
(auch für durchtrainierte Kinder)

Tour-Nr.	Gipfelziel
6	Munt Buffalora
7	Munt la Schera
8	Murtaröl
11	Mot dal Gajer
12	Crap Puter
19	Pauliner Kopf
23	Schwarzhorn
24	Piz Campasc
26	Piz Lagalb
35	Piz da l'Ova Cotschna
37	Muott' Ota
49	Cho d'Valletta

Große Bergwanderungen
(Trittsicherheit und gute Kondition erforderlich)

Tour-Nr.	Gipfelziel
1	Piz Terza
2	Piz Turettas
5	Piz Praveder
14	Piz Arina
17	Piz Chastè
27	Piz Alv
29	Piz dal Fain
33	Munt Pers
38	Grialetsch und Piz Chüern
39	Piz Lunghin
44	Corn Alv

Anspruchsvolle Bergtouren
(Ausdauer, Trittsicherheit und Schwindelfreiheit erforderlich)

Tour-Nr.	Gipfelziel
3	Piz Daint
4	Piz Umbrail

Weite Teile der Route auf den Piz Padella lassen sich vom Gipfel des Cho d'Valletta studieren.

Tour-Nr.	Gipfelziel
9	Munt Baselgia
13	Piz Malmurainza und Piz Salèt
15	Piz Minschun
16	Piz Cotschen
20	Piz Chamins
21	Piz Champatsch
25	Sassal Mason
28	Piz la Stretta, Piz Sagliaint und Piz Tschüffer
31	Piz Languard
40	Piz Grevasalvas
41	Piz da las Colounnas
42	Piz Güglia
43	Piz Surgonda
45	Piz Albula und Igl Compass
48	Piz Ot
50	Piz Padella

Strenge »Kraxel«- bzw. Gletschertouren
(Klettergewandtheit bzw. Gletschererfahrung und -ausrüstung notwendig. Nur für in Fels und Firn absolut sichere, hochgebirgserfahrene Bergsteiger!)

Tour-Nr.	Gipfelziel
10	Piz Lischana (Fels- und Gletschertour)
18	Piz Fless (Fels- und Gletschertour)
22	Flüela Weisshorn (Fels- und Gletschertour)
30	Piz Albris (Felstour, evtl. Eis)
32	Piz Palü (Gletschertour)
34	Piz Surlej (Felstour, kurze Gletscherpassage)
36	Piz da la Margna (Fels- und Gletschertour)
46	Piz Kesch (Fels- und Gletschertour)
47	Dschimels (Felstour, supersteiles Geröll)

Register

Verweise auf Stichworte im Text: gerade Seitenzahlen; Verweise auf Stichworte in den Bildlegenden: *kursive* Seitenzahlen.

Albulaberge 164
Albulapaß 164, 165, 168, 172
Alp la Schera *39*
Alp Munt *4*
Alpe Buffalora 35
Alpe Laisch 55
Ardez 71
Aua da Zeznina 46

Bellavista 56, 57
Bernina 99
Berninapaß 103, 106, 111
Bever 177
Biancograt *126, 129*
Blaunca 150; *149*
Bos-cha 71; *70*
Bovalhütte 127
Bündnerschiefer 10

Cadlägh 146
Celerina *185*
Chamanna Bescha 20; *21*
Chamanna Cluozza 41
Chamanna d'Es-cha 168; *171*
Chamanna Paradis 120
Chamonna Lischana 48, 49, 51
Chant Sura 89
Cho d'Valletta 179, 181, 184; *181, 183, 185*
Corn Alv 159, 161; *163*
Crap Alv 161
Crap da Chüern 144
Crap Puter 55; *55*
Crasta 145
Crasta Mora *181*
Cuolm d'Mez 128, 133
Curtinatsch 104, 107

Davos 92
Diavolezza 122, 127
Dolomiten des Unterengadins 48, 52
Dschimels 167, 172; *172, 174, 177*

Flesspaß 79; *79*
Flüela 88
Flüela Weisshorn 91; *93*
Flüelapaß 89, 91, 97
Fontana 56
Forcula Pischa 108, 117
Forcula Pradatsch 64
Fourc'l Alv 107, 108
Fourcla da Barcli 44
Fourcula Crap Alv 175; *172*
Fourcula d'Alp 60
Fourcula Melnetta 174
Ftan 67; *67*
Fuldera *16*
Fuorcla Sassalba 17; *18*

Gamsspitz *79*
Georgy's Hütte 118, 120; *118*
Greitspitz 83
Grevasalvas 148, 150; *149*
Grialetsch 141; *142*
Guarda 71

Hahnensee 131, 133

Igl Compass 164; *165, 166, 174*
Il Jalet 24, 26; *25*

Innerviderjoch 82
Isla Persa 127

Jörigletscher 93; *93*
Jöriseen 94; *93*
Jufplaun 26, 34
Julier 134
Julierpaß 151, 159, 161

Keschnadel 168; *170*

La Grava 59
La Punt 165, 168, 172
La Veduta 152
Lago Bianco 101, 103
Lai da Bittabergh *151*
Lai da Chazfora 20, 21
Lai da Rims 30, 31
Lais da Rims 48, 49
Las Trais Fluors 179
Lavin 46
Leg Grevasalvas *151*
Lej da l'Ova Cotschna *132*
Lej Nair 148, 149
Lü 16
Lunghinpaß 146
Lunghinsee 146; *145*

Macun 44, 46; *44*
Maloja 135, 146, 147, 150
Morteratsch 112, 127
Mot dal Gajer 52; *52, 54*
Mot Mezdi 52
Mottana 56, 57
Münstertal 16; *29*
Munt Arlas 130
Munt Baselgia 43; *41*

Register 189

Munt Breva 109
Munt Buffalora 33, 40; *35, 36*
Munt da la Bescha 185; *56*
Munt la Schera 34, 37; *38*
Munt Pers 124; *124, 126*
Munt Terza 18
Muntarütsch 183
Muot Arduond 108
Muot da l'Hom 73
Muott' Ota 137; *136, 138, 141*
Muottas da Schlarigna 133
Murtaröl 40, 42, 43; *42*
Müstair 18
Muttler *59, 82*

Nationalpark 37, 40

Oberengadin 134; *130, 135, 138*
Ofenpaß 16, 23, 24, 34, 35
Ortler *22, 26*
Ortlergruppe 26

Pauliner Kopf 80; *81, 82*
Persgletscher 122
Pflanzenwelt 13
Pischahorn *79*
Pisocgruppe *67*
Piz Albana 156
Piz Albris 111, 114; *115, 117*
Piz Albula 164; *165*
Piz Alv 106; *104, 107*
Piz Arina 61; *63, 64*
Piz Bernina *126, 129*
Piz Blaisun 168
Piz Cambrena 122; *124*

Piz Campasc 99; *99*
Piz Caral *103*
Piz Chamins 83; *82, 85, 86*
Piz Champatsch 88; *88, 90*
Piz Chastè 73; *41, 75*
Piz Chatscheders 110
Piz Chazfora 21, 22
Piz Chüern 141; *142, 143*
Piz Clünas 52, 66
Piz Cotschen 70; *70, 72*
Piz d'Agnel 160
Piz d'Arlas *103*
Piz d'Arpiglias *44*
Piz da l'Ova Cotschna 131; *133*
Piz da la Margna 134; *135, 136, 141*
Piz da las Blais 174
Piz da las Coluonnas 151; *151, 152*
Piz Dalnt 23; *23, 29*
Piz dal Fain 110, 111; *112*
Piz dal Lai 31
Piz dals Lejs 104
Piz Dora 21, 22; *17, 29*
Piz Fless 76
Piz Fliana *72*
Piz Grevasalvas 147; *149, 150*
Piz Güglia 153; *152, 155, 156*
Piz Julier 153; *152, 154, 156*
Piz Kesch 167; *132, 170*
Piz la Stretta 108; *109*
Piz la Greala 66, *70*

Piz Lagalb 103; *103, 104*
Piz Lagrev 148, 153; *152*
Piz Languard 118; *118*
Piz Linard 41, *72, 75*
Piz Lischana 48; *49, 51*
Piz Lunghin 145; *145*
Piz Macun 46
Piz Malmurainza 58; *59, 60*
Piz Mezdi 54, 128, 133; *128*
Piz Minor 104, 107
Piz Minschun 52, 66; *69*
Piz Morteratsch *126*
Piz Mundin *60*
Piz Murtera 80
Piz Nair *25*
Piz Ot 175; *4, 174, 177, 178, 182*
Piz Padella 179, 184; *185*
Piz Palü 121; *103, 121, 122*
Piz Pischa 110
Piz Polaschin 153
Piz Praveder 30; *30, 33*
Piz Radönd *90*
Piz Rosatsch 128
Piz Roseg 129
Piz S. Gian 128, 133
Piz Sagliaint 108
Piz Salatschina *137*
Piz Salèt 58
Piz Surgonda 157, 163; *158, 160*
Piz Surlej 127, 128; *130*
Piz Tavrü *25, 53*
Piz Terza 16
Piz Tremoggia *137*
Piz Trovat *103*
Piz Tschüffer 108

Piz Turettas 18; *17, 22, 29*
Piz Üertsch 166
Piz Umbrail 26
Piz Valletta 162
Platta 145
Plaz 20
Pontresina 101, 104, 107, 109, 113, 115, 118, 122, 126
Porta d'Es-cha 170; *168, 170*
Puschlav 101
Pyrit 161

Radiolarit 51, 161, 166, 167
Radönd *97*
Radüner Rothorn 97; *97*
Ramosch 62, 64
Remüs 63
Resgia 142
Rosatschkamm 127, 133; *128, 130, 178*
Rosställispitz *77*
Röven 76, 79

S-charl 48, 52
Samedan 179, 183; *178*
Samnaun 58, 81, 85
St. Moritz 128, 132, 153, 155
Santa Maria 28, 31; *29*
Sasc da Corn 147
Sass Queder 126
Sassal Mason 101; *99, 100*
Schwarzhorn 95; *95, 97*
Schwarzhornfurga 97; *97*
Schweizer Nationalpark 23, 37
Sils *135*
Sils Maria 134, 139, 142, 145

Silser See 135, 146
Silvaplana 152, 159, 162
Silvretta 58
Stammerjoch 85
Stammerspitz *10, 63, 82*
Stilfser Joch *26*
Stradin 35
Suot Chastè *75*
Susch 75, 79, 89, 92, 97; *75*
Suvretta 155
Suvrettatal *155*

Tarasp 55, 56
Tschierv 20, 24
Tschlin 58

Umbrailpaß 28
Unterengadiner Dolomiten *51*
Unterengadiner Fenster 10, 61; *12*
Urtiolaspitz 16

Vadret da Porchabella 170; *170*
Vadret Lagrev *152*
Vadret Pers *123*
Val Bever 175, 177, 180, 181; *172, 177*
Val Cluozza 40
Val d'Agnel *158*

Val da Fain 108, 109, 111, 113, 115, 120; *112*
Val Döss Radond *33*
Val Fedox 136, 137
Val Fex 137, 141, 144; *137, 143*
Val Fless *77*
Val Gravas *81, 82, 85, 86*
Val Languard *117, 118*
Val Madonna 31
Val Minor 104, 107
Val Musauna *81, 85*

Val Müstair 18
Val S-charl 52
Val Schombrina 54; *54*
Val Vallatscha 57
Val Vau 31
Val Zuort 56
Valchava 31
Vereinapaß 79
Vnà 61, 64; *62*

Wägerhus 92
Winterlücke 92; *94*

Zeblasjoch 82; *81*
Zernez 35, 39, 40, 41, 44; *41*

Wanderführer von Bruckmann

Henning Böhme
Wanderungen auf Mallorca

Helmut Dumler
Wanderungen am Gardasee
40 Touren zwischen Monte Baldo und Adamello, Trient und Verona.
Mit Tips für Surfer und Mountainbiker.

Helmut Dumler
Wanderungen in der Eifel
40 Touren mit den Mosel-Höhenwegen und einem Verzeichnis der Hauptwanderwege des Eifelvereins.

Helmut Dumler
Wanderungen in der Toskana
Städte – Inseln – Berge

Gert Hirner
Wanderungen auf dem Peloponnes

Gert Hirner/Jakob Murböck
Wanderungen auf Kreta
40 Touren zu den schönsten Zielen

Gert Hirner
Wanderungen auf Korsika
Mit GR 20 und Tra Mare e Monti

Maria und Bernd Riffler
Wanderungen in der Provence

Sonderband
Die schönsten Wanderungen am Mittelmeer
33 Touren auf Kreta, dem Peloponnes, Korsika, in der Toskana, in Ligurien und auf Mallorca.
Tourentexte von Gert Hirner und Jakob Murböck, Helmut Dumler, Martin Locher und Holger Wolandt, Henning Böhme.

Martin Locher/Holger Wolandt
Wanderungen in Ligurien

Bruckmann Verlag

Bergsteiger

Monat für Monat die Berge aktiv erleben

Der »Bergsteiger« bietet Ihnen Monat für Monat auf über 100 Seiten

- fundierte Beiträge und Meinungen aus der Praxis bekannter Bergautoren und Bergführer
- Wissenswertes aus den Bereichen Sicherheit am Berg, Umwelt und Natur, Expeditionen und Erstbegehungen
- das Bergsteiger-Journal mit »Insider«-Info über neueste Entwicklungen, Tips und Tricks, Produkte, Reisen und Bücher
- den farbigen Sonderteil »Bergwanderer«
- zahlreiche Tourenvorschläge zum Sammeln
- das Bergsteiger-Quiz mit tollen Preisen

»Der Bergsteiger ist auf gutem Pfad. Er liefert viele Informationen, hat fundierte, interessante Schwerpunktthemen, bringt alpine Geschichte, die Bergwanderer wie Kletterer gleichermaßen anspricht.«
Süddeutsche Zeitung

Bruckmann Verlag